方志敏年谱

一八九九——一九三五 修订本

江西省方志敏研究会 编

中央文献出版社

方志敏

身陷囹圄的方志敏

大义凛然的方志敏

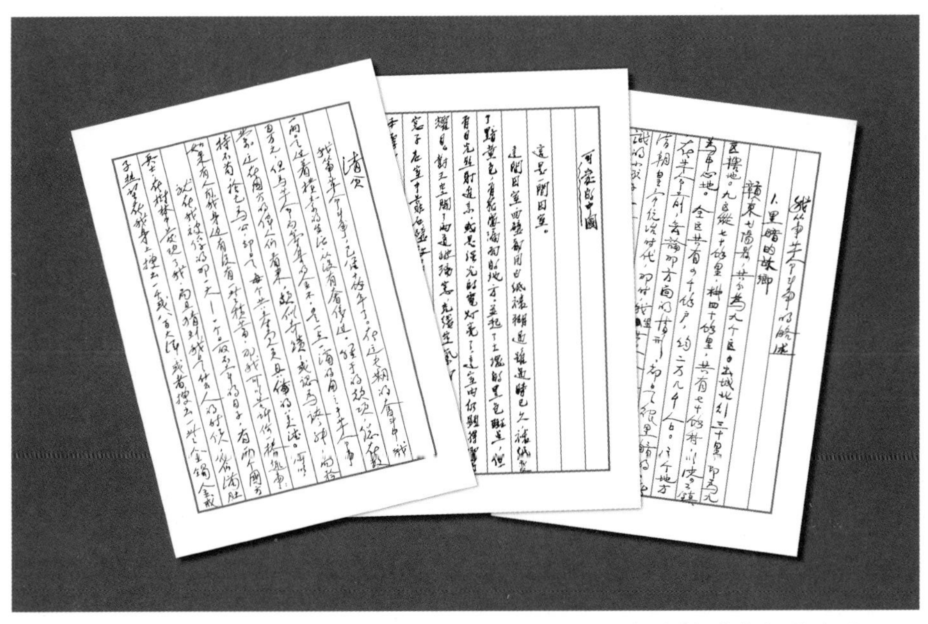

方志敏狱中部分文稿

方志敏烈士故居

方志敏烈士纪念园

出 版 说 明

方志敏是近代中国人民在争取国家独立和民族解放斗争中产生的伟大的无产阶级革命家、军事家，杰出的农民运动领袖，是光耀千秋的人民英雄。

在20世纪二三十年代，方志敏积极探索解救中国的道路，在江西领导农民运动和武装斗争。他是中国共产党内较早认识到武装斗争在中国革命中占有特殊地位的领导人之一，是“农村包围城市，武装夺取政权”道路的主要探索者和实践者之一。1927年底他在江西弋阳、横峰领导武装起义，掀起了赣东北人民革命的热潮。在这块红色的土地上，以方志敏为代表的中国共产党人创建了红十军，建立了横跨闽、浙、赣、皖四省，中心区域达百万人口的赣东北——闽浙赣革命根据地，成为土地革命战争时期中国共产党创建的主要根据地之一，被毛泽东称赞为“方志敏式”的根据地。1934年11月，方志敏率领红军北上抗日先遣队（即红十军团），向皖南地区出击，为配合中央红军的伟大战略转移（长征）做出了重要贡献。次年8月他英勇牺牲，年仅36岁。

方志敏的一生短暂而光辉，他的革命实践，丰富了毛泽东新民主主义革命的理论和军事思想，特别是他在生命的最后日子里，在狱中所著文稿中，体现出的坚定革命信念、感人至深的爱国情怀和气贯长虹的浩然正气，永远是中华民族的宝贵精神财富。他的光辉业绩和崇高精神，曾经并将继续激励一代又一代的中华儿女为民族的振兴和国家的富强奋斗不息。

为了帮助读者更全面深入地了解方志敏，弘扬方志敏的精神，并希冀对推动方志敏研究的进展有所裨益，2009年本会编撰的《方志敏年谱（1899—1935）》由中央文献出版社出版。

年谱问世后，得到了学术界的充分肯定和广泛好评。但随着时间的推移，也渐次发现了其中的不少错误和疏漏；同时，本会组织相关人员对有关方志敏的史料开展深度挖掘，又有许多新的发现。缘此，有必要在原年谱基础上进行修订，纠正错讹，弥补缺漏，以臻完善。

《方志敏年谱（1899—1935）（修订本）》的体例，说明如下：

一、方志敏是本年谱谱主。记述谱主活动，一般省略谱主姓名。如出于叙事清晰之需要，则出现谱主姓名。

二、按年、月、日顺序记事，具体时间难以考定的，则根据情况置于有关旬、月、季、年条目的末尾。少数条目由于叙事需要采用纪事本末体的写法。

三、同一时间中有多条内容的，除第一条写明时间外，其他各条则用△表示时间同上。

四、对谱主的著述、讲话、起草的文电以及他人的文章、回忆等，采用引述原文或严格按原文概述要点的方法介绍，必要时加以注释。引述的原文中用【】表示增补明显缺漏的字。

五、谱主与他人联名发出的函电，签署的文件，参与的某些重大政治、军事活动，有些为保持历史原貌的需要，则以当时的人名排列顺序记述。

六、对谱文中涉及的人物、地名和事件等，有选择地作必要和简略的注释。人物一般只注明当时所任职务。特别著名的人物或正文中多次出现并交代过职务的人物不作注。

七、注释中的出版物只在第一次出现时注明出版单位和出版时间。

八、某些重大历史事件，或与谱主生平有关的要事，列专条按时间顺序写入谱文。

九、谱文中的数字用汉字，注释中的数字用阿拉伯字。

江西省方志敏研究会

2021年8月

目　　录

1899 年 …………………………………………………… (1)
1903 年 …………………………………………………… (3)
1905 年 …………………………………………………… (4)
1907 年 …………………………………………………… (5)
1908 年 …………………………………………………… (6)
1909 年 …………………………………………………… (7)
1910 年 …………………………………………………… (8)
1911 年 …………………………………………………… (9)
1912 年 …………………………………………………… (10)
1913 年 …………………………………………………… (11)
1914 年 …………………………………………………… (12)
1915 年 …………………………………………………… (13)
1916 年 …………………………………………………… (14)
1917 年 …………………………………………………… (15)
1918 年 …………………………………………………… (17)
1919 年 …………………………………………………… (19)
1920 年 …………………………………………………… (23)
1921 年 …………………………………………………… (26)
1922 年 …………………………………………………… (33)
1923 年 …………………………………………………… (42)

1924 年 …………………………………………………………………… (48)
1925 年 …………………………………………………………………… (54)
1926 年 …………………………………………………………………… (63)
1927 年 …………………………………………………………………… (78)
1928 年 ………………………………………………………………… (119)
1929 年 ………………………………………………………………… (138)
1930 年 ………………………………………………………………… (155)
1931 年 ………………………………………………………………… (179)
1932 年 ………………………………………………………………… (202)
1933 年 ………………………………………………………………… (226)
1934 年 ………………………………………………………………… (253)
1935 年 ………………………………………………………………… (287)
永远的纪念……………………………………………………………… (319)
后记……………………………………………………………………… (335)

1899年　诞生

8月21日　出生于江西省弋阳县仙湖村。家在弋阳县第九区的漆工镇湖塘村（距仙湖村十余里）。[1]“母亲临产前夕，当天正过兵，老百姓叫长毛造反。官兵驻在漆工镇，趁火打劫，天天捉人抢东西。”[2]为避兵祸，一家人躲到磨盘山脚下的仙湖村。

按家族“世待名高远，荣华富贵长”的辈分派字，属远字辈，取名远正，乳名正鹄。一九一六年十七岁时，进弋阳县立高等小学读书，始用学名方志敏。投身革命后曾化名李祥松、汪祖海等，笔名云母文、樱虎等。

湖塘村有八十余户人家，靠种租田为生的就有七十余户。方志敏对自己的家景这样记述：“在我村内，我家是一大户，男女老少，共三十余口，经济地位是足以自给的中农。我家种田二百余亩，有百余亩是向着地主租来种的，每年要向地主纳租二百余石。我家的男人，凡能耕种的，都一律种田；小孩子就放牛；女人在家里烧锅弄饭，洗衣喂猪，以及纺纱绩麻，也要做着极大的

〔1〕另一说，方志敏的生年是1900年。1922年8月2日方志敏亲笔所填的《团员调查表》，在“生年（西历）”一栏中，所填为“1900”，原件现藏中央档案馆；中国共产党江西省委员会、江西省人民委员会1965年所撰方志敏墓铭文：“方志敏烈士，江西省弋阳县漆工镇湖塘村人，生于一九〇〇年。”

〔2〕《方志敏姐姐方荣姩谈话记录》（未刊稿），1975年1月18日。

劳动。”[1]

祖父方名庚，膝下七男二女，依次排列为高显、高享、高翥、高汉、高雨、高文、高武、祝英、祥英。父亲方高翥[2]，读过几年私塾，粗通文字。他一生勤劳，除务农之外，还做过茶叶生意。母亲金香莲[3]，勤俭治家，聪慧贤淑，闻名乡里。

〔1〕 方志敏：《我从事革命斗争的略述》，江西省方志敏研究会编：《可爱的中国——方志敏狱中手稿》（壹），人民出版社、江西教育出版社 2015 年版，第 94 页。

〔2〕 方高翥（1877—1934），方志敏父亲，江西弋阳人。一生务农，兼做过茶叶生意。

〔3〕 金香莲（1878—1957），方志敏母亲，安徽歙县人。长子方志敏与小儿子方志慧，均为革命牺牲。1951 年 8 月 11 日，被中央人民政府授予荣誉勋章。1957 年 10 月 5 日在南昌病逝。

1903年　四岁

童年体弱多病，四五岁时腿软不能久立。农历正月初一，宗族给族中男丁分人丁饼，别的孩童都争着要，他却谦让不动。祖父请相面先生给他相面，先生说他的命相“贵不可言”，于是更得祖父钟爱。当时家族三十多口人分七桌吃饭，祖父带上他独吃一桌。父母亲也望子成龙，对他疼爱有加。

1905年　六岁

8月20日　中国同盟会在日本东京成立，以“驱除鞑虏，恢复中华，创立民国，平均地权”为革命纲领，推举孙中山为同盟会总理。

本年　祖父方名庚逝世。后五叔方高雨独自分出田地家产，入赘邻近的高桥村一户地主家；小叔方高武十八岁时病逝，其他五兄弟则未分开，由大伯方高显掌管家务。但连年的天灾和不断增加的租税，使方家逐渐衰落下来。

1907年　八岁

入湖塘村私塾发蒙[1]，师从邻县德兴来的吴英才先生。姐姐方荣婞回忆：弟弟入学前用石头在地上写字，入学后用墨笔在纸上临摹，会诵读书上的文章。他把上学看成最高兴的事，认字、写字、背书、描字、摹写，练了一本又一本；读古诗文，背了一篇又一篇，一年读下来，便把规定的书目读过了头。[2] 方志敏自述："我的天资，比较我的兄弟们都聪明一点。我在启蒙那一年所读的书，就比同塾儿童三年读的书还更多。"[3]

---

〔1〕 另一说，方荣婞回忆，方志敏是9岁（8周岁）进村里私塾学堂的。

〔2〕 方荣婞：《缅怀正鹄》，中共弋阳县委会等编：《方志敏印象集》，江西人民出版社1989年版，第204页。

〔3〕 方志敏：《我从事革命斗争的略述》，《可爱的中国——方志敏狱中手稿》（壹）第95页。

1908年 九岁

11月14日、15日 清光绪帝载湉、慈禧太后那拉氏相继在北京病逝。十二月二日溥仪即帝位。

本年 继续在湖塘村私塾读书。他天资聪颖，勤奋好学，强烈的求知欲常使得原来做豆腐生意，只能教浅显国学的吴先生感到为难，到了年假，便辞教而去。

1909年　十岁

1月　清廷改年号为宣统。

本年　在湖塘村私塾读书。方荣娍回忆："吴先生辞别后，六十多岁的严老先生被请来村里教书。严老先生虽是个穷秀才，但学问高，教学经验丰富，更可贵的是有伯乐慧眼。教了志敏半年书，他发现志敏天资超人，认真培养，将来一定会成为一个了不起的人"〔1〕。方志敏自述，严先生"认我是个可教的孩子，就对我讲解些书中的字义文义。读过几年之后，我也就能够作些短篇文字了"〔2〕。

严先生名叫严常星，漆工镇杨桥乡严家村人，清光绪年间秀才。他女婿张念诚，家有三百多亩水田和一百多亩洲地，从清咸丰年间其曾祖父开始，四代享有绅权，有弋阳县"北乡王"之称。张听岳父说，湖塘私塾有个孩童堪称绝顶的聪明，便刻意接触几次，并出对子当面考试，方志敏对答如流。由此，张念诚喜欢上了方志敏。

---

〔1〕方荣娍：《缅怀正鹄》，《方志敏印象集》第204页。

〔2〕方志敏：《我从事革命斗争的略述》，《可爱的中国——方志敏狱中手稿》（壹）第95页。

1910年　十一岁

因连年大旱，湖塘村私塾闭馆，失学在家。辍学的另一原因是按湖塘村方氏族规，族中男性，每人只能到村塾读书三年，即应停学事农。

1911年　十二岁

10月10日　武昌新军起义，辛亥革命爆发。方志敏认为："辛亥革命，只是做到推翻满清，变帝制为共和一些政治上表面的改革，对于侵略中国十分凶恶的帝国主义，与中国根深蒂固的封建势力，不但没有动它的毫毛，就连打倒它铲除它的口号，也没有明白的提出来。""因此，在乡村中，也并没有因这次革命而有过任何新的改革，一切都照旧样，没有什么与前不同的地方。贪官污吏照旧压榨民众，土豪劣绅照旧横行乡里，压迫人剥削人的社会吸血鬼们，照旧实行其压迫和剥削；被压迫被剥削的人们，照旧过他们痛苦的生活。""乡村中的工农群众，看不出这次革命与本身利益有一点什么关系。"〔1〕

本年　失学在家务农。

〔1〕方志敏：《我从事革命斗争的略述》，《可爱的中国——方志敏狱中手稿》（壹）第72—75页。

1912年 十三岁

1月1日 中华民国成立，孙中山在南京就任临时大总统。

3月4日 到离家十几里的烈桥乡老屋张家，进张念诚新开办的学堂读书。辛亥革命后，张念诚在乡间率先剪掉辫子，又带头“废私塾，办新学”，利用家中的屋子做教室，自任名誉校长。母亲金香莲回忆：我儿志敏太想读书了，刚过了元宵，他偷偷地拿了父亲做茶叶生意的三百个铜板，跑到烈桥老屋张念诚家要求上学。他父亲得知后，追到张家训斥儿子。〔1〕方高翥打算让儿子到漆工镇邵鼎丰商号去当伙计，学做生意。张念诚阻止说：你让正鹄（指方志敏）去学做生意，就好比把明珠美玉丢进茅坑里！家无读书子，富贵从何来？你的子弟不是做生意的子弟，是读书做官的子弟。你可以把三百个铜板先拿回去，我决意要让正鹄在我家搭学。方高翥也想让儿子多读几年书，便答应下来。方志敏回忆：“我的父亲，到这时也不忍要我停学，就勉力让我继续读下去。”〔2〕

在张念诚家搭学半年后，严常星先生愈感孺子可教，对女婿说，正鹄有奇才，你要培养他，收他为义子，将来有靠山。经严撮合，由父母包办，张念诚与方志敏定下义父子关系。

3月10日 袁世凯在北京就任临时大总统。四月一日，孙中山正式辞去临时大总统职务。

---

〔1〕 缪敏笔录：《方母（金香莲）方姐（荣娇）谈志敏材料》。

〔2〕 方志敏：《我从事革命斗争的略述》，《可爱的中国——方志敏狱中手稿》（壹）第95—96页。

1913年　十四岁

7月12日　孙中山发动讨袁“二次革命”。江西都督李烈钧[1]在湖口宣布江西独立，发檄讨袁。九月，“二次革命”失败。

10月6日　袁世凯当选为中华民国总统。

本年　在张念诚家搭学第二年。经常看到义父张念诚欺压佃户，放高利贷逼死人命等，对义父为富不仁的行为日渐不满，对穷苦乡亲则充满同情。这一年，贫苦的“士婆（舅祖母）”去世，为其撰祭文，并哭祭。乡亲们说：“这孩子是菩萨心，有出息。”[2]

---

〔1〕李烈钧（1882—1946），江西武宁人。1907年加入同盟会。辛亥革命后曾任江西都督。1927年2月任江西省主席，追随蒋介石反共，引起方志敏等革命人士的强烈不满。1931年九一八事变后，积极主张抗日。1946年2月20日在重庆病逝。

〔2〕缪敏笔录：《方母（金香莲）方姐（荣姅）谈志敏材料》。

1914年　十五岁

7月　孙中山在“二次革命”失败后感到国民党组织不纯，人心涣散，已不能领导革命继续前进，决心重组新党，在日本东京成立中华革命党。

8月　第一次世界大战爆发。九月，日军以对德宣战为借口，在山东黄县龙口强行登陆，继而占领济南、青岛等地，攫取德国在山东的一切权益。

本年　离开张念诚办的学堂，再次失学，在家务农。

1915年　十六岁

1月18日　日本向袁世凯提出旨在灭亡中国的“二十一条”。中日就此展开秘密谈判。消息传出，遭到全国人民的强烈反对，各地出现抵制日货的风潮。

9月　陈独秀在上海创办《青年杂志》（后改名为《新青年》），提倡民主与科学，反对封建旧文化，揭开了新文化运动的序幕。

12月12日　袁世凯宣布接受帝位，改国号为“中华帝国”。同月，孙中山发表《讨袁宣言》，蔡锷发动讨袁护国战争。

本年　继续在家务农。对农民受剥削压迫、终年辛勤劳作却不得温饱的痛苦，有了更深的了解。

1916年　十七岁

秋　考进弋阳县立高等小学（简称弋阳高小），开始用学名方志敏。学费主要由湖塘村方氏祠堂的学谷支付。

弋阳高小的校址设在县城的叠山书院。书院已有六百余年历史，是为纪念南宋爱国诗人谢枋得（号叠山）而建。辛亥革命后，书院改为学校，前四年为初级小学，一九一六年秋季开始招收第一届高小班，学制三年，学生有方志敏、邵式平〔1〕等二十余人。高小班课程设有国文、数学、史地、英文、体育、音乐等。

与来自本县七区邵家畈的邵式平相识。方志敏回忆："我到十七岁时，才进高等小学校，在校得与邵式平同志认识，三年同班，朝夕不离，情投志合，结为至友。"〔2〕

冬—1921年冬　其间某年寒假，在家中读刘禹锡的《陋室铭》，有感而发自拟一联："心有三爱奇书骏马佳山水　园栽四物青松翠竹洁梅兰"，并写成条幅，贴在自己的卧室里。〔3〕

---

〔1〕邵式平（1900—1965），江西弋阳人。1925年加入中国共产党。大革命失败后，同方志敏一起领导弋（阳）横（峰）暴动，是闽浙赣革命根据地和红10军的创建者和领导者之一。1934年参加长征。中华人民共和国成立后，先后担任江西省人民政府主席，中共江西省委第二书记兼江西省省长，是中共中央华东局委员，中共第八届中央委员会候补委员。1965年3月24日病逝于南昌。

〔2〕方志敏：《我从事革命斗争的略述》，《可爱的中国——方志敏狱中手稿》（壹）第96页。

〔3〕方志纯：《回首当年——方志纯革命回忆录》，江西人民出版社1987年版，第474页。

1917年　十八岁

7月1日　张勋率“辫子军”在北京拥清废帝溥仪复辟，仅几日即告失败。段祺瑞重新执政。

9月10日　孙中山联合一部分赞成护法的国会议员和军事力量，在广州成立中华民国军政府，就任海陆军大元帅。

11月7日　俄国发生十月革命，列宁领导布尔什维克党创立了世界上第一个社会主义国家。

本年　继续在弋阳高小读书，成绩优秀，作文常被国文老师用红笔圈点后张贴出来，让同学观摩。注重传统文化的学习，《诗经》《唐诗三百首》里的诗不少能出口成诵，对《楚辞》《史记》《文选》等古书也很熟悉。平时，还喜欢阅读当时流行的科学书籍和白话小说，如赫胥黎的《天演论》、孟德斯鸠的《法意》等。在新文化和新思潮的影响下，方志敏的思想逐渐激进，成为“黑暗的憎恶者，光明的渴求者”，并在学生中发起组织弋阳九区青年社，该社的宗旨是“铲除邪恶，追求光明”。邵式平回忆：“由于他聪颖出众，书籍读了很多，文章写得很好，接受新思潮很快，能说能干，斗争性很强，他在同学中就像一块大磁铁一样，群众很自然地都团结在他周围。入学不久，他就成了全校同学所爱戴的领袖。”〔1〕

△　在校内外与有神论者“展开了一场相当激烈的争论。有

〔1〕 邵式平：《追念方志敏同志》，《江西日报》1952年6月30日。

神论者到处见神见鬼，无神论者到处捉神捉鬼。有一个黑夜在校外坟堆里面，捉住了一个‘鬼’，证明了鬼是人装的，有神论便被打败了”〔1〕。学校放假时，回家对姐姐方荣娐说：“过去我怕鬼，现在我不信鬼神了，在坟头顶上我都敢做屋！”

△　当得知姓邵的校长有贪污嫌疑时，便提出清算要求。校长请张念诚出面阻止。张念诚以“义父”身份呵斥：你读书就读书，怎么能挑动学生捣乱校规！方志敏说：这件事不用你管，贪污账是非算不可。这次行动在县城引起很大反响。

△　清算贪污账的风波之后，与张念诚反目。弋阳九区青年社把张念诚为富不仁的种种恶行公之于众，随后双方对簿公堂，青年社以失败告终。方志敏回忆：“在反劣绅官僚的斗争中，社内既无工农群众参加，自然不会有什么力量表现出来；我们又都年青少经验，什么事都只凭着一股热血做去，全不了解斗争的策略和方法，与那些老奸巨滑的劣绅贪官斗法门，哪能不一败涂地？不久，我们的一个社员〔2〕，被九区巨绅张大纲〔3〕举赃诬陷，捉进牢里去，坐了十多个月。我们费了九牛二虎之力，向法院进了好几张辩诉词，化了许多金钱，才将他营救出来。”〔4〕

△　父亲方高翥与兄弟分家自立门户。

---

〔1〕 邵式平：《追念方志敏同志》。

〔2〕 指九区青年社社员黄镇中。黄镇中（1902—1932），江西弋阳县漆工镇人。1925年7月加入中国共产党。弋阳地方农民运动领袖之一。在赣东北苏区历任中共德兴县委书记、赣东北特区苏维埃政府秘书长等职，1932年蒙冤被害。后被追认为革命烈士。

〔3〕 指张念诚。

〔4〕 方志敏：《我从事革命斗争的略述》，《可爱的中国——方志敏狱中手稿》（壹）第101页。

1918年　十九岁

4月14日　毛泽东、蔡和森、何叔衡等在长沙创立新民学会，其宗旨是“革新学术，砥砺品行，改良人心风俗”。后以“改造中国与世界”为学会的方针。

5月16日　段祺瑞把持的北京政府与日本政府在北京秘密签订《中日陆军共同防敌军事协定》。十九日，又签订《中日海军共同防敌军事协定》。这些协定使日本在中国得到更多的侵略权益。消息传出，遭到中国民众和舆论的强烈反对。

本年　继续在弋阳高小读书，投身反帝爱国运动。

△　在弋阳高小，坚持参加每周日上午举办的爱国演讲集会，每每脱稿讲演，激昂慷慨，会后整理记录，斐然成章，张贴讲台，供同学们阅看。后来回忆这段经历时写道：“我很小的时候，在乡村私塾中读书……不知道爱国为何事。以后进了高等小学读书，知识渐开，渐渐懂得爱护中国的道理。”〔1〕

△　弋阳九区青年社在反对劣绅官僚的斗争中，“大家弄得精疲力竭，劣绅贪官仍然是安稳稳地统治着。大家觉得这社没有力量，都去加入其他革命组织，这社也就无形解散了”。后回顾：“这社自组织起来，存在了两年，对于革命虽无怎样重大意义，

---

〔1〕方志敏：《可爱的中国》，《可爱的中国——方志敏狱中手稿》（壹）第11页。

但却给了我们一些斗争认识，提醒我们，不去团结群众，斗争是不会成功的，鼓励了我们到群众中的意志，同时，因这社的影响，也为革命栽培了一些种子。”〔1〕

〔1〕 方志敏：《我从事革命斗争的略述》，《可爱的中国——方志敏狱中手稿》（壹）第102页。

1919年　二十岁

1月18日　巴黎和会召开。中国作为第一次世界大战的战胜国出席。但和会为美、英、法、意、日五大列强操控。

4月30日　巴黎和会五列强开会，决定将德国在中国山东的特权转让给日本。中国在巴黎和会上的外交失败，成为五四运动的导火线。

5月4日　五四运动爆发。这场爱国学生运动很快就演变成全国性的反帝爱国群众运动。

5月上中旬　五四运动波及弋阳。方志敏回忆，一天，一位青年教师在讲台上大声疾呼地演说，控诉日本强加给中国的“二十一条”和种种侵略行径，“听讲的我们，在这位教师如此激昂慷慨的鼓动之下，哪一个不是鼓起嘴巴，睁大着眼睛——每对透亮的小眼睛，都是红红的像要冒出火来”[1]。课后，在学校告示栏上奋笔疾书：“我方志敏誓死打倒日本帝国主义！”

△　同学校青年师生一起在校园集会，在县城游行，书写启发群众觉悟的传单，分放给沿路群众。后来在《可爱的中国》中回忆，这一时期的那些慷慨激昂的口号和演说，常让师生们热血沸腾，热泪盈眶。

△　与同学们上街宣传抵制日货，并将自己的几件日货用

---

〔1〕方志敏：《可爱的中国》，《可爱的中国——方志敏狱中手稿》（壹）第12页。

品，如脸盆、牙刷、金刚石牙粉等，都打碎抛弃，“情愿自己没有得用”。即使在当时，他也不无自豪地说：“爱国运动，波及到弋阳时，我是一个最爱国的一份子。”〔1〕

△ 在投身五四运动中，曾产生不少爱国报国的愿望：想在高小毕业之后，就去从事实业，苦做苦积几百万几千万，拿出来训练海陆军。或去投考陆军学校，可以自己带兵，去打东洋鬼子。“读西洋史，一心想做拿破仑；读中国史，一心又想做岳武穆。”“有时竟想到几夜失眠”，“一个青年学生的爱国，真有如一个青年姑娘的初恋时那样的真纯入迷”。〔2〕

7月 从弋阳高小毕业。从县城返家那天，湖塘村及周边五个村举行隆重庆贺仪式。“派出了五班锣鼓，前去迎接。沿途村庄，都为志敏放鞭炮。湖塘村里，又去了一百余人上路迎接。来祝贺的客人，络绎不绝。”〔3〕

夏 参加爱国运动过度劳累，大病一场。

△ 由父母做主，在湖塘村家中与余维娇成婚。〔4〕余维娇是本县七区姚畈村财主余祖丰的女儿，长方志敏两岁。方志敏对于这桩强加的婚姻既苦恼又无奈，后离婚。

8月下旬 受当时“实业救国”思潮的影响，揣着父亲“东

---

〔1〕 方志敏：《我从事革命斗争的略述》，《可爱的中国——方志敏狱中手稿》（壹）第97、96页。方志敏在该篇所述爱国运动事件发生的时间，应为1919年。

〔2〕 方志敏：《可爱的中国》，《可爱的中国——方志敏狱中手稿》（壹）第15—16页。

〔3〕 方荣姘：《缅怀正鹄》，《方志敏印象集》第205页。

〔4〕 方志敏所填《团员调查表》（1922年8月2日），表格第5栏“结婚否?”，方志敏填“已结婚”。另见方梅在《方志敏和他的亲人们》：1919年夏，刚从弋阳高小毕业20岁的方志敏，遵照母命与余维娇结婚。

扯西借”得到的几十块钱，来到南昌，以第一名的优异成绩考入江西省第一甲种工业学校（也称“甲工”）。当时该校开设了土木、机械、应用化学三个专业。方志敏第一年读的是预科，学习勤奋，晚上还经常到社会上的专修学校去补习英语和数学。

10月10日 孙中山将中华革命党改组为中国国民党。

11月16日 日本暴徒在福州打伤多名抵制日货的中国学生，并打死一名警察，造成福州惨案。福建学生罢课抗议，各省市学生奋起响应，形成抵制日货的新高潮。

12月初 与同学组成“讲演十人团”，连日走上街头，向市民介绍福州情况，宣传爱国思想，号召民众抵制日货。〔1〕

12月7日 参加江西学生联合会为声援福建学生组织的大游行。参加游行的有南昌二中、“甲工”等二十所学校约五千人。是日，学生们在南昌主要街道游行示威，沿途散发警告书，揭露日本在福建的暴行。

12月10日—23日 参加南昌学生罢课活动。十日，江西学生联合会发表《赣省罢课宣言书》，揭露江西督军陈光远、省长戚杨等放开米禁〔2〕，封闭学生联合会的反动行径。在民众和舆论的支持下，经过斗争，二十二日，江西地方政府宣布维持米禁办法，不准出售粮米给日本商人，如有查获，即行严惩。二十三日，各校学生代表召开学联恢复活动纪念大会，发表中止罢课宣言书。

本年 利用寒暑假等探家机会，联络原九区青年社的部分成

---

〔1〕 缪敏回忆：“志敏同志参加了南昌学联的工作，终日去街头讲演，查禁日货。”见缪敏：《方志敏战斗的一生》，工人出版社1958年版，第11页。

〔2〕 民国时期，北京政府和有关地方政府为了维护粮食安全，实行禁止粮食出口的政策。

员和弋阳县城及各区的进步青年，成立弋阳青年社，后又改名为弋阳革命青年社。社员主要为青年学生和青年农民，大多数社员加入中国共产党，成为创建赣东北革命根据地重要骨干。该社的活动一直坚持到一九二五年弋阳县建立中共党、团组织为止。

1920年　二十一岁

1月　北京政府准备同意日本提出的山东问题由日中“直接交涉”，此事激起全国人民反对，形成更大规模抵制日货活动。

春　寒假期间，了解到弋阳县漆工镇警察所新来姓余的巡官，与本地的土豪劣绅沆瀣一气，想方设法榨取穷苦乡亲钱财的劣迹。寒假过后，在南昌写了控告余贪赃枉法的禀状送到江西省警察厅，后因余姓巡官派人到省里行贿，这次控告不了了之。

4月9日　全国学生联合会通电北京政府，要求四日内驳回日本关于山东的通牒，通告中日签署的军事协定无效。未果。十四日起，北京、上海、浙江、江苏、安徽、广东等地中学、大学开始罢课。

4月27日　南昌学生联合会[1]召开紧急会议，江西省立农业专门学校、心远中学、“甲工”等十九所学校代表及学生六百余人参加大会，上海、九江学生联合会代表也出席会议。会议决定次日举行南昌学生总罢课，与京沪学生一致行动。

4月28日　参加南昌学生总罢课。与同学组成调查队、讲演团，在罢课期间到各商号查禁日货。

4月29日　南昌千余学生在公共体育场举行罢课宣誓大会。

5月9日　督军陈光远宣布解散南昌学生联合会，并武装包围中等以上学校。学生们面对军警镇压，坚持斗争，并发表宣誓

---

〔1〕当时新闻报道的称谓为南昌学生联合会。

书，称如果南昌学生联合会不恢复，被开除的学生代表不能恢复学籍，将全体退学。

△ 参加校长赵宝鸿召开的“甲工”全校学生大会。会上赵宝鸿勒令学生复课，同学们坚持退学之说，继续罢课。

5月17日 被开除的学生代表陆续恢复学籍，南昌学生联合会发出罢课终止宣言书。

8月下旬 在“甲工”由预科升入机械科。每天黎明到校内花园读英语，平时还阅读《新青年》《东方杂志》等进步书刊。曾对同学说：“我们不能仅是为了多打分而读书，而是为了学到丰富的知识，将来到社会能应用学到的丰富知识做好事业，这才是读书的目的，我学习英文，就是为了能看懂英文版的书籍杂志，大大丰富我们的知识。现在有许多反映新思潮、新科学的书籍杂志，都是从外文翻译过来的，有些翻译的不好，看起来不容易了解其全部文义。我们的思想要赶上时代潮流而不做落伍者，就要关心国内外大事，要多看书籍报刊，新知识吸引多了，才能丰富我们的头脑，做一个对社会有用的人。”〔1〕

8月 上海的共产党早期组织在渔阳里二号《新青年》编辑部正式成立。其后，北京、武汉、长沙、广州、济南等地相继成立共产党早期组织。

△ 陈望道翻译的《共产党宣言》第一个中文全译本由上海社会主义研究社出版。

本年 经常阅读上海《民国日报》。一九二〇年六月十五日上海《民国日报》副刊《觉悟》上刊登题为《捉贼》的白话小说，作品描写一群学生吊打一个小偷，引发进步学生的不满。方志敏读后，立即投书上海《民国日报》报馆经理兼《觉悟》副刊

---

〔1〕 丘倜：《方志敏在南昌江西省立第一甲种工业学校》，1979年10月。

主编邵力子，赞同进步学生的见解："小偷算不算顶坏的？我认为，比他坏的，触目皆是。军阀、政客、资本家、地主，哪一个不是操戈矛的大盗？为什么大盗逍遥自在，受人敬礼，而小偷却在此地被吊起敲打？"邵力子回信说方志敏的看法一针见血，指出了社会的本质和病根，并勉励他写些白话小说和诗歌来，揭露社会的黑暗。〔1〕

〔1〕 邵黎黎：《方志敏与邵力子》，《团结报》1988年2月16日。

1921年　二十二岁

1月1日　南昌二中学生袁玉冰〔1〕、黄道〔2〕等，将他们在一九二〇年成立的鄱阳湖社改名为改造社，其宗旨是“改造社会”，使“黑暗的旧江西”变成一个“光明的新江西”。

3月　在“甲工”发起组织学生自治会，被推选为主席。自治会的宗旨是追求民主、参与校务与革除弊端。同学丘倜回忆：“一九二一年上学期开学不久，几乎把课外的时间都用在筹备学生自治会的工作上。”“志敏对学校做了仔细的调查研究工作，摸清了学校的底细和同学们的意见、愿望。”校长赵宝鸿随意在学校安插亲信，引起学生们的强烈反感。学生自治会向校方要求撤换误人子弟的“饭桶教员”，结果遭到赵宝鸿的拒绝。

5月1日　改造社编辑的《新江西》季刊在南昌创刊。

5月7日　组织“甲工”学生，参加南昌三十五所中小学在

---

〔1〕 袁玉冰（1899—1927），又名袁孟冰、袁冰冰，江西泰和人。是江西传播马克思主义的先驱、江西党团组织的主要创始人之一。1924年加入中国共产党，曾任中国社会主义青年团上海地委书记、中共江西区委宣传部部长、共青团江西省委书记等职。1927年12月27日在南昌就义。

〔2〕 黄道（1900—1939），江西横峰人。1924年加入中国共产党。大革命失败后，和方志敏、邵式平等领导弋横暴动，是闽浙赣革命根据地和红10军的创建者和领导人之一。后历任中共闽浙赣省委组织部部长、中共闽赣省委书记、新四军驻赣办事处主任等职。1939年5月23日在江西铅山县被敌人暗害。

公共体育场举行的国耻纪念会。会后，同学们在全市进行示威游行。〔1〕

5月上旬 要求撤换“饭桶教员”的风波未平，校长赵宝鸿贪污的劣迹又被学生自治会揭露出来，政府拨给学校建造办公大楼和教室的经费，竟被他中饱私囊，为自己在南昌大凌云巷建筑一栋小洋楼，就连学生的膳食费，也被他贪污了不少。这些证据一公布，全校学生立即提出清算学校经费的强烈要求，又遭校方拒绝。

5月中旬 为抨击学校腐败落后的现象，编写讽刺剧《一所私塾的怪现象》，由“甲工剧社”在校内礼堂演出了五六天，南昌其他学校的许多学生纷纷赶来观看。此前，剧社还自编自演了《旧婚姻制度下的牺牲者》《走出家庭》《何只他二人苦》等话剧。《一所私塾的怪现象》剧中，一个典型的“冬烘先生”（指塾师）这样解释《百家姓》开头的“赵钱孙李”四个姓：“赵者，招摇撞骗的‘招’也；钱者，死要铜钱的‘钱’也；孙者，子子孙孙的‘孙’也；李者，都在这里的‘里’也。四句连贯起来，就成了“招摇撞骗，死要铜钱，子子孙孙，都在这里”〔2〕。该剧对“甲工”的黑暗现实进行了辛辣的讽刺，引起校长赵宝鸿强烈不满，以“犯上违规”给方志敏等记大过一次。消息传开，学生们纷纷自动罢课。学生自治会提出四点要求，由方志敏、洪宏义等四人为代表，出面与校方交涉。赵宝鸿进行威逼利诱，企图迫使学生让步，致交涉无果。

6月上旬 与其他三名学生代表被校方开除学籍。后来回忆：他和学生自治会对校内腐败情形的无情揭露，“不意竟触怒

〔1〕《袁玉冰日记》手稿。

〔2〕丘倜：《方志敏在南昌江西省立第一甲种工业学校》。

这个赵校长，用出他的辣手，将我和为首的另三个同学，悬牌开除学籍，遂激起全校学生的驱赵风潮”〔1〕。愤怒的学生，将校方挂出的开除方志敏等学籍的告示牌砸烂，由学生自治会另外挂出一块牌子，“历数校长的罪恶，开除校长”〔2〕。

△ 在“甲工”学生自治会召开的学生大会上发表演说。到会同学数百人，听了方志敏的演说，有几十个气得流泪！于是数百学生直奔南昌大凌云巷四号赵公馆，吓得赵宝鸿躲在床底下“避难”。

6月13日 出席南昌学生联合会召开的各校学生代表会议，在会上报告“甲工”学潮情况。会议作出决议：以书面形式劝告赵宝鸿自行辞职，并限其在十二个小时内给予答复，否则，全市学生将共同采取行动。

6月15日 率领“甲工”一百多名学生，到南昌二中等各校演说，陈述校内腐败情况及种种不平之事，请求援助。后又率学生到省教育厅请愿，散发传单，高呼口号，并呼吁新闻界予以援助，在社会上引起很大反响。

6月中旬 为平息这场学潮，赵宝鸿宣布学校提前放暑假，江西省督军蔡成勋派出军警，驱赶学生离校。方志敏回忆：“此次运动，虽未胜利，且被开除学籍，我心中却仍觉得愉快。因为改革学校的运动，是我自己愿意干的，吃亏受气，自不在乎。”〔3〕

6月19日 与洪宏义一起加入改造社。初见袁玉冰。方志敏后来说：“当时，第二中学，有一个江西改造社，是十几个倾向革命的学生组织的，袁孟冰，黄道同志都在内。工校风潮后，他们认为我是个革命青年，介绍我加入，我到【社】开了几次

---

〔1〕〔2〕〔3〕 方志敏：《我从事革命斗争的略述》，《可爱的中国——方志敏狱中手稿》（壹）第104—105页。

会。这社是个研究性的团体，社员的思想信仰，并不一致，袁、黄和我几个人是马克思主义的信徒，另有几个人，相信无政府主义，其余的人，简直是动摇不定，无一定的信仰。社内出了一种《新江西》季刊，各种问题都无中心的谈，在江西影响不大。”〔1〕

7月23日 中国共产党第一次全国代表大会在上海开幕，后移至浙江嘉兴南湖举行。党的一大宣告中国共产党正式成立。

7月—8月上旬 返家，在家中暂住。因被开除学籍遭父亲训斥，心中苦闷，决心继续外出求学。

△ 倡议弋阳革命青年社在漆工地区创办刊物《寸铁》。他对堂弟方志纯〔2〕解释《寸铁》的刊名，说：“要和敌人斗争，光有文不够，还要有武的，哪怕是一寸铁，也是战斗武器！”〔3〕当时正值北京政府搞“民主选举”，大地主黄理卿花钱收买乡间选民，方志敏组织弋阳革命青年社成员在漆工镇发表演讲，揭露黄理卿贿选丑行。他还撰写《黄理卿的十大罪状》一文登在《寸铁》上，在漆工镇一带散发、张贴。尽管如此，黄理卿还是当选为议员。

△ 与方志纯到弋阳邵家畈，看望暑假回家的邵式平（当时在南昌一中读书）。他们就“社会主义和各种无政府主义区别”探讨了四天。

8月15日 从家乡重返南昌，寄居荣记学舍。袁玉冰上午

---

〔1〕 方志敏：《我从事革命斗争的略述》，《可爱的中国——方志敏狱中手稿》（壹）第105—106页。

〔2〕 方志纯（1905—1993），原名方远钧，江西弋阳人。方志敏堂弟。1924年在南昌加入中国共产党，1927年起参与创建赣东北革命根据地，1938年被中央组织部派往苏联学习。新中国成立后历任中共江西省委书记、江西省省长、中共中央顾问委员会委员等职。1993年7月31日在南昌病逝。

〔3〕 方志纯：《回首当年——方志纯革命回忆录》，第478页。

到访，因外出未遇。下午，到南昌二中宿舍造访袁玉冰，两人初次交谈，甚为相契。次日，在袁玉冰陪同下，到省立农业专门学校，了解到中学没毕业无报考资格，欲入该校读书的愿望落空。遂与袁玉冰返回南昌二中，再次长谈。袁玉冰在当天日记中写道："我觉得他是一个要觉悟的人，也算难得。"

8月18日 晚，访袁玉冰，二人到二中图书室楼顶乘凉，后又坐校内石上畅谈，深夜才归。

8月26日 晚，游百花洲冠鳌亭，巧遇袁玉冰等人。

8月29日 访袁玉冰，并一起到南昌万寿宫闲游。途中遇雨，返回荣记学舍住处，谈"不能升学，真是有说不出来的苦"〔1〕。

8月30日 晚，访袁玉冰，与袁玉冰就"经济压迫的困苦"等话题深入交谈。

9月2日 下午，参加改造社第九次临时会议，欢迎新社员加入。到会十一人。

9月3日 改造社召开临时会议，大家为《新江西》筹款四十元。会后，袁玉冰、黄道等到南昌商务印书分馆接洽付款，取回一百五十本《新江西》。

9月4日 晚，同袁玉冰一起，到南昌新民报馆，洽谈刊登《新江西》发行广告事宜。

9月11日 上午，参加改造社举行的第二次会员大会，到会十二人，至午时散会。

9月22日 从南昌动身去九江报考南伟烈学校〔2〕，离开的

---

〔1〕《袁玉冰日记》手稿。

〔2〕南伟烈学校，即 William Nast College，亦称南伟烈大学。本谱采用谱主对该校的称呼，即南伟烈学校。1901年，美国美以美会办的九江同文书院更名为南伟烈大学。1920年，校方取消大学课程，但校名未变，William Nast College 一直沿用至1928年。

前一天再晤袁玉冰。

9月下旬 考入九江南伟烈学校，入读中学部。这是一所由美国美以美会创办的教会学校，前身为九江同文书院。方志敏报考这所教会学校，是想“学点英文，又以该校用费不大”[1]。但入学不久，就有了“等于坐牢”的感觉。后回忆：“最使我难受的，就是每天早晨一个小礼拜；星期四下午，又是一个礼拜；星期日的整个上午，都做礼拜！礼拜礼拜，到底礼拜哪个，真是无聊！”[2]几次想离校，又复忍住，他想出了对付做礼拜的办法，“就是每次去做礼拜，总私自带下一本自己爱读的书去，不管牧师说教也好，祷告也好，一概不理，我静心看我的书，这才算将难耐的礼拜挨过去。”[3]

在九江江边，“看见很多外国兵舰和轮船在长江内行驶和停泊”，心中不禁发问：“中国的内河，也容许外国兵舰和轮船自由行驶吗？中国有兵舰和轮船在外国内河行驶吗？如果没有的话，外国人不是明白白欺服中国吗？中国人难道就能够低下头来活受他们的欺负不成?!”又想到：“教会学校里，他们口口声传那‘平等博爱’的基督教，同是教员，又同是基督信徒，照理总应该平等待遇，但西人教员，都是二三百元一月的薪水，中国教员只有几十元一月的薪水，教国文的更可怜，简直不如去讨饭，他们只有二十余元一月的薪水……基督国里，就是如此平等法吗？难道西人就真是上帝宠爱的骄子，中国人就真是上帝抛弃的下流的瘪三?!”“只要你不是一个断了气的死人，或是一个甘心亡国的懦夫，天天碰着这些恼人的问题，谁能按下你不挺身而起，为积弱的中国奋斗呢？何况我正是一个血性

---

〔1〕〔2〕〔3〕 方志敏：《我从事革命斗争的略述》，《可爱的中国——方志敏狱中手稿》（壹）第110—112页。

自负的青年!”[1]

在学校坚持晨练、晨读。当时流传:“江西足球在九江,九江足球在同文。”南伟烈学校有标准的草地足球场,从此喜欢足球运动。

10月初 写信给袁玉冰,告知已考进南伟烈学校。四日,袁玉冰在南昌收到来信,并于七日回信。

11月12日 写成白话小说《私塾》,作品描写了封建塾师摧残学生的情景。借小说中人物之口说,读私塾“如到监狱里受折磨”,以宣泄自己对在南伟烈学校所处现实的愤懑,同时坚信“黄金色太阳的光”,终将会扫除人们心头的阴霾。

12月24日 袁玉冰收到方志敏来信。次日,袁玉冰离开南昌返家乡泰和,二十九日在途中船上复信方志敏。

[1] 方志敏:《可爱的中国》,《可爱的中国——方志敏狱中手稿》(壹)第19—21页。

1922年　二十三岁

2月中旬　寒假后从弋阳返校，途经南昌，同袁玉冰、徐先兆等一起阅读《共产党》月刊等书刊，讨论如何改造社会，要改造成怎样一个社会等问题。讨论后的意见，以《改造中国社会的商榷》为题，刊登于一九二三年一月十五日出版的《新江西》第一卷第三号。

2月底　从南昌返回九江，继续在南伟烈学校学习。对学校规定必读的《圣经》“极度厌恶”，但对学习英语的热情丝毫未减。该校开设的学科，只有国文、数学用中文课本，其他如历史、地理、生物、自然科学等均用英文原版的课本。加上课外刻苦自学，英语程度有了很大提高。

3月1日　在《新江西》第一卷第二号发表题为《私塾》的白话小说。

3月　借助词典阅读借来的英文版《共产党宣言》和《资本论》，开始研究社会主义学说，并与几位常阅读进步书刊的同学组成“读书会”。不久，又组织同学成立研究马克思主义小组。曾对同学谈起：在南昌街头，碰到一个坐在轿子里的洋人邮政局长，四个抬轿，八面威风，让他感到既难受又不服。当时在场的同学石光宇回忆：“方志敏眼带泪花，动容地说，‘中国的邮政却由外国人来办，这还得了！将来实现社会主义，决不是这种样子！’”〔1〕

〔1〕 方志敏在南伟烈学校同学石光宇在“同文书院座谈会”上的回忆。

由于常常讲社会主义，同学们给他取了个“社会主义”的绰号。有同学对他说：“密司特方，你要明白，找到一个翻译员或洋行公司的用员到手，就是几十块花边一月的薪水啦。如搅得更好的话，还可以在洋人帮助之下，留学美国呢！密司特方，我不客气的说一句，像你这样不敬洋人，又不信教，那只好去讲你的社会主义了。”〔1〕方志敏没有接受劝说，他参加了非基督大同盟组织，在校园乃至社会上到处发表演讲，宣传社会主义。

4月22日 写成白话小说《狗儿的死》。作品通过描写一个富家子弟的堕落，抨击世道不公，提出了“如何使赤贫者不贫”的社会问题。作品发表于一九二三年一月十五日出版的《新江西》第一卷第三号。

5月5日—10日 中国社会主义青年团第一次全国代表大会在广州召开，中国社会主义青年团正式成立。

5月6日 写成诗歌《哭声》，发表于五月十八日上海《民国日报》副刊《觉悟》。诗中写道：“仿佛有无数受苦受难的民众在我的周围哭泣呵！他们呜咽的、悲哀的而且时时震颤的声音，越侧耳细心去听，越发凄楚动人了！”“这时我的心碎了。热泪涌出眼眶来了。”“我坚决勇敢道：‘是的，我应该援救你们，我同着你们去……’”当日同版刊登的还有鲁迅所译俄盲诗人爱罗先珂的《桃色的云（一）》。

6月21日 晨，写成白话诗《呕血》：

呵！什么？
鲜红的是什么？
血吗？
血呀！

---

〔1〕方志敏：《我从事革命斗争的略述》，《可爱的中国——方志敏狱中手稿》（壹）第113页。

我为谁呕呢？
我这般轻轻年纪，
就应该呕血吗？
呵！是的！
我是个无产的青年！
我为家庭虑；
我为求学虑；
我又为无产而可怜的兄弟们虑。
万虑丛集在这个小小的心儿里，
哪能不把鲜红的血挤出来呢？
……

诗作发表于同年七月十一日上海《民国日报》副刊《觉悟》。

6月 联合南伟烈学校与省立第三中学、第六师范，发起要求各校“行政公开，惩治专制腐败”的罢课请愿，得到其他学校的迅速响应。赣北镇守使吴金彪几次要求校方开除方志敏，但校方考虑到方志敏成绩好，在学生中威信高，担心开除会再次引起学潮，没有同意当局的要求。

△ 接到父亲无法再筹措学费的来信，主动提出退学，后回忆：“我读书用的钱，比较豪富学生用的钱，是不及他们用的百分、几百分之一，但每块钱都是从人家借来，六年用去的钱，连本带利，就变成一笔七百元的巨额债款了。这笔债款，真像一块千斤重的石头，压得我全家人无地自存！”〔1〕“决然废学，固然是借贷无门，无法筹得学费，同时也不愿因我一人求学，给全家人以如此深重的忧愁！”〔2〕还有一个原因是，“接到上海一个朋

〔1〕〔2〕 方志敏：《我从事革命斗争的略述》，《可爱的中国——方志敏狱中手稿》（壹）第97—99页。

友寄来一份《先驱》报”，赞同“它提出结成民族统一战线，打倒帝国主义，打倒军阀”[1]的政治主张，决定结束一年的教会学校生活，到上海去。

7月上旬 坐船到达上海。在上海民信日刊社做校对的同学洪宏义处落脚。为谋得一份工作，他带着从南伟烈学校校长处“请求来的一张介绍名片”，去找一位在医院工作的牧师，希望帮助找个工作，却被拒绝了。

方志敏回忆：“我们并不是排外主义者，洋人之中，有不少有学问有道德的人，他们同情于中国民族的解放运动，反对帝国主义对中国的压迫和侵略，他们是我们的朋友。”[2]他在南伟烈学校结交不少外国朋友，有学生，有老师，甚至有校方的负责人。到上海后还接到南伟烈学校一位同学的来信，说校内一个“有力的洋人”可以帮助解决学膳费问题，希望他回校去，但要信仰基督教。方志敏复信说：“读书不成，只为家贫，但因贫而无受教育机会的人，在中国何止千百亿万？无论如何，我是不会相信基督教的，现在，我也不愿再读那些无意义的书，我要实际的去做革命工作了。”[3]

7月上中旬 前往上海民国日报社拜访邵力子。由于曾有书信交往，邵力子想象方志敏“应该是个三十岁以上的人，因为从通信中看，他不仅才华横溢，而且有一定的生活阅历，对社会和政治有相当的洞察力。一见面，才知道他竟是个刚二十出头的青年”[4]。当邵力子了解到方志敏在上海举目无亲，谋职无果，便

---

〔1〕〔3〕 方志敏：《我从事革命斗争的略述》，《可爱的中国——方志敏狱中手稿》（壹）第115、114页。

〔2〕 方志敏：《可爱的中国》，《可爱的中国——方志敏狱中手稿》（壹）第17页。

〔4〕 邵黎黎：《方志敏与邵力子》，《团结报》1988年2月16日。

安排他到报馆工作。邵力子还邀请方志敏到寓所与其在复旦大学读书的儿子同住过几天。此后的一个多月，方志敏在上海民国日报社做校对。

7月16日 以找牧师谋取工作碰壁的经历为素材，写成纪实小说《谋事》，发表在本月十八日上海《民国日报》副刊《觉悟》上。这篇小说同鲁迅、叶圣陶、郁达夫等作家的作品一起，被选入一九二三年上海小说研究社编印的《小说年鉴》，并加按语称，《谋事》“真是拿贫人的血泪涂成的，谁还看了，不同情于这样的一个他!”〔1〕

7月16日—23日 中国共产党第二次全国代表大会在上海举行，大会制定了党的最低纲领和最高纲领，通过了《中国共产党章程》，选举出以陈独秀为委员长的中央执行委员会。

7月中下旬 结识赣籍共产党员赵醒侬〔2〕。赵醒侬当时兼任上海工商友谊会文牍委员。在赵醒侬的陪同下，方志敏到《先驱》半月刊编辑部，在这里见到了蔡和森、俞秀松等人。

7月 经几个穷朋友相邀去游法租界的公园，因华人身份未能入园。后来回忆：“这是我感觉着从来没有受过的耻辱！在中国的上海地方让他们造公园来，反而禁止华人入园，反而将华人与狗并列。这样无理的侮辱华人，岂是所谓‘文明国’的人们所应该做出来的吗？华人在这世界上还有立足的余地

---

〔1〕 1923年上海小说研究社编印的《小说年鉴》，共收小说43篇，方志敏的《谋事》被编在卷三。

〔2〕 赵醒侬（1892—1926），又名赵干、赵兴隆等，江西南丰人。1921年加入中国社会主义青年团，不久转为中共党员，江西党团组织的主要创始人。曾任中国社会主义青年团南昌地委委员长、中共南昌特别支部书记、中共江西地委组织部部长等。1926年8月10日在南昌被捕，9月16日牺牲。

吗？还能生存下去吗？我想至此也无心游园了，拔起脚就转回自己的寓所了。”〔1〕

8月2日 经俞秀松、赵醒侬介绍，加入中国社会主义青年团。方志敏填写团员调查表时，在评述社会现状一栏明确写道：“对于现在的社会，是深恶而痛恨的，除了革命，再无他想。”〔2〕

8月中下旬 与赵醒侬一起，会见从南昌来上海的袁玉冰，这是被后人誉为大革命时期中共“江西三杰”的首次会面。与赵醒侬、袁玉冰一起，商量在北京大学成立改造社总社、在上海和南昌建立分社，以及建立南昌文化书社等问题。

此前，袁玉冰来沪前，方志敏曾给他写信，告知上海有可以勤工俭学和学外语的学校，准备帮助他联系报考的途径。九月初，袁玉冰经李大钊推荐，去北京大学经济系旁听。

△ 因经济拮据，写信向家中告急。方志纯回忆，他接信后，得知方志敏已身无分文，便瞒着父亲，拿了五亩田的田契作抵押，借了五十块大洋，又带上百把斤茶叶赴上海，帮堂兄解脱了困境。

8月29日 得到团中央同意，带着创办南昌文化书社的任务，与方志纯乘坐日本公司的“吴淞轮”，离开上海返江西，从此走上了职业革命家的道路。

△ 在甲板上望着渐渐远去的上海，心生感慨，写下诗歌《血……肉》：

伟大壮丽的房屋，

---

〔1〕 方志敏：《可爱的中国》，《可爱的中国——方志敏狱中手稿》（壹）第21—22页。

〔2〕 方志敏：《团员调查表》，1922年8月2日。

用什么建筑成功的呢？
血呵肉呵！

铺了白布的餐桌上，
摆着的大盘子小碟子里，是些什么呢？
血呵肉呵！

装得重压压地铁箱皮箱，
里面是些什么呢？
血呵肉呵！

诗作发表于一九二三年一月十五日出版的《新江西》第一卷第三号。

△ 在航行途中，看到日本船主指挥几个打手毒打和侮辱三个衣衫褴褛的中国人，气愤不过，领头喊“打！”数十名乘客随之怒吼，威慑住船主，使三位同胞获救。后来回忆：“朋友，这是我永不能忘记的一幕悲剧！那肥人〔1〕指挥着鞭打，不仅是鞭打那三个同胞，而是鞭打我中国民族，痛在他们身上，耻在我们脸上！啊！啊！朋友，中国人难道真比一个畜牲都不如了吗？”“以后我还遇着不少的像这一类或者比这一类更难堪的事情……我却因每一次受到的刺激，就更加坚定为中国民族解放奋斗的决心。”〔2〕

8月29日—30日 中共中央执行委员会在杭州西湖召开全体会议。会议根据共产国际的指示，决定在孙中山改组国民党的

〔1〕 指日本船主。
〔2〕 方志敏：《可爱的中国》，《可爱的中国——方志敏狱中手稿》（壹）第35—36页。

条件下，同国民党合作，共产党员以个人名义加入国民党。

9月上中旬 从上海回到南昌，在国民党党员、一平印刷局经理张田民和其弟张禅林的资助下，与赵醒侬、袁玉冰等发起成立南昌文化书社，任经理。书社设在东湖边百花洲席公祠附近。“因为革命思想，在江西传播不广，得到团的同意，与几个同情的朋友，由上海回到南昌开办一家新文化书店，专贩卖马克思主义的和其他革命的书报”〔1〕。该书社同时也成为联络进步青年、开展革命活动的据点。

△ 筹办南昌平民图书馆。与赵醒侬、袁玉冰等联络各界人士为南昌平民图书馆捐款、捐书。该图书馆后来没有办成。

9月30日 写就给袁玉冰的短信，作为诗作《快乐之神》的代序：“亲爱的冰冰：昨从旧纸堆里，找出这《快乐之神》来，寄给你看，这是吐血后做的，我所以会吐血，就是一日二十四小时无一时快乐。”诗中借“快乐之神”之口说：“可怜的青年，我何尝不愿亲就你呢？只是在你周围的地方，有许多许多凶狠狠的恶魔，正在张牙露齿地杀人吃人；看呀！遍地血迹模糊！听呀！到处哭声哀楚！我的胆子很小，我怕闯入你的悲惨的世界呀！……”该诗发表于一九二三年一月十五日出版的《新江西》第一卷第三号。

△ 所患的肺结核病加重。自述：“就在这个时候，我得了初期肺结核症，在三个月内吐血三次。肺病是我青年时期最凶恶的敌人，它损害了我的健康，大大的妨碍了我的学习，我的工作！足有五个整年，是无日不困顿于肺病的痛苦之中！”〔2〕

10月6日 改造社在北京的社员，在北京大学开会，议定

〔1〕〔2〕 方志敏：《我从事革命斗争的略述》，《可爱的中国——方志敏狱中手稿》（壹）第116—117页。

改造社设总社，社址设在北京大学，南昌分社由方志敏任负责人，《新江西》由季刊改为不定期出版物。

10月 不顾疾病缠身，赴赣南农村搞战地调查。此前几年间，赣南地区曾多次发生军阀混战，对当地百姓和社会造成了很大祸害。返回南昌后，在写给北京大学袁玉冰的信中，提到这次战地调查，“这次赣南旅行共二十天，所过的没有一件不是伤心的事”。不久，袁玉冰把信中内容以《志敏自南昌来信》为题，摘录在《新江西》第一卷第三号中署名冰冰的《战云中底飞鸿》一文中，文前加了附语：“这是战地中的朋友寄给我的几封信中摘下来的几段，也可见我们江西这回战事惨状的一般了。”

11月 赵醒侬奉团中央的指示，从上海回到江西，原计划在南昌尽快建立团组织，但未及三天，便被兄弟急电从南昌催回老家南丰县，处理继父的后事。此时，方志敏也因事回弋阳，各学校又面临放寒假，因此建团的工作被延后。

冬 长子方荣松〔1〕在湖塘村出生，乳名松崽，是方志敏与余维娇唯一的孩子。

---

〔1〕 方志敏的5个孩子，名以松柏竹梅兰为序。

1923年　二十四岁

1月1日　孙中山在上海发表《中国国民党宣言》。强调三民主义、五权宪法为国民党始终如一的主义、方针。

1月上旬　从湖塘村回到南昌，继续经营南昌文化书社。与赵醒侬一起，着手在南昌建立社会主义青年团的组织，承担联络青年，考察、确定发展对象等具体工作。

1月15日　在北京出版的《新江西》第一卷第三号上，发表《狗儿的死》《血……肉》《快乐之神》等诗文，并与袁玉冰、赵醒侬等人联名发表《南昌文化书社宣言》和《南昌平民图书馆募捐启》。《南昌文化书社宣言》称：书社"以灌输文化"为宗旨，目的是让"江西青年思想界，开出几朵笑迷迷的'文化之花'来！""希望这个书社能够做那知识思想底自由交通底一个工具！"〔1〕此时，南昌文化书社成立已四个多月，发表书社宣言是为了扩大社会影响，同时也为解决书社营业不振亏本的问题，向社会发出"欢迎捐助"的呼吁。

△　在《新江西》第一卷第三号上刊登南昌文化书社广告，内容包括南昌文化书社社址、宗旨及北京、上海、广州的联系人和地址。

1月20日　与赵醒侬一起，在南昌文化书社建立中国社会主义青年团江西地方团。方志敏列名为第一发起人，其余为赵醒

〔1〕《江西文化之福音——南昌文化书社宣言》，《新江西》第1卷第3号。

依、刘五郎、刘修竹、陈之琦、刘拜农[1]、赵履和。江西第一批青年团员共七人，按当时团章的规定不能选出执行委员，成立地方委员会，只推刘拜农为临时书记。南昌文化书社，成为江西团组织活动的主要场所。

1月 主持改造社南昌分社编辑的《青年声》[2]周刊创刊号，在南昌发行出版。该刊宗旨是：就社会现象，下切实批判，并谋青年思想、生活、环境等的改进。总代售处为南昌文化书社。该刊与《新江西》成为江西最早宣传马克思主义的刊物，同时也是江西团组织的机关刊物。

△ 继续负责南昌文化书社的日常经营活动，至书店被封闭。

2月7日 北洋军阀吴佩孚下令镇压京汉铁路工人大罢工，制造了震惊中外的二七惨案。

2月初 与赵醒侬在南昌文化书社，再晤从北京到南昌的袁玉冰，并与之长谈。

2月 与袁玉冰等继续编辑《青年声》。

3月上旬 与赵醒侬、袁玉冰等，在南昌积极发展青年团组织，半个月内，团员由七人增加到二十一人。同时，谋划筹建团的外围组织——马克思学说研究会、民权运动大同盟。当时团组织是秘密的，为了“求得公开宣传的机会起见，遂有马克思学说研究会及民权运动大同盟之组织，我们同志都用全副精力在这两团体之组织上”[3]。

---

〔1〕 刘拜农，即刘伯伦。

〔2〕 1922年10月6日改造社在北京召开会议，会议内容第7条：“《青年声》由南昌分社组织就绪快要出版，本社南昌分社编辑，代售处是南昌文化书社”。同时据1923年《南昌地方团关于组织状况的报告》，《青年声》周刊应是1923年1月中国社会主义青年团江西地方团成立前后出版。

〔3〕《南昌地方团关于组织状况的报告》，1923年。

3月19日 江西民权运动大同盟在南昌二中举行成立大会。

3月下旬 马克思学说研究会在南昌心远大学举行成立大会。同日江西军阀当局逮捕了江西民权运动大同盟文书股主任刘子池等人。第二天，袁玉冰带着江西地方团给团中央的报告等文件，启程返北京，在南昌牛行火车站遭军警逮捕。

△ 《青年声》《新江西》被勒令停刊。

4月1日 江西地方当局以江西省长公署、军务督办公署名义发布第四十一号密令，称马克思学说研究会和民权运动大同盟"提倡无政府主义，以改造社会，宣传共产为宗旨"，"蛊惑于地方安宁，影响甚大，自应严密查处"，并将民权运动大同盟职员和会员名单抄发全省各地，饬令"严切查究"。

4月9日 江西督军蔡成勋下令，取缔马克思学说研究会和民权运动大同盟，封闭南昌文化书社。文化书社遭查封时，赵醒侬因事外出，方志敏则因肺结核病复发吐血，住在美国医院〔1〕，两人均幸免于难。

4月中旬 因遭军阀当局通缉，与赵醒侬等潜离南昌。赵醒侬赴上海。方志敏在友人的帮助下，趁夜在赣江边上船至涂家埠，转火车到九江，同行的还有江西地方团临时书记刘拜农。抵达九江后，在太古洋行职员、团员周一尘家暂住数日后乘船到达南京，住在东南大学附近的文昌宫。

4月23日 在南京写成诗歌《我的心》《同情心》。前一首诗发出一个凄苦无助青年的呼唤："生我的父母呵，同时代的人们呵，不敢爱又不能离的妻呵！请怜悯我，请宽恕我，不要再用那锐利的刀儿，去划着刺着！我只有这一个心呵！"后一首诗，

---

〔1〕 即南昌医院，现为江西省人民医院住院部。

愤怒控诉和揭露了剥削阶级的残暴与贪婪。“把快要饿死的孩子口中的粮食挖出，来喂自己的狗和马；把雪天里立着的贫人的一件单衣剥下，抛在地上践踏；他人的生命当膳飧，他人的血肉当羹汤，啮着喝着，还觉得平平坦坦……”两首诗发表于一九二三年五月十五日上海《民国日报》副刊《觉悟》。

5月—6月 曾到南京东南大学旁听。

6月12日—20日 中国共产党第三次全国代表大会在广州举行。大会通过了《关于国民运动及国民党问题的议决案》，决定共产党员以个人名义加入国民党，但仍保存并努力扩大共产党的组织。

夏 在南京作诗歌《白鹤》〔1〕，发表于次年一月出版的《新江西半月刊》第七号。

8月20日—25日 中国社会主义青年团第二次代表大会在南京召开，赵醒侬代表江西团组织出席。大会通过决议，青年团员得以个人身份加入国民党，在国民党中青年团必须保持自己的独立性，支持中国共产党的主张，在语言行动上与中国共产党保持一致。大会选举邓中夏、施存统、刘仁静、夏曦、林育南等组成新的团中央执行委员会。会后，赵醒侬向方志敏通报了团代会的情况，并返回上海。

8月—9月 与赵醒侬等设法营救在南昌狱中的袁玉冰〔2〕。

△ 在南京，与暂居上海的刘拜农等联系在北京、南京、上海、南昌等地的改造社社员，赣籍青年团员和进步青年，开始编

---

〔1〕《白鹤》，又名《我是一只白鹤》，方志敏轶诗。《新江西半月刊》第7号已不存，1924年1月6日上海《民国日报》副刊《觉悟》上刊有该刊目录。

〔2〕一说方志敏在旅居南京期间，曾到上海与赵醒侬会晤。见缪敏：《方志敏脱险到南京》，《雨花》第14期，1958年2月。

辑《新江西半月刊》。

9月中下旬　返回南昌，着手南昌文化书社复业等工作。

10月1日　《新江西半月刊》创刊号在上海出版发行，所撰《慰友》一文在该刊上发表。该刊是《新江西》《青年声》被迫停刊后，青年团江西地方团用以揭露江西反动势力的黑暗统治，宣传马克思主义新的机关刊物，次年三月停刊。

10月21日　赵醒侬从上海回南昌不到一个星期，即召开青年团江西地方团团员会议，传达在南京召开的青年团三大精神，并经团中央特许，成立中国社会主义青年团南昌地方委员会，赵醒侬任委员长。青年团南昌地委下设四个支部，方志敏属第三支部。三日后青年团南昌地委第一届委员会举行会议，确定近期的活动计划，其中第一项是：组织江西学会。联络省内外先进的青年作大规模文化运动、国民运动。

方志敏请假未出席本日召开的青年团江西地方团团员会议，原因主要是从南京回南昌后“经济万分窘迫”。好友徐先兆回忆：“志敏原来是主持文化书社的，他在致力于书社的恢复工作。但是醒侬每月有四元半伙食费，可以长住南昌工作，而志敏连四元半伙食费都没有，他非自筹生活费不可（其余团员多半是学生，有家庭或学校供给）。于是他只好来往于南昌和弋阳之间”〔1〕。

11月8日　经多方努力营救，遭地方当局关押近八个月的袁玉冰，被保释出狱。不久，袁玉冰离南昌赴上海。

12月1日　与赵醒侬等署名的《发起江西学会的提议》在《新江西半月刊》第五号上发表，旨在落实青年团南昌地委第一届委员会会议决议，组建能够公开活动的革命团体——江西青年学会，推进江西的革命运动。

---

〔1〕 徐先兆：《青少年时代的方志敏同志》，《争鸣》1981年第3期。

冬　在弋阳县漆工镇创办旭光义务小学[1]，兼任校长。

旭光义务小学设在湖塘村方氏宗屋。学生是本村和邻村上不起学的穷人孩子。方志纯回忆："旭光义务小学白天教小学生上课，晚上吸收贫苦农民入学，学文化，灌输革命道理，亦称为'贫民夜校'……我在学校一是帮助管理学校的经费，二是晚上叫农民来上学。"[2]

除在南昌从事党、团工作外，其间也常回弋阳，推动旭光义务小学和贫民夜校的发展。该校成为赣东北地区最早的培养农民运动骨干的学校。

---

〔1〕旭光义务小学开办时间，另一说为1924年，本谱所说取自方志纯回忆。方志纯：《回首当年——方志纯革命回忆录》，第455页。

〔2〕方志纯：《赣东北革命斗争的回忆》，中共弋阳县党史工作办公室编：《中共弋阳党史资料》，中共党史出版社1991年版，第113页。

1924年　二十五岁

1月20日—30日　中国国民党第一次全国代表大会在广州召开。大会通过共产党人参加起草的以反帝反封建为主要内容的宣言，事实上确立了联俄、联共、扶助农工三大革命政策，大会的召开标志着第一次国共合作正式形成。

△　以个人身份加入国民党的赣籍共产党员赵醒侬，青年团员刘拜农、洪宏义作为江西代表，出席国民党第一次全国代表大会〔1〕。

2月末—3月初　贵溪县青年黄维等在南昌找到方志敏〔2〕，并同赴上海，在上海某处亭子间暂住。同住者之一季方回忆：浪迹上海时，经常在一起的有徐先兆、张禅林、洪罗漫〔3〕等，方志敏和黄维也是当年亭子间里共晨夕的青年。〔4〕

---

〔1〕 曾担任中共江西区委书记的刘九峰在1979年1月29日回忆："一九二四年我在上海大学读书，方志敏与赵醒侬出席国民党第一次代表大会，他到上海就发了病，住进南市的一家医院。"此回忆有误。方志敏不是国民党一大代表，赵醒侬是独自经九江转道上海赴广州参加国民党一大，见《团九江支部关于第三次会议各项议决案给团中央的报告》(1924年1月)、《赵兴隆致团中央执行委员会信》(1924年1月11日)。

〔2〕 一说方志敏受国民党一大代表洪宏义所托，送黄维等到上海报考黄埔军校。当时洪宏义因父亲去世从上海回到贵溪。

〔3〕 洪罗漫，即洪宏义。

〔4〕 季方：《白首忆当年》，《纵横》1985年第1期。

3月9日 下午，参加国民党上海执行部、中共上海地委兼区委、社会主义青年团上海地委、江西旅沪同志会等三十余团体三百余人联合举行的“上海追悼列宁先生大会”。赵醒侬担任大会庶务。〔1〕

3月上中旬 向赵醒侬推荐黄维、余干县罗英等报考黄埔军校。黄维回忆：“我一九二四年三月间到上海投考‘中国国民党陆军军官学校’……我是江西内地青年”，“没有到外地跑过。在由原籍贵溪县经南昌赴上海时，在南昌得识方志敏同行赴上海。抵沪后，是方志敏介绍由赵醒侬做我报考黄埔军校的介绍人，并且是赵醒侬约刘伯伦也做我报考黄埔军校的介绍人，才符合报考的手续。”〔2〕五月，黄维通过总复试，入黄埔军校第一期学习；八月，罗英入黄埔军校第二期学习。〔3〕

3月12日 社会主义青年团南昌地方委员会召开团员大会，改选团地委负责人。鉴于赵醒侬、方志敏还在上海，大会“议决不等兴隆〔4〕同志回来即改选，以便不致于再散漫下去”〔5〕。大

---

〔1〕 1924年3月10日《申报》。罗英妻子程菊英回忆，1924年春天在上海召开的列宁追悼大会上，罗英和方志敏会面。见缪敏、罗宁等：《方志敏的故事》，作家出版社1959年版，第16页。

〔2〕 黄维：《我所知道的赵醒侬烈士》（手稿），1978年2月。

〔3〕 黄维与罗英从黄埔军校毕业后，走上了两条不同的道路：黄维在解放战争时期，曾任国民革命军第12兵团司令长官，淮海战役中被俘。1975年，作为最后一批战犯被特赦；罗英后来到莫斯科中山大学学习，1927年回国，1932年到赣东北苏区，曾任红10军独立团团长、红军大学第五分校副校长等职，后为革命烈士。

〔4〕 指赵醒侬。

〔5〕《团南昌地委给团中央的报告》，1924年3月12日。

会改选曾洪易[1]担任青年团南昌地委委员长。

3月19日 国民党中央执行委员会讨论通过《农民运动计划案》。六月十九日，广州革命政府发表关于农民运动第一次宣言，号召组织农民协会和农民自卫军。七月，国民党中央农民部颁布《农民协会章程》。

3月中下旬 回到南昌。协助国民党江西省党部筹备员赵醒侬工作。

3月下旬 在南昌加入中国共产党。后回忆："一九二四年三月，经过赵醒侬同志等的介绍，在南昌正式加入共产党，这是我生命史上一件最可纪念的事！""从此，我的一切，直至我的生命都交给党去了！"[2]

△ 赵醒侬致信在上海的邓鹤鸣，催促他向国民党上海执行部"领取常费刻日返赣共同筹备"[3]。

4月 与赵醒侬、邓鹤鸣一起，积极开展创建中共江西地方党组织以及重建国民党江西省党部的工作，秘密组建以赵醒侬为主要负责人的国民党江西省临时党部，在对江西现有国民党员进行登记的同时，积极动员中共党员和青年团员以个人名义加入国民党。在回忆这一时期环境的险恶时写道："江西当时在北洋军阀统治之下，认国民党为赤化党，是施行压迫的。如捉到国民党

---

〔1〕 曾洪易（1905—1951），又名曾弘毅、曾宏毅，江西万安人。1924年加入中国共产党。1931年7月以中共中央代表身份到赣东北苏区，极力推行王明"左"倾错误主张，给苏区造成严重危害。1935年叛变革命。1949年12月被逮捕，1951年10月病死狱中。

〔2〕 方志敏：《我从事革命斗争的略述》，《可爱的中国——方志敏狱中手稿》（壹）第117、119页。

〔3〕《邓鹤鸣致上海执行部函》，1924年4月4日。邓鹤鸣，时任中华全国学生联合会委员、国民党江西省党部筹备员。

员，轻则坐牢，重则枪毙。"[1]。

△ 在赵醒侬的领导下，在南昌一平印刷所建立中共秘密联络点，并在高安会馆成立中国共产党领导的南昌第一个工会组织——南昌铅印工会。

5月上旬 与赵醒侬等，通过社会主义青年团南昌地委、南昌市学联等，在南昌组织五一国际劳动节、五四运动、马克思诞辰、"五七"国耻等纪念活动。其中，尤以"五七"国耻纪念活动声势浩大。五月七日，南昌四十余所中小学学生及各界群众一万三千余人在公共体育场集会，与会群众在全市各街道进行示威游行。[2]

5月 与赵醒侬、邓鹤鸣等江西籍共产党员，组建中共南昌支部，赵醒侬任书记兼组织干事，邓鹤鸣任宣传干事。机关设在南昌解家厂附近。直属中共中央。最初，支部只有三四个党员。

6月 忙于恢复南昌文化书社的工作。一九二三年十一月，青年团南昌地委曾作出决议，恢复文化书社，但此事一直未成。本月中旬，在北京中国大学读书的曾天宇[3]，由团中央派遣回江西工作。他带来国民党赣籍资深人士欧阳武给江西督军和省长的信，要求对持信者在南昌开办书店和出版报纸给予方便。方志敏陪曾天宇多次与江西地方当局交涉，仅得到同意开办书店的回复，发行报纸未获准。

---

〔1〕 方志敏：《我从事革命斗争的略述》，《可爱的中国——方志敏狱中手稿》（壹）第121页。

〔2〕 席伍（赵醒侬）：《江西青年最近之运动》，上海《民国日报》1924年5月12日。

〔3〕 曾天宇（1896—1928），江西万安人。1922年加入中国社会主义青年团，1925年11月在南昌加入中国共产党。大革命失败后，任中共万安行动委员会书记，直接领导了著名的万安暴动。1928年3月5日牺牲。

书店被定名为明星书店，曾天宇任经理，另聘邹秀峰等几名进步青年当店员。赵醒侬、方志敏、曾天宇等租下房子后，写信给党团中央汇报情况，并与各地书店联系，请求建立业务关系。不久，上海群众书店、神州国光社和汉口的长江书店寄来第一批书刊。月底，明星书店在百花洲四十五号正式开业，除出售一般书籍外，还出售《向导》《新青年》《唯物主义史观》等革命书刊。书店接待了许多前来购书的青年学生，影响一批进步青年走上革命道路。同时，书店也是江西党团组织的一个秘密活动据点。

7月　与赵醒侬、曾天宇等讨论后决定，在南昌筹建黎明中学。为此，曾天宇南下广州，找到曾是国民党一大代表的同乡萧炳章，由萧写信给江西省参议会参议长龙钦海，请他支持办学并担任校长。龙钦海见信后表示同意，江西省私立黎明中学遂得以备案开办。

△　推荐方志纯担任中共南昌支部的机要交通员。后经赵醒侬等介绍，方志纯加入中国共产党。

9月初　在黎明中学兼任国文课教员，间或也在公民课上讲国际形势、马列主义常识。黎明中学校址设在南昌解家厂十二号，离中共南昌支部机关不远。这所由国民党和共产党合办的学校，实际由共产党员主导。学校初设一个班，第二年，又扩大为三个班，有学生百余人，大部分是进步青年和青年团员。赵醒侬、邓鹤鸣、张朝燮、曾天宇等共产党员，兼任该校教师。该校的许多学生后来成为中国共产党的优秀干部。黎明中学同时也成为中共江西党团组织的又一个活动据点，中共江西党团组织的许多会议以及国民党江西省临时党部的重大活动都在这里进行。

△　与赵醒侬一起陪同团中央候补执委兼宣传部主任、国民党上海执行部宣传部秘书恽代英，以及全国学生总会代表王秋心在南昌考察、指导工作。恽代英在南昌逗留期间，曾到黎明中学

等校讲演。

9月 与赵醒侬、鲍建勋等到南昌北郊扬子洲滩子头、塔下头等村调查农民生活状况，秘密开展农民运动。同年十一月，建立江西省第一个农民协会——扬子洲塔下头村乡农民协会，并先后发展熊德保、陶柱泰、熊香莲等农民积极分子加入中国共产党。

11月10日 孙中山发表《北上宣言》，重申取消一切不平等条约、铲除军阀及其赖以生存的帝国主义在华势力、谋求中国独立自由的政治主张；号召“召集国民会议，以谋求中国之统一与建设”。此后，孙中山相继抵达上海、天津、北京，受到各界民众的欢迎与拥护。

11月 与赵醒侬等一起，以国民党江西省临时党部名义，秘密发动群众，开展“拥护孙中山北上”运动。

12月8日 出席青年团南昌地委召开的团员大会。大会决议由团地委发起组织国民会议江西促成会。受会议指派，与曾弘毅、曾天宇等九人负责筹备工作。会议还决定以《向导》周报为指针，出版《国民会议促成会特刊》。

12月31日 参加国民会议江西促成会成立大会，作为团体代表在会上发表演说，并与曾天宇、曾弘毅等当选为执行委员。大会通电全国：拥护孙中山先生所提倡民众团体参与的国民会议，反对军阀包办的善后会议，以打倒帝国主义及国内一切军阀，使中国成为完全独立自由的国家为目的。

1925年　二十六岁

1月2日　在南昌参加国民会议江西促成会第一次委员会会议。到会委员十七人，王镇寰为临时会议主席。会议决定该委员会下设总务股、文书股、宣传股、组织股及调查股。方志敏被推选为组织股职员，并在会上临时动议："甲、再电反对善后会议；乙、速即发浅明传单多份，俾民众均易了解；丙、致电孙中山，请其坚持宣言主张，本会愿为后盾。"〔1〕

1月11日—22日　中国共产党第四次全国代表大会在上海举行。大会着重讨论了加强党对革命运动的领导，无产阶级要在民主革命中取得领导权等问题，确定了与国民党合作，以及工人运动、农民运动的方针。大会选举产生中央执行委员会和以陈独秀为总书记的中央局。

1月26日　中国社会主义青年团第三次全国代表大会在上海召开。江西代表赵醒侬因故未能出席，由曾宏毅递补赴会。大会贯彻中共四大的会议精神，通过了新的团章，并决定更名为中国共产主义青年团。

1月—2月　以国民会议江西促成会执行委员身份，与赵醒侬、曾天宇、邓鹤鸣等分赴全省各地进行深入宣传，广泛联络。嗣后，九江、南昌、吉安、临川、鄱阳、景德镇、河口等地，相继成立国民会议促成会。

---

〔1〕《江西国民会议促成会消息》，上海《民国日报》1925年1月9日。

2月28日 作为临时主席，主持国民会议江西促成会执行委员会第六次会议。会议报告上次会议通过的议案，北京、上海各地国民会议促成会的函电。讨论并通过各项决议：增派汪群、黄道等为出席北京总会代表；援助上海日本纱厂罢工工人；反对善后会议所通过的国民会议条例；派出席北京总会代表邓鹤鸣等慰问孙中山病况；派员宣传，组成各县国民会议促成会分会等。

3月1日 由中国共产党和国民党左派共同发起的国民会议促成会全国代表大会在北京举行。大会反对段祺瑞向“善后会议”提出的《国民代表会议条例》，认为真正的国民会议必须能代表人民利益，反对帝国主义和国内军阀，大会对国民会议的运动方针和组织大纲等作出决议。

3月7日 主持江西国民会议执行委员会第七次会议，向到会十五名代表通报北京总会代表邓鹤鸣来信内容。会议通过两项决议：由季恨秋、朱大贞（均为共产党员）等五人会同南昌学生联合会，邀请各校学生会代表于下周举行联席会议，讨论组织在南昌和市郊农村开展大规模宣传运动，以唤醒国民之觉悟；凡认捐与未认捐的社会各团体，应量力捐助。

3月12日 孙中山在北京病逝，终年五十九岁。

3月21日 中共南昌支部、共青团南昌地委及国民党江西省临时党部，联合六十多个社会团体，成立江西国民追悼孙中山先生大会筹备处，决定举行公祭活动和召开追悼大会，并以此扩大革命运动的影响。此举令北洋军阀江西当局惶恐不安，一面公开阻挠与恫吓，一面密谋破坏悼念活动。方志敏在党内筹备会议上，“勉励到会党员：一定要在追悼会上置身前列，坚持把会开好，万一反动军警前来干涉，要与之抵抗，即使发生流血事件，也在所不惜”[1]。

3月23日 与赵醒侬、曾天宇等以国民党江西省党部的名义，在黎明中学举行公祭孙中山活动，社会各界人士纷纷前来悼念。

3月29日 参加南昌学生联合会在公共体育场召开的追悼中山先生大会，近五千人参加。随后参加在黎明中学大厅举行的纪念黄花岗七十二烈士遇难十四周年大会。

4月上旬 江西省教育厅厅长朱念祖为了压制学生的爱国行动，到省立第一师范进行训话。方志敏与曾天宇率领黎明中学的师生来到第一师范，乘朱念祖在台上讲话之时，把事先准备好的传单散发给学生，同学们争相传阅，上面写道：你今天站在讲台上说大话，平时只知道坐在轿子里发老昏。学生们还把停在校外的轿子砸破。

△ 迫于全国民众的压力，北京段祺瑞政府通电各省举行悼念孙中山的活动。江西国民追悼孙中山先生大会筹备处与省议会交涉，迫使江西督办公署拨款，作为筹备追悼会经费。

4月中下旬 忙于南昌追悼孙中山先生大会的筹备工作。

4月28日—30日 与赵醒侬等参与组织为期三天的南昌公祭孙中山活动。孙中山在民国初年曾在百花洲住过，为此追悼会场设在百花洲。百花洲内贴满各种标语，湖岸遍插国民党党旗。祭坛设在沈文肃公祠内，正中是孙中山巨幅遗像，四周鲜花环绕，场面极为庄严肃穆。南昌市各阶层人士佩戴黑纱，络绎不绝地前来吊唁。黎明中学派出学生维持秩序，并向前来悼念的人士散发传单。

---

〔1〕 舒国藩：《方志敏烈士生前革命活动的片段回忆》，《舒国藩文集》，2007年印，第177页。

5月4日 参与筹备的追悼孙中山先生大会在南昌大校场举行，五万余民众冒雨参加。会上，多人发表演讲，宣传孙中山联俄、联共、扶助农工的三大政策和打倒帝国主义、废除不平等条约、召开国民会议等主张。共青团员和国民党左派人士散发了大量宣传品。方志敏后来写道："对于'拥护中山北上'，与'追悼中山逝世'的两次运动，是做得比较广泛而深入，唤起了江西广大群众对国民革命的认识和同情。"〔1〕

5月30日 两千余名学生在上海公共租界散发传单、举行演讲，揭露日本资本家在半月前枪杀工人顾正红的暴行。下午，近万名学生、市民齐聚公共租界老闸捕房，要求释放被捕学生，英国巡捕悍然开枪，造成死伤数十人、震惊中外的五卅惨案。

6月3日 参加南昌各界团体为声援"沪案"（即五卅惨案）在省教育会召开的紧急会议。到会者有省议会、学生联合会等四十余团体的代表百余人。会议决定成立"帝国主义者惨杀上海同胞江西后援会"，并举行游行示威，追悼沪上被害同胞，组织募捐演讲队，排斥洋货等。

6月5日 上午，参加南昌各界民众声援"沪案"大会。中共南昌支部、共青团南昌地委、国民党江西省和南昌市临时党部，动员南昌各界民众三万余人在公共体育场集会，九时许群众冒雨举行示威游行。

下午，参加"帝国主义者惨杀上海同胞江西后援会"在省农会召开的职员会议，会议决议：将游行情形电告北京政府外交部，促其对外提出严重抗议；电告沪上各团体、各报馆，誓为后

〔1〕 方志敏：《我从事革命斗争的略述》，《可爱的中国——方志敏狱中手稿》（壹）第122页。

援；通电全国，对沪上同胞爱国行为予以一致援助等。[1]

6月9日　参加南昌各社会团体在总商会召开的会议。会议决定将“帝国主义者惨杀上海同胞江西后援会”更名为“沪案交涉江西后援会”，任后援会负责人之一。后来回忆：“在此时，我看到帝国主义在中国境地内自由屠杀中国人民，心中愤激已极！运动开始时，我就参加‘江西沪案后援会’工作，凡后援会规定的工作，我都积极地去干，在工作紧张时，有几晚都没有睡觉。”“在这次运动中，我的吐血病，发了几次，但当吐血的时候，就静卧几天，病稍好了，又起来干，一干又病，病稍好了仍然又起来干！”[2]

△　协助中共南昌支部书记赵醒侬，通过共青团南昌地委、南昌市学生联合会等组织，于本日发起南昌各校学生总罢课。罢课期间，亲自率领黎明中学师生赴各个街头检查“仇货”（英、日两国货物）、开展群众宣传和募捐活动，声援五卅运动。

6月18日　参加南昌各界民众举行的示威游行。是日上午，南昌各界数万群众聚集公共体育场，从此出发，在南昌主要街道冒雨游行示威。这次游行是由“沪案交涉江西后援会”发动的，但真正的组织者是中国共产党、共青团及国民党左派。作为赵醒侬的主要助手，方志敏参与了这次游行的筹划、组织工作。

6月下旬至7月　赴弋阳、鄱阳、贵溪、余干、横峰等赣东北各县，宣传国民革命和揭露英、日帝国主义屠杀中国同胞

---

〔1〕《江西各界声援“五卅”惨案》，《新闻报》1925年6月9日。

〔2〕方志敏：《我从事革命斗争的略述》，《可爱的中国——方志敏狱中手稿》（壹）第119、120页。

的真相。后回忆："后援会派我去赣东各县工作，我也曾尽力之所及地去做，将反帝运动，相当地深入于这些偏僻县份的群众之中。"〔1〕

当时南昌党团组织以后援会名义，共派出十七名宣传员（其中大部分是中共党员和共青团员），分赴全省各地开展反帝宣传。这一以声援五卅惨案为中心的反帝运动，持续了整个夏季。

6月30日　参加"沪案交涉江西后援会"在南昌举行的公祭上海、青岛、汉口惨案中被难烈士大会。

7月1日　中国国民党在广州成立国民政府，汪精卫任主席。八日，国民政府决定将黄埔军校学生军扩大成为国民革命军第一军，蒋介石任军长。其他所辖各军也统一改称国民革命军。

7月4日　与赵醒侬、邓鹤鸣、张朝燮、朱大贞、许鸿、陈灼华等七人，在黎明中学秘密召开的国民党江西省第一次代表大会上，当选为国民党江西省第一届执行委员会委员，正式成立了国民党江西省党部。赵醒侬任组织部部长，邓鹤鸣任宣传部部长，方志敏任农民部部长，张朝燮任工人部部长，朱大贞任青年部部长，陈灼华任妇女部部长。省党部十六名执委或监委中，共产党员和共青团员占十二名，体现了共产党人在组建江西省国民党党部过程中所发挥的主导作用。国民党江西省党部成立时，下辖十七个县区党部，有党员二千六百九十八人。

7月上中旬　从南昌返弋阳。邵式平（当时在北京师范大学读书，暑假返赣）、方志纯、黄镇中、邹琦等同行。

7月21日　参加"英日惨杀沪汉粤渝等处同胞弋阳血耻会"

---

〔1〕方志敏：《我从事革命斗争的略述》，《可爱的中国——方志敏狱中手稿》（壹）第120页。

在弋阳县城圣庙召开的成立大会，并做发起宗旨报告。各团体代表百余人参加，会议通过了简章，选举方志敏为文书部部长，邵式平为调查部部长等。[1]

7月 以弋阳高等小学为中心，吸收弋阳革命青年社一批社员加入中国共产主义共青团，创建了弋阳县第一个团支部（一九二六年十一月扩大为共青团弋阳区委），方志纯任书记。

△ 创建弋阳县第一个党组织——中共漆工小组，方志纯任组长。发展党员有方远杰、邹琦、黄镇中等。方远杰是方志敏堂弟，赣东北地区第一个农民党员，一九二七年牺牲。同年十月，党小组扩大为中共漆工临时支部，方远杰任书记。该支部隶属于中共南昌支部。

8月12日 “沪案交涉江西后援会”被江西省督办公署查封。江西学联在中共党团组织的领导下，继续推进以检查“仇货”为中心的爱国运动。

8月 从弋阳返南昌。与赵醒侬选派共产党员淦克合[2]、共青团员刘越等四名农运骨干到第五届农民运动讲习所学习。

9月上旬 与国民党江西党部执委朱大贞等三十多人，遭江西督办公署全省通缉。学生联合会主席、共产党员邹努等六名学生因参与检查、焚烧“仇货”被捕，南昌学生联合会被查封，江西全省的爱国运动被禁止。

秋 在弋阳，宣传党的三大精神，动员共产党员以个人身份加入国民党，建立国民党弋阳县党部。一九二五年十二月二日《团南昌地委关于民校工作情形给曾延的报告》记载：“吉安、永修、弋阳三县党部完全为我们同志所主持。”

---

〔1〕《弋阳各界援助惨案》，上海《民国日报》1925年8月6日。

〔2〕淦克合，即淦克鹤。

△ 在弋阳高小与弋阳籍的新社会民主党人江亢虎展开一场辩论。上半年，江亢虎到南昌，企图发展社会党组织。受抵制后，又借返乡之机，宣传其理论。在辩论会上，方志敏当面驳斥了他的理论，并揭露其到故宫朝拜溥仪，致函清室、建言复辟的虚伪面目。方志纯回忆：“方志敏同志和革命青年社的一些学生……把江亢虎驳得哑口无言，终于将这个连县太爷都不敢得罪的‘权威’，赶出了校门。”

△ 组织弋阳革命青年社社员，分赴各区乡进行宣传活动，揭露张念诚等土豪劣绅利用权力取得初选权，捏造选民名册，增加选票，企图操纵国会议员选举的真相，并撰写《猪仔议员》一文，在《寸铁》发表。并参加漆工镇讨论选举经费的会议，与张念诚展开面对面的斗争。由于青年社掌握了弋阳县城区、第九区、第八区等地的大部分选票，使张念诚在国会议员的选举中落败。

△ 利用清算出来的选举经费，扩大湖塘村旭光义务小学（即贫民夜校）。由方志敏发展的德兴籍共产党员祝炎担任代理校长兼教员，吸收四十多名青年农民为学员。在夜校，方志敏向学员宣传中国共产党的政治主张，讲革命成功了，穷人有饭吃，有衣穿，以及实行减租减息、耕者有其田等道理。夜校学员后来大都成为当地农民运动的骨干。其后，在弋阳九区一带增设了四所这类农民夜校。

△ 吸收农民夜校学员加入农民协会，建立漆工镇农民协会筹备委员会。这是方志敏担任国民党江西省党部农民部部长之后，在赣东北地区创建的第一个农民组织。

12月17日 赵醒侬等三名江西代表，前往广州参加国民党第二次全国代表大会，在南昌牛行车站被江西督办公署以“过激党”的罪名逮捕。

12月29日 明星书店遭江西督办公署查封，黎明中学也受到威胁，“有马上解散之危。此外侦探到各校找人之消息时有所闻，因此满城风雨可较前恶劣几倍”。面对白色恐怖，南昌党团组织立即“切实分配寒假同学回家工作”，“注重普遍地在各处发展我们与民教左派的组织”。〔1〕

冬 发动弋阳县漆工镇农协筹备会会员与革命青年社社员，清算张念诚掌管的弋阳九区“冬寒赈济费”。清算经费当天，张念诚等把算账地点放在漆工镇警察所。方志敏镇定如常，有理有据地历数豪绅们的贪赃行迹。张念诚欲指使警察行凶，但由于有农协筹备会和青年社的几十人在场，警察没敢动手，清算“冬寒赈济费”取得成功。

△ 肺结核病复发吐血，在邻近湖塘村的高桥村法宇寺养病，并做农村调查。临近年关，决定实施酝酿已久的“打土豪、减租减息”的斗争。调来几十名农协筹备会会员和革命青年社成员，集中在漆工镇齐川源村，向这个村的两户地主提出减租减息要求。一户地主当场答应，而另一户地主竟然顽抗，还企图行凶，当场被捆绑，还被罚款。在齐川源村“打土豪、减租减息”的斗争，震动了弋阳全县。

〔1〕《团南昌地委报告——关于反动派迫害进步势力情形》，1926年1月13日。民教左派，指国民党左派。

1926年　二十七岁

1月1日　毛泽东撰写的《中国农民中各阶级的分析及其对于革命的态度》在《中国农民》第一期发表。

1月1日—19日　国民党第二次全国代表大会在广州召开。大会决议接受孙中山遗嘱，继续坚持联俄、联共、扶助农工的三大政策。

1月中下旬　江西军阀当局迫于社会舆论的压力，先后释放了赵醒侬等四人。南昌党团组织召开欢迎出狱大会，并总结了这次事件的教训。

年初　到南昌东南郊的青云谱、罗家集等地，开展农民运动，培养了王凤飞〔1〕等农运动骨干。方志敏曾多次住在王凤飞家，与农民开会，传播革命道理。同年二月和四月，在罗家集胡坊村和谢埠镇的板溪、李村等地，分别成立农民协会。

2月5日　国民党中央农民部发出第一号通告，宣布国民党中央农民运动委员会正式成立。林伯渠任主席，毛泽东、萧楚女等九人为委员。

2月14日　在漆工镇湖塘村接待登门拜访的弋阳县知事，是日为农历正月初二。事情的起因是："冬寒赈济费"和齐川源

---

〔1〕 王凤飞（1903—1933），江西南昌人。1926年加入中国共产党，曾任中共南昌近郊特别支部组织委员、中共江西省委常委，中国共产党第六届中央委员会委员等职，1933年牺牲于鄂豫皖苏区。

村“减租减息”两场斗争之后，张念诚纠集部分地方士绅到县署状告方志敏。方志敏一天连写八封信给广信、饶州等地的学友。他们便联名写信到县署，警告：你们要方志敏坐一天班房，我们就要你县知事坐十天班房。于是，该知事正月初二便晤方志敏，称其“不会干涉”。〔1〕

2月　与赵醒侬、涂振农〔2〕等决定以南浔铁路沿线、鄱阳湖沿岸、赣江流域至赣南为开展农民运动重点区域。同时，乐平、余江、萍乡、景德镇、临川、弋阳等县，择其缓急，分别派员前往工作。〔3〕

3月6日　与赵醒侬等一起，出席南昌、九江、吉安共青团地委联席会〔4〕，听取中央特派员刘九峰的报告和三地团地委的汇报，讨论了学生运动、青年运动、妇女运动、非基运动等问题，并作出相应的决议。

3月18日　段祺瑞执政府制造了震惊中外的三一八惨案。惨案发生后，参与组织和领导请愿活动的中共北京师范大学支部书记黄道、中共北京师范大学史地系支部书记邵式平等被通缉。

---

〔1〕 缪敏笔录：《方母（金香莲）方姐（荣姩）谈志敏材料》。

〔2〕 涂振农（1896—1951），江西奉新人。曾与方志敏先后加入改造社，同在江西从事学生运动。1925年加入中国共产党，同年当选国民党江西省党部第一届候补执行委员。1930年11月到赣东北苏区，先后任红10军政治委员、中共赣东北省委宣传部部长等职。1942年叛变革命。

〔3〕 振农（涂振农）：《江西农民运动概况》，《农民运动》第6期，1926年9月17日。

〔4〕 根据中央档案馆、江西省档案馆编《江西革命历史文件汇集（1923—1926年）》所收录的《刘君实致曾延信》（1926年2月24日）、《君实致曾延信》（1926年3月13日）（该文原编者考证所署年份有误）、《团南昌、九江、吉安地委联席会报告》（1926年4月5日）三份文件内容，考定该会日期为1926年3月6日。

3月19日—22日 出席国民党江西省第二次代表大会，被推选为大会临时主席。会议历时四天，传达了国民党二大精神，通过了反对奉直军阀宣言。会议未对省党部进行改选，方志敏继续担任国民党江西省党部执行委员。

3月20日 中山舰事件在广州爆发。这是蒋介石破坏国共合作，夺取大革命领导权，蓄意打击和排斥中国共产党的重要政治事件。

3月下旬 选派共产党员黄镇中等农运骨干，到广州参加第六届农民运动讲习所招生考试。该所由毛泽东任所长。

3月29日 参加南昌党团组织发动的南昌各界声援三一八惨案的集会游行，学生及各界民众参加者近五千人。

3月31日 国民党中央农民部向各省农协发出通告，要求派出代表列席广东省第二次农民代表大会。次月，国民党江西省党部决定“派方志敏同志赴粤出席农民协会代表大会”〔1〕。

4月初 与赵醒侬从南昌赶到九江，接待前来巡察南浔铁路工作的中华全国铁路总工会总干事、党团书记罗章龙和于溟涛，听取罗章龙介绍全国铁路总工会第三次代表大会情况。之后，四人同游庐山，自好汉坡登牯岭。〔2〕

4月下旬 赴广州参加广东省第二次农民代表大会。由北洋军阀统治下的南昌来到大革命的策源地广州，“觉得各种现象，都是生气勃勃的，另是一种的。当轮船驶进虎门要塞时，看到环要塞的一道粉白围墙上，写着‘打倒帝国主义，打倒军阀！’十个大字，精神为之一振！到了广州，看到各处所贴的崭新的革命

---

〔1〕《江西省农民部四月份工作报告》，1926年。

〔2〕罗章龙：《亢慕义斋风云集诗草　中国大革命时期诸英烈颂》，《星火》1981年第2期。

标语，省港罢工工人坚决斗争，各地革命农民代表的踊跃赴会与革命军人的和蔼可亲，这些情形，都使我感着愉快”[1]。

4月 中共南昌特别支部改为中共江西地方执行委员会，直属中共中央，下辖南昌、九江、吉安三个特支，有党员六十五人。罗石冰任书记兼宣传部主任，赵醒侬任组织部主任，方志敏任农工部主任。这时，地方军阀邓如琢在北洋军阀吴佩孚、孙传芳的支持下，迫使江西督办方本仁离赣，邓被任命为江西省军务督办、五省联军赣军总司令，江西政局更陷混乱。中共江西地委根据时局变化，加快发展地方党组织，同时加强对工农运动的领导。

5月1日 上午，出席广东省第二次农民代表大会会议，此会与第三次全国劳动大会在国民党中央党部大礼堂联合开幕。中午，与会议代表同赴广州东校场，参加五一国际劳动节纪念大会。下午，大会听取鲍罗廷《世界革命状况》、李立三《出席赤色职工国际的经过》的报告。[2]

5月2日—3日 出席广东省第二次农民代表大会会议。大会继续与第三次全国劳动大会在国民党中央党部大礼堂联合举行。两会代表听取谭延闿《国民政府现状》、谭平山《全国政治与社会状况》、蒋介石《工农兵大联合》等报告。

5月3日 广州第六届农民运动讲习所（所址番禺学宫）举行开学典礼。彭湃作为广东省第二次农民代表大会的代表出席典礼。所长毛泽东作第六届招生筹备经过的报告。第六届农民运动

---

〔1〕 方志敏：《我从事革命斗争的略述》，《可爱的中国——方志敏狱中手稿》（壹）第124页。

〔2〕 罗绮园：《广东第二次全省农民代表大会之经过及结果》，《中国农民》第6、7期合刊，1926年11月。

讲习所收录来自全国二十个省区的学员，江西籍学员大多为方志敏选派入学。本届讲习所于九月十一日结业，毕业学员共三百一十八名，其中江西籍学员二十二人〔1〕，为全国各地农民运动的发展培养了一批骨干。

5月4日 出席广东省第二次农民代表大会会议。会场改在广州农讲所，单独举行会议。〔2〕

5月5日 出席广东省第二次农民代表大会会议。听取胡汉民《关于农民国际状况》的报告、罗绮园的会务总报告等。

5月6日—7日 出席广东省第二次农民代表大会会议。其间，六日下午，与会议代表和第三次全国劳动大会代表，赴东园广东省罢工委员会慰问省港工友、参观石井兵工厂。七日下午，与两会代表到国民政府请愿，要求政府出师北伐。

5月8日 出席广东省第二次农民代表大会会议。听取阮啸仙《广东农民一年来奋斗经过》、彭湃《广东省农民协会海陆丰办事处状况》的报告。

△ 当晚，参加国民党中央党部、广东省党部、广州市党部等在中央党部大礼堂举行的“欢宴劳农教育三大会代表”〔3〕活动。

5月10日 出席广东省第二次农民代表大会会议。当晚，参加广东大学举行的欢迎广东省第二次农民代表大会和第三次全国劳动大会代表的大会。

5月12日 出席广东省第二次农民代表大会会议。上午，在会上介绍江西农民所受的摧残压迫和农运情况，表达了江西农

---

〔1〕《第六届农民运动讲习办理经过》，《中国农民》第9期，1926年11月。

〔2〕 罗绮园：《广东第二次全省农民代表大会之经过及结果》。

〔3〕 当时广东第六次教育大会亦在广州举行。

民急需革命的心情，希望国民政府早日出师北伐。[1] 当晚，参加广东省女权大同盟举办的联欢会。

5月13日 上午，与广东省第二次农民代表大会和第三次全国劳动大会的全体代表，公祭黄花岗烈士、沙基惨案死难烈士及廖仲恺先生。下午，与全体代表参加追悼农工死难烈士大会。当晚，参加广东省、广州市、香港等学联举办的联欢会。

5月15日 下午，在广东省第二次农民代表大会闭幕典礼上发表演说。当日参加闭幕典礼的除大会代表外，另有来宾二百多人。毛泽东亦在会上发表演说。[2]

广东省第二次农民代表大会，历时十五天，出席大会的除广东六十一个县的代表之外，还有江西、湖南、湖北等十一个省的代表。这次大会实际上起到了全国农民代表大会的作用。大会讨论了当前农民运动急需解决的问题，确定了今后农民运动的任务，通过《农民运动在中国国民革命中之地位》《废除地主对于农民苛例》等二十一项决议。大会期间，方志敏晤谈毛泽东，并与彭湃等交流开展农民运动的经验。

5月15日—22日 国民党在广州召开二届二中全会。会议通过谭延闿、蒋介石等提出的“整理党务案”，规定共产党员在国民党各高级党部中任执行委员的人数，不得超过委员的三分之一；不得任国民党中央部长；加入国民党的共产党员名单须全部交出。随后，担任国民党中央部长的共产党员被迫全部辞职。从而，以蒋介石为首的右派集团，垄断了国民党的党、政、军、财大权。

5月16日 下午，参加在番禺学宫举行的广东省第二次农

〔1〕《全省农代会十一日会议纪》，广州《民国日报》1926年5月14日。

〔2〕《全省农民代表大会闭幕典礼情形（二）》，广州《民国日报》1926年5月18日。

民代表大会代表联欢大会。

5月17日 下午，参加由广东省农民协会第三届执行委员与各省农协代表举行的联席会议。与会代表讨论了农民运动中的各种问题，英国工党领袖迈朗参加了会议。

5月下旬 在广州历时约一个月，感到很振奋。决心“回到江西，大大的作一番运动”〔1〕。

△ 乘船离广州抵达上海，本要转道回江西，“哪知刚到上海，又吐起血来了。这次肺病大发热度升到摄氏表四十一度，几至于死”。“得到中国济难会〔2〕的帮助，在上海医院医治了两个月，才能缓缓地行步”。〔3〕

6月4日 国民党中央政治委员会和国民政府任命蒋介石为国民革命军总司令。七月九日，国民革命军正式从广东出师北伐。

6月—7月 继续在上海住院治疗。对前来探望的中共上海区执委会书记罗亦农说：这次的病恐怕不易治好，个人的生命倒没有多大关系，只怕不能完成工作任务，那才是终生的遗憾啊！〔4〕

7月中下旬 从上海法租界某医院转到江西庐山牯岭普仁医院治疗，医药费仍然由中国济难会资助。此后在庐山住院一百多天，肺病逐渐好转。

8月初 在庐山养病，未参加改组中共江西地委的会议。改组后，地委书记由刘九峰担任，其他成员未变。中共江西地委组

---

〔1〕〔3〕方志敏：《我从事革命斗争的略述》，《可爱的中国——方志敏狱中手稿》（壹）第125—126页。

〔2〕中国济难会，中国共产党领导的革命团体，1925年9月20日在上海成立。主要任务是营救被反动派逮捕的革命者，对他们从经济上、舆论上以及法律上给予援助，并筹款救济他们的家属。1929年12月改称中国革命互济会。

〔4〕缪敏：《方志敏与彭湃》，《作品》1957年第11期。

织部主任赵醒侬负责指导南昌的党团工作，并以国民党江西省党部常务委员兼组织部部长的身份，联络社会各界，秘密发动工农群众，迎接北伐军。

8月10日 赵醒侬在南昌被军阀邓如琢的稽查处侦探逮捕，并被送交军法处羁押。随后，国民党江西省党部和明星书店、黎明中学相继被查封，多人被捕。江西警备司令刘焕臣亲自审讯赵醒侬，威逼利诱，严刑拷打。赵醒侬坚贞不屈，未泄露党团组织的任何机密。

8月中下旬 中共江西地委积极营救赵醒侬，并向中共中央报告事件经过。

9月3日 中共中央指示中共江西地委设法营救赵醒侬等被捕同志。江西党团组织积极营救，但始终未果。在庐山治病的方志敏，也为赵醒侬的被捕十分忧虑。

9月上旬 国民革命军相继攻占赣州、萍乡、宜春等地。

9月上中旬 在普仁医院治病期间，从报纸上得知国民革命军攻占汉阳、汉口的消息时，“我把那张报的每个字都念过了，不禁狂喜！”〔1〕

9月16日 凌晨，赵醒侬被江西军阀邓如琢的军警枪杀在南昌德胜门外芝麻田〔2〕，年仅三十四岁。

9月中下旬 在庐山惊悉赵醒侬牺牲的噩耗，不禁痛哭失声，并对前来报讯的同志说：醒侬同志已牺牲，我死何足惜！如果军阀敢于派其爪牙到医院来逮捕我，我将以我的血沫将他们喷死！希望你们不要再以我的安全为念，你们最好派一二个人赶快

---

〔1〕 方志敏：《我从事革命斗争的略述》，《可爱的中国——方志敏狱中手稿》（壹）第126页。

〔2〕 现南昌经纬路一带。

前往广州，向党中央报告南昌的情况。

九年后，再次深切追念亲密战友赵醒侬："他是江西南丰县人，他是一个破产的商人。他在上海工作时，生活非常艰苦，他到各处活动，全靠两脚走路，连坐电车的钱都是没有的。他是共产党员，他是接受党的命令，来积极地参加国民革命的工作。他在北伐军到南昌前的三个月被军阀捕住，关押于军法处两个月就枪决了。后来很少人知道他，但在江西，他却是为打倒帝国主义，打倒军阀，争取中华民族独立解放的革命运动的第一个牺牲者!"〔1〕

10月10日 国民革命军攻克武昌，北洋军阀吴佩孚的主力部队被歼灭。

11月5日 国民革命军攻克九江。八日，克复南昌，结束北洋军阀在江西长达十三年的统治。

11月上旬 不顾病体尚未痊愈，依照党的指示，下庐山回到南昌〔2〕。国民党江西省党部由秘密转为公开，方志敏任国民党江西省党部常务委员兼农民部部长〔3〕。

△ 中共中央决定由毛泽东、彭湃等七人组成中共中央农民运动委员会，毛泽东任中共中央农委书记，在汉口设办事处。随后，任命彭湃为中共广东农委书记，方志敏为中共江西农委书记。在毛泽东主持下，中央农委拟定《目前农委计划》，提出："在目前情况下，农运发展应取集中的原则。全国除粤省外，应

〔1〕 方志敏：《我从事革命斗争的略述》，《可爱的中国——方志敏狱中手稿》（壹）第122—123页。

〔2〕 方志敏在《我从事革命斗争的略述》记述。据徐先兆回忆，方志敏下庐山后，曾在九江短期主持党的工作，见徐先兆：《青少年时代的方志敏》。但方志敏的记述及缪敏的回忆，均未涉及方志敏在九江的工作经历。缪敏的回忆见《作品》1957年第11期。

〔3〕 国民党江西省政府统计室编：《江西年鉴》，1936年。

集中湘、鄂、赣、豫四省发展，次则陕西、四川、广西、福建、安徽、江苏、浙江七省亦应以相当的力量去做。”拟在武昌开办湘鄂赣三省农民运动讲习所。十一月十五日中共中央局讨论通过这一计划。

△ 收到时任广州农讲所所长毛泽东的来信和赣籍学员名册。丘倜回忆：“一九二六年十月间，我们江西派赴广州农讲所二十三名同学结束了学习，派回本省工作”。“临走时，毛所长找我去谈话，要我率领江西的同学回本省工作，并告诉我，他会写信给江西党部负责人，建议派我到农民部，舒国藩到农民协会。”丘倜回到江西，被陈赞贤留在赣南。后方志敏将丘倜调南昌到省农民协会筹备处工作，并告诉他收到毛泽东的信。

△ 袁玉冰受中共中央派遣，从上海回到阔别三年的南昌，任中共江西地委宣传部主任。

11月11日 出席南昌各界民众二万多人在公共体育场举行的集会，庆祝北伐军克复南昌。会后，民众代表到国民革命军总司令部请愿，要求成立由工农商学兵各界代表组成江西民众裁判委员会，审判被俘的北洋军阀将领。

11月19日 任甫成立的江西省农民协会筹备处秘书长，因筹备处未设主任，实为主要负责人。后来在向江西第一次全省农民代表大会所作的《会务总报告》中回顾道：“嗣革命军来，农民协会如怒潮般地发展，在这个时期，更充分地表现全省农民运动，需要一个全省的指挥机关，于是民国十五年十一月十九号成立了省农民协会筹备处，设在从前的省农会内”。省农民协会筹备处，在省内设立了三个办事处：赣东办事处（设在临川）、赣西办事处（设在吉安）、赣南办事处（设在赣州），分别领导各地的农民运动。省农民协会筹备处则派员分赴各地进行指导。

11月中下旬 委派邵式平以国民党省党部特派员、省农协特派员身份回弋阳，开展农运工作。不久，中共弋阳特别支部成立，邵式平任书记，隶属中共江西地委。同时，邵式平兼任国民党弋阳县党部书记，直接领导弋阳县政务委员会。国民党弋阳县党部的执行委员，多为共产党员，方志纯任弋阳县工会主任，堂兄方远辉任弋阳县农民协会主席（后任中共德兴县委书记、闽浙赣省苏维埃执行委员会委员等职，一九三五年牺牲），范荷香任弋阳县妇女解放协会主任，这些社会团体都掌握在共产党员手中。县政务委员会颁布了很多有利于人民群众的公告、条令等，得到民众的拥护和支持；同时，派出许多共产党员到各区任职。弋阳县一度为革命势力所掌握。

△　早在北伐军进军江西之前，已着手在家乡建立农民武装。当时漆工镇警察所有两条快枪〔1〕，十来支火枪。方志敏授意共产党员、农协会员方荣贵、刘绍鉴等，秘密到警察所当警察。北伐军东进弋阳时，当时的漆工镇警察所巡官，带着两条枪到县城辞职，这两条枪被弋阳县党部得到。同时，东进部队有个伤兵背着半条枪（截了一节）前来求医，县党部又得到了这半条枪。方志敏和中共弋阳特支决定派共产党员雷夏去接管漆工镇警察所，担任巡官，将两条半枪交给他。并交代：接管后的警察所必须接受漆工镇党支部的领导；必须把武装交给地方农民自卫军，警察由农民自卫军担任；必须与农会一起做农民运动。由此，“方志敏两条半枪闹革命”的故事传颂开来。

△　与宜丰籍共产党员胡松在省农协筹备处谈话，派他以国民党省党部特派员身份回宜丰县开展农运。后又陆续派遣宜丰籍共产党员李艳芳等回宜丰县工作。次年一月，中共宜丰小组、宜丰县农民协会筹备处成立。

---

〔1〕 一些地方对步枪的俗称。

11月20日 签发《江西省农民协会章程》，并附《农民自卫军组织大纲》《农民协会组织手续》等文件，以省农协筹备处名义印发全省各县。

11月26日—29日 会见从上海抵达南昌的中共中央农委书记毛泽东。与国民革命军第六军党代表林伯渠、第二军副党代表李富春等，大力支持毛泽东关于在武昌开办湘鄂赣三省农讲所的倡议。一九二七年初中共中央机关报《向导》报道："创办农讲所，各方已感需要，而当时首倡此议者，乃为毛泽东同志。毛泽东同志亲赴江西湖北湖南，向三省党部建议，在一九二六年十一月武昌合办湘鄂赣农所……得到了三省党部中的共产党人和左派国民党员的支持。"

毛泽东为在武昌开办农讲所，先到南昌，十二月初到武汉，十二月十七日到长沙，在参加湖南省第一次农民代表大会后，又到湖南的五个县作历时三十二天的农民运动考察，并写出《湖南农民运动考察报告》。翌年二月十二日回到武昌，将拟定的湘鄂赣三省农讲所改名为中央农民运动讲习所，面向全国招收学员。

11月26日 中午十二时，参加南昌北伐军总司令部召开的联席会议，讨论北伐军克复江西后的政治、经济、党务等问题。蒋介石、朱培德、鲁涤平、李富春、段锡朋、郭沫若、李汉俊、邓鹤鸣、涂振农、林伯渠等七十余人与会。会议对二十余项议题"详加讨论、颇为周密、直至万家灯火、始行闭会"〔1〕。

11月27日 下午二时，出席南昌北伐军总司令部召开的联

〔1〕《江西政局之难关》，天津《大公报》1926年12月5日。

席会议[1]。蒋介石及北伐军驻南昌各军军长及政务、财政、省党部各委员等三十余人与会，继续就二十六日议题进行讨论。会上就厘定原江西省政府的税则[2]问题发表意见。会议明令解散原省议会和省农会，决定次年一月召开国民党江西全省代表大会，改选省党部。

11月29日 江西临时政治委员会召开第十一次会议，会议作出决议：江西选派一百五十名学员送武昌农讲所，并负担经费一万二千元。此后，方志敏在全省范围遴选学员，积极落实毛泽东开办农讲所的计划。

11月 先后在南昌、新建两县，组织数千农民支援北伐军东征。

△ 派共产党员马维琪、毛宝林、汪辰（都为广州农讲所结业学员）以及鲍建勋等到南昌、新建两县发展乡农民协会，成立南昌县新建县农民协会筹备处。[3]

12月1日 江西临时政治委员会和财政委员会召开联席会议[4]，决定由通志局款项下，每年拨十三万五千元作为省农协的经费。

12月16日 上午，参加江西省总工会、农民协会等一百四十余团体和四万余民众，在南昌公共体育场举行的集会，对天津英租界当局逮捕十余名国民党员并引渡给奉军一事，表示严重抗议。蒋介石和郭沫若等分别发表演说。

---

〔1〕《南昌总司令部开联席会议——讨论今后江西各种建设问题》，广州《民国日报》1926年12月9日。

〔2〕税则指征税的规则和实施条例。

〔3〕《江西各县农民运动概况》，《江西农民》创刊号，1927年3月5日。

〔4〕林伯渠在日记中未列该日会议参会人员，会议议决江西省农协年度经费，方志敏作为省农协筹备人，可能参会。

△ 任江西人民审判委员会委员。该委员会由十四人组成，郭沫若为主席。并与王镇寰等四人兼秘书，对唐福山、张凤岐等北洋军阀将领的罪行进行调查。

12月下旬 主持在南昌系马桩第二中学举办的农民运动短期训练班结业典礼，并作总结发言。该期学员一百人，后被派去各县，开展农民运动，为江西第一次全省农代会的召开作准备。〔1〕

△ 以省农协筹备处负责人的身份，从二十二日至本月底，签发省农协筹备处的各类文件一百四十二件，其中签发对各县农协负责人的委任状二十九件（各县农协负责人多数是共产党员）。

12月28日 上午，出席在南昌顺化门外大校场举行的江西战役国民革命军阵亡将士暨死难烈士追悼大会，与蒋介石、朱培德、郭沫若、邓鹤鸣等同列为主祭人。国民革命军总司令蒋介石发表演讲。二百三十余个各界团体、约二十万民众参加大会。〔2〕

12月 参加欢迎李烈钧来江西拟任省政府主席的宴会。后来回忆说："老蒋开会欢迎他，我以省党部执委的资格参加。谭主席〔3〕致欢迎词后，就是他演说，一共演了二十几分钟，我竟听不出个头绪来，不知道他在扯些什么。从司令部出来，我和一个朋友说，李烈钧怎么这样扯烂污？"〔4〕

△ 会见国民党江西省党部派去上饶工作的共产党员游秀

〔1〕 舒国藩：《方志敏烈士生前革命活动的片段回忆》，《舒国藩文集》第181页。

〔2〕《南昌之追悼阵亡将士大会》，广州《民国日报》1927年1月10日。

〔3〕 指谭延闿（1879—1930），湖南茶陵人，当时代理广州国民政府主席。

〔4〕 方志敏：《李烈钧原来如此》，中共江西省委党史研究室、江西省方志敏研究会编：《方志敏全集》，人民出版社2012年版，第284—285页。

伯，指示他去贵溪县，接收龙虎山第六十三代天师张恩溥的浮财，后因消息泄露，张恩溥外逃，此事未果。游秀伯又奉命去改组国民党上饶县党部，并以上饶为中心开展革命活动。

△ 在南昌青云谱的佛塔一带开展农民运动。指导王凤飞等筹建中共南昌近郊特别支部。还在城南村发动农会会员创办“兴农小学”，后更名“兴贤小学”。该校是当地最早的农民学校。

1927年　二十八岁

1月1日　上午，出席在南昌召开的国民党江西省第三次代表大会，以大会临时主席身份，主持会议并致开幕词，张群、何香凝、谭延闿、蒋介石等出席，全省六十个市县党部的代表一百四十六人与会，本省各机关各团体代表列席。〔1〕

下午，到南昌东门外练兵场参加欢迎张人杰、谭延闿莅临南昌大会。

1月3日　蒋介石在南昌召开国民党中央政治会议第六次临时会议。会议决定国民党中央党部和国民政府“暂驻南昌”，形成武汉和南昌两个权力中心公开对立的局面。

1月5日—15日　继续出席国民党江西省第三次代表大会。此前，国民党江西省党部掌握在共产党人和国民党左派人士手中。蒋介石及其追随者，蓄意通过大会夺取省党部领导权，特地制定选举办法，使蒋介石对省执行委员、监察委员的当选拥有最后决定权。选举过程中，先是以段锡朋为首的AB团〔2〕分子幕后操纵，进行贿选，接着蒋介石假托国民党中央的名义搞非法圈定，将得票较多，本应当选为执委的方志敏、李松风、罗石冰等圈

〔1〕《张谭抵南昌后方之各方情形》，广州《民国日报》1927年1月17日。

〔2〕AB是英文Anti-Bolshevik的缩写，即反布尔什维克。AB团全称为AB反赤团，是北伐战争时期在江西南昌成立的国民党右派组织，其目的是打击共产党和国民党左派。1927年4月该组织解体。

掉，而得票不够的刘伯伦、王镇寰、程天放、王礼锡却被圈定为执委。

1月7日 国民党九江市党部电告全国同胞，通报英国在九江调集水兵，惨杀工友，制造“一六”惨案的事实，呼吁全国同胞援助。

1月8日 以江西人民审判委员会委员身份出席该会庭审，判决北洋军阀唐福山、岳思寅等五人死刑，三日后执行枪决。

1月13日 参加全省各团体五十余名代表出席的联席会议，被推选为反英市民大会主席团成员。

1月14日 参加反英市民大会在南昌贡院侧举行的反英运动大示威，有十余万市民参加。

1月16日 国民党江西省党部第三届执委员会召开第一次会议，组建以段锡朋为书记的右派省党部，王礼锡取代方志敏任农民部部长。

1月18日 拟江西省农民协会筹备处全国通电文，针对英帝国主义在汉浔制造惨案，表示：“誓率全赣革命的农民，与英帝国主义者，作殊死战，务达打倒英帝国主义者，取消中英间一切不平等条约之目的而后已。”〔1〕

1月20日 撰写《为纪念列宁敬告民众》，以江西省农民协会筹备处名义印发各地。指出：“列宁逝世已三周年了，但他不朽的精神和伟大的主义，永远活着在每个被压迫的人民心中！我们只有接受他的主义在列宁主义指导之下奋斗，才能得到胜利。”又说：“现在中国正受帝国主义严重压迫，帝国主义者眼看着中国的民族解放运动因受列宁主义的影响和十月革命的暗示已日趋于高涨，尤其是五卅运动后，国内各阶级反帝国主义的联合战线

〔1〕《江西省农协电》，汉口《民国日报》1927年1月24日。

一天天紧密，最近国民政府的北伐，因各地民众的拥护已将直系军阀打倒了；英帝国主义在长江流域一带的利权根本动摇，于是出其最卑劣的残酷的手段，以炮舰屠杀政策，直接在万县、汉口、九江等处，演流血的惨剧。其实这是证明帝国主义者已到了日暮穷途，再没有别的方法可以镇压民族的革命运动了。”

1月21日 出席南昌各界三百余团体、十万余民众在公共体育场举行的“列宁逝世三周年纪念大会”。

1月 经中共中央批准，中共江西地方执行委员会升为江西区执行委员会，机关驻南昌市黄家巷三十一号至三十二号。书记刘九峰，军委书记李富春，组织部主任傅烈，宣传部主任袁玉冰，工委书记×××，农委书记方志敏，妇委书记蔡畅，秘书冯任。

△ 丘倜到省农民协会筹备处报到。他回忆，方志敏说：本来毛所长在寄名册的同时写了一封信来，建议留你在省党部农民部工作，舒国藩在省农协工作。我看，省党部不行了，连我都要离开。我们大家集中在省农协工作，把全省农民尽快组织起来，革命才会有力量。

△ 会见中共中央农委委员彭湃，共商农运工作，并陪同在南昌考察。

△ 签发省农协筹备处的各类文件三百件，其中签发对各县农协负责人的委任状九十三件。

△ 指示邵式平以国民党江西省党部特派员、江西省农协赣东北特派员、没收张天师财产委员会委员的身份到赣东北的贵溪县，领导打击封建神权势力的斗争。邵式平抵达贵溪后，与县农民协会筹委会负责人江宗海等一起，选拔农民骨干，组建暴动队，攻打龙虎山的上清宫和天师府，收缴了天师玉印、“镇妖剑”等物品。

2月初 受中共江西区委委派，到赣州指导工农运动。方志敏赞扬赣州工农的革命斗争精神，明确指出：国民党右派是不会甘心的，斗争还会更激烈，要发动群众揭穿资本家和豪绅地主的阴谋，击退右派的反扑。

2月10日 以江西省农民协会筹备处常务委员的名义，向国民党中央农民部呈文，请求派专员指导江西第一次全省农民代表大会的筹备工作。

2月11日 晚，与国民党中央农民部江西农运特派员陆智西、金肃凯等在省农民协会筹备处召开会议。参加会议的还有国民党江西省党部农民部特派员邹曾侯、李承忠、贺登云，以及江西省农民协会筹备处筹备员舒国藩、淦克合、王立生。会议决定由出席会议的九人组成江西省农民协会筹备处执行委员会，方志敏、陆智西、邹曾侯为该执行委员会常务委员，舒国藩为秘书长，方志敏兼宣传部部长，陆智西兼组织部部长。〔1〕

2月13日 一九二三年冬创刊，出版一期即停刊的共青团江西区委机关刊物《红灯》，于本日复刊。至一九二七年七月十六日，复刊后的《红灯》周刊共出版十五期。方志敏、袁玉冰等共产党人以此刊为宣传阵地，推进江西工农革命运动的发展。

2月15日 主持南昌各界团体、部分市民在公共体育场举行的“欢送中执会迁鄂大会”。

2月19日 晚五时，在省农协主持江西第一次全省农民代表大会资格审查委员会会议，通过代表资格审查标准，经审查，在八十七名代表中，取消两人代表资格，十一人改为旁听者。

晚七时，主持江西第一次全省农民代表大会预备会议，到会代表及省农协筹备处职员共一百余人。方志敏被推选为临时主席

〔1〕 陆智西：《江西第一次全省农民代表大会经过报告》，1927年4月29日。

后，即宣布开会，报告省农民代表大会的筹备经过。会议通过了资格审查委员会的代表资格审查报告；决定由方志敏、陆智西、丘倜、舒国藩、王礼锡轮流主持农代会会议。

△ 从月初至本日，省农协筹备处收文二百三十件，发出文件五百二十八件，其中，致全省各县农协函一百六十件（含委任状十五件），通告一百九十二件，通电一百八十四件。

2月20日 出席江西第一次全省农民代表大会开幕典礼，以大会执行主席身份致开幕词，指出：这次大会的重要意义，在于农民有了觉悟，就要团结起来，组织起来，建立农民协会。农民只有团结和组织起来，才会有力量，才能打倒贪官污吏、土豪劣绅，不再受他们的压迫和剥削，得到农民自身的自由与幸福。当天的《会场日刊》记载：（省农代会）“本月二十日上午九时在南昌百花洲省农协举行开幕典礼。到会代表一百零四人〔1〕，代表农民协会会员三十余万”，另有军政工商学各界代表和来宾二千余人出席开幕典礼，国民革命军总司令蒋介石、农民国际代表达尔汉诺夫、总政治部副主任郭沫若作为来宾到会。开幕典礼上，蒋介石发表演说，称：现在各处农民运动的毛病，就是农民协会、农民自卫军有些地方系一般土豪劣绅所把持垄断。实际上是为国民党右派夺取农民运动领导权制造借口。

△ 签发《江西第一次全省农民代表大会通电》，由江西第一次农民代表大会秘书处通电国民党中央执行委员会、国民政府及全国各地。随后，收到中国共产党江西区执行委员会，国民党中央执行委员会农民部、妇女部，湖南省农民协会和江西省三十七个县农协等单位发来的贺电与贺信。

△ 江西省政府成立，李烈钧任主席，其成员基本上是国民

〔1〕 江西第一次全省农民代表大会闭幕时，代表增加到141人。

党右派和AB团骨干。此后，在蒋介石及右派省党部的把持与操纵下，省政府对江西省农民协会、省总工会的活动横加干涉。以方志敏、袁玉冰为代表的江西革命势力，与之展开针锋相对的斗争。

2月21日 主持江西第一次全省农民代表大会会议。国民革命军总政治部副主任郭沫若应邀到会作报告，赞扬江西农民对北伐战争的贡献："江西同胞对于革命军非常欢迎，而农民尤甚，帮助革命军的工作比他省更多，如运输接济粮食，用土炮来打军阀，虽牺牲一切，亦且不顾。"要求全国的"农工群众及被压迫民众与民族"联合起来，"在此新的未建设起来、旧的已破坏的过渡时代"，担负起"努力于政治上之建设"的重任，"向光明之路前进"。〔1〕

△ 国民革命军总司令部在南昌举行第十四次（总理）纪念周集会，蒋介石在会上发表演说，以所谓共产党员对待国民党加以排挤压迫为由，要制裁共产党，预言共产党将要失败，自称有干涉和制裁共产党的责任及权力。

2月22日 出席江西第一次全省农民代表大会会议，并主持上午会议。农民国际代表达尔汉诺夫应邀作报告。

下午，代表江西省农民协会筹备处作会务总报告。报告分三个部分：一、江西农民生活状况；二、省农民协会筹备处之经过；三、全省农民协会组织现状。报告对江西省农民协会的组织和农民运动的状况作了总结：从一九二六年十一月十九日成立省农协筹备处，到一九二七年二月召开全省第一次农民代表大会，有五十四个县建立了农民协会（或县农协筹备处），会员增加到三十余万人。报告还对以后的全省农民运动提出了希望。

---

〔1〕 郭沫若：《政治报告》，江西省农代会《会场日刊》第3期，1927年2月23日。

2月23日 出席江西第一次全省农民代表大会会议。听取国民党中央农民运动委员会常委、国民党中央农民部秘书陈克文关于农民问题与国民革命的报告，鄱阳、崇仁等三十九个县的农协代表在大会上发言。

△ 晚上，参加省农代会和省工代会的代表在农代会会所举行的联欢会，被推选为联欢会主席并首先讲话：工农犹如兄弟，要联合起来才能解除压迫，两个代表大会是代表全省的工人和农人，一个联欢是表示全省工农的联合。接着，工人代表熊好生发表演说。联欢会上，还通过了工农大联合决议草案。

△ 以江西第一次全省农民代表大会名义给国民党中央执行委员会呈文，请求督促江西省政府执行国民党江西省第三次代表大会通过的关于农民运动的决议案。

△ 签发《江西第一次全省农民代表大会反抗英帝国主义实行对英经济绝交通电》《江西第一次全省农民代表大会拥护国民党江西省第三次全省代表大会关于农民运动决议案的通电》等。

2月24日 出席江西第一次全省农民代表大会会议，上午，大会听取国民政府主席谭延闿所作关于国民政府状况的报告。主持下午大会，会议讨论关于农村教育、加入农民国际等问题，并通过相应的决议案。

2月25日 出席江西第一次全省农民代表大会会议。会议讨论整理会务、农协经费、取缔高利贷款、农村妇女运动、减免田租、开垦荒地、培植森林、农民协会与各方面关系等问题，表决通过相应的决议案，大会还通过《会务总报告决议案》和《农民运动与国民革命报告决议案》。

2月26日 出席江西第一次全省农民代表大会会议。大会表决通过《农民协会章程》《农民协会组织手续》《采用广东农民自卫军之组织大纲》《农民协会组织决议（草案）》《致中国国民党江西省党部书》《扩大对英经济绝交决议（草案）》《减轻田租决议（草案）》《废除一切苛捐杂税决议（草案）》《开垦各地荒山荒地野塘洲等决议（草案）》《农村娱乐决议（草案）》《严禁烟赌决议（草案）》《清除各县县政积弊决议（草案）》《促我省民协会议决议（草案）》《雇农减少工作时间及增加雇资决议（草案）》《统一度量衡决议（草案）》《保护森林决议（草案）》等一系列文件。大会还决定了省农协的选举办法，规定“每票须选执委十三人、候补四人”。

2月下旬 江西省农民协会执行委员会的选举，事关对江西农民运动的领导权问题。大会期间，国民党右派企图通过贿选取得领导权，“以每票卅元之代价收买选举票，不意农民无一相信，结果一百四十票彼方仅得七票”〔1〕。贿选落空，蒋介石又企图由他来“圈定”省农协委员。

方志敏就此急电在武汉的中共中央农委书记毛泽东，商讨对策。毛泽东复电说：须坚决反对，宁可使农协大会开不成功，不可屈服于圈定办法。〔2〕经过方志敏等共产党人的斗争，蒋介石的“圈定”企图没有得逞，选举仍按既定办法如期进行。

2月27日 出席江西第一次全省农民代表大会会议，主持上午的大会选举。经一百四十一名代表投票，选举陆智西、方志敏、舒国藩、丘倜、刘一峰、王枕心、淦克合、周继晖、彭震亚、戴希广、刘德泉、袁德生、郭家彬十三人为执行委员，黄兑、孔昭隆、马维骐、万桂林四人为候补执行委员。江西省农民协会正式成立。

---

〔1〕《中国国民党中执会第二届常委会第一次扩大会议速记录》，1927年3月19日。

〔2〕方志敏：《我从事革命斗争的略述》，《可爱的中国——方志敏狱中手稿》（壹）第129页。

这次选举，挫败了国民党右派企图贿选的阴谋，捍卫了中共对江西农民运动的领导权。方志敏回忆：“大会选举他们算是失败了，省农协没有被他们夺取去！他们散布谣言说，要用手枪暗中打死我；我也不以为意。”〔1〕

△ 下午，应邀出席江西省政府举行的欢迎全省农工代表大会。省政府主席李烈钧致欢迎词，方志敏以农民代表身份发表演说，着重向省政府提出三个要求：“第一，要严厉惩办贪官污吏、土豪劣绅；第二，要取消保卫团，以其枪支及经费，拨归农民协会办自卫军之用；第三，各县农民协会经费归各县政府津贴。”李烈钧的答复是：“贪官污吏、土豪劣绅固然要惩办，但也须宽容一点儿！取消保卫团办自卫军是不必要的。”关于经费事，他搪塞了几句就算混过去。方志敏“气得好苦”。从欢迎会出来后，“就断定李烈钧是反革命派了”。〔2〕

△ 晚上，继续主持省农代会。大会表决通过《江西第一次全省农民代表大会宣言》《摊派军饷决议（草案）》《整顿水利决议（草案）》《惩办土豪劣绅决议（草案）》《采用广东农民自卫军组织大纲决议（草案）》《合作社决议（草案）》和《声援上海罢工工人反英运动通电》《加入农民国际通讯》等文件。

2月28日 主持江西第一次全省农民代表大会闭幕典礼。农代会历时九天，完成各项议程，通过三十六项议案，发布了《江西第一次全省农民代表大会宣言》和《闭幕通电》等。

△ 在主持拟定的《江西第一次全省农民代表大会宣言》中说：“现在我们觉悟了，我们知道了痛苦的根源，是帝国主义、

〔1〕 方志敏：《我从事革命斗争的略述》，《可爱的中国——方志敏狱中手稿》（壹）第130页。

〔2〕 方志敏：《李烈钧原来如此》，《方志敏全集》第285页。

军阀、大地主、贪官污吏、土豪劣绅，而具体的事实就是重租、重息、重税及其他敲索；我们也知道了解决痛苦的方法是在自己组织起来，用自己的力量，求自己的解放！这就是要组织农民协会。农民协会是我们农民的炮台，是我们农民利益的保障，只有我们自己的农民协会发展并巩固起来，才能使我们从千万斤重的盘石底下翻一个转身。”〔1〕

△　参加南昌农工商学兵各界二百余团体、三万余市民举行的第三次反英示威大游行，并发表演说。

△　出席江西省农民协会在南昌百花洲举行的斗争扬子洲恶霸地主陶桐武的群众大会，并作报告。

2月　同AB团破坏省农民协会的活动作斗争。后回忆：“他们把持着省党部，今天对省农协一个决议，明天对省农协又要玩个花样，我是首当其冲的人，我成了他们的眼中钉，每天早晨起来，拿起报纸来，首先就要看省党部又有什么进攻省农协的新办法，为对付他们的进攻，确费了不少的心思。他们委派了两个委员到省农协，当然不是来做工作，而是来和我们捣乱子”〔2〕。

△　与朱德开始交往。朱德任团长的国民革命军第三军军官教育团（又称南昌军官教育团）在南昌开学。此前，朱德奉中共中央军委的指示，利用自己同国民革命军第五方面军总指挥兼第三军军长朱培德的原滇军同僚关系，到南昌做培养军事人才的工作，被朱培德任命为第五方面军总参议，负责军官教育团的筹建。军官教育团实际上受中共中央军事部领导，建有中共秘密党组织，由教育长陈奇涵任支部书记。方志敏曾应邀到该团讲农民运动。

---

〔1〕方志敏：《江西第一次全省农民代表大会宣言》，《方志敏全集》第279页。

〔2〕方志敏：《我从事革命斗争的略述》，《可爱的中国——方志敏狱中手稿》（壹）第128—129页。

△ 经邵式平夫妇介绍，与缪细姩在南昌认识。缪细姩，时年十八岁，在南昌女子职业学校求学。方志敏与缪细姩确认恋爱关系后，赠名“敏”，缪细姩从此改名缪敏〔1〕。缪敏回忆：“我和志敏一九二七年相识于南昌，那时志敏在农协工作。”〔2〕

3月1日 出席江西省农民协会第一届执委会第一次会议，与刘一峰、陆智西、丘倜、淦克合五人当选为江西省农民协会常务委员。省农协内设机构为一处五部，即秘书处、组织部、宣传部、农村经济部、农村教育部和农民自卫军部。方志敏兼秘书长、丘倜兼组织部部长、陆智西兼宣传部部长、刘一峰兼农村教育部部长、王枕心兼农村经济部部长、淦克合兼农民自卫军部部长。

3月5日 江西省农民协会机关刊物《江西农民》创刊，为其题写刊名。此前，曾编印过《江西农民》小册子，与《农民运动宣传大纲》一起，印发给全省各地农民协会。

3月6日 弋阳县农民协会主席方远辉，在漆工镇主持漆工农民自卫军成立大会，方远杰任大队长。其武装除原有两条半枪之外，增加了六支枪，是方远杰乘北伐军军官黄庭英来漆工招兵时，用六支土枪换下来的。

△ 国民党右派指使驻赣国民革命军新编第一师党代表倪

---

〔1〕 缪敏（1909—1977），原名缪细姩，曾用名李祥贞。江西弋阳人。1927年与方志敏结婚。1929年加入中国共产党。在赣东北苏区先后担任省妇女职业学校校长、省反帝大同盟主席等职。1935年7月被俘入狱。1938年9月获释后转赴延安，参加了抗日战争和解放战争。新中国成立后，历任中共上饶地委组织部部长、江西省卫生厅副厅长等职。著有《方志敏战斗的一生》等。1977年7月9日在南昌病逝。

〔2〕 李祥贞（缪敏）：《纪念方志敏同志逝世十周年》，延安《解放日报》1945年7月22日。

粥，逮捕江西省总工会副委员长、赣州总工会委员长、赣州共产党组织创始人之一陈赞贤。逼陈赞贤解散赣州总工会，遭拒绝后，将其杀害。“陈赞贤惨案”激起共产党人及革命群众的强烈反对，赣州、南昌、武汉等地纷纷举行集会游行，以示抗议和哀悼。

3月7日 毛泽东等创办的中央农民运动讲习所在武昌红巷十三号正式上课。此前，方志敏排除国民党右派阻挠干扰，将一百四十九名赣籍学员送到农讲所学习。

3月10日 与陆智西等以江西省农民协会名义，向中国国民党中央党部执行委员会呈文，汇报江西省农民协会成立经过。

△ 国民党中央党部秘书处收到江西省农民协会呈文：请求恢复国民党江西省第三次全省代表大会通过的关于农民运动决议案；推举方志敏代表江西全省农民前来中央党部请愿。

3月上旬 江西省农民协会机关从南昌百花洲沈文肃公祠搬至状元桥李公馆。以东边一间房作卧室、会客室，接待各地来访农友。

3月中旬 为促使江西农运的持续发展，与陆智西等以江西省农民协会常务委员名义，给国民政府委员会呈文，报告江西省各县农民协会现已从二十县扩大到五十四县，原省农协筹备处每月经费为一万零八百四十元，仅够维持现状，无法再补贴各县农协。要求增加江西农民协会的经费预算，并请求国民政府委员会指令江西省政府执行。

△ 在江西省农民协会会见中共万年特别支部书记胡完生、农协主席黄士彪。胡完生是方志敏在江西省甲种工业学校的同学，在“驱赵风潮”中，积极勇敢。他在省农协与方志敏谈到本县土豪劣绅要暗杀他时，表示已准备以一条命和他们拼。方志敏对胡完生说：一个革命者决不能怕死，但也不能只有匹夫之勇。首先要组织农民，带领他们与土豪劣绅斗，这样才会有力量；第

二要对农民宣传，使他们不受土豪劣绅的欺骗和利用；第三要随时掌握土豪劣绅的阴谋诡计，事先做好应付事变的准备；第四不可树敌太多，要做好分化工作，重点打击农民最痛恨的土豪劣绅。方志敏还对黄士彪说：县农民协会成立了，一定要有武器，以便进一步开展对敌斗争，你们可以直接找县长要枪。〔1〕

3月13日 签署江西省农民协会通电并发向全国，强烈抗议以蒋介石为代表的国民党右派制造“陈赞贤惨案”。

3月14日 国民党二届三中全会决议：广东省党部、江西省党部及广州特别市执监委员之选举违背总章，应由常务委员会令其从速改选。

△ 当夜，蒋介石下令江西省党部解散由共产党人和国民党左派组成的南昌市党部。

3月15日 蒋介石在南昌参加总理逝世二周年纪念大会，并发表演讲，称江西省党部即代表中央执行委员会，反对江西省党部即反对中央执行委员会。会场群众喊出拥护中央执委、反对江西非法省党部的口号。蒋介石愤愤而言：“不许提出此口号，谁反对江西省党部，即打倒谁！”〔2〕

3月16日 与前往武汉请愿的江西省农工商学妇各界代表及南昌市党部的代表抵九江。〔3〕

△ 为国民党右派把持的江西省党部解散南昌市党部，通缉南昌市党部执监委员，查封江西省学联和贯彻日报报社，武装包围江西省农民协会，江西省农民协会被迫停止办公。

---

〔1〕 中共万年县委革命斗争史编撰组编：《万年县革命斗争史》，1959年9月。

〔2〕《蒋介石竟反对恢复党权》，汉口《民国日报》1927年3月19日。

〔3〕《中国国民党中执会第二届常委会第一次扩大会议速记录》。

3月17日 蒋介石制造“九江血案”。“十七日，九江市党部总工会六军政治部，均被手持刀械流氓数百人捣毁，并杀死市党部同志三人，总工会一人，六军政治部重伤九人”[1]，这是继“陈赞贤惨案”之后的又一起血案。二十三日，蒋介石还在安徽省的安庆制造了杀害共产党人的惨案。此后，杭州、重庆等地都发生了类似事件。这些惨案，是蒋介石在上海发动四一二反革命政变的前奏。

3月18日 率由江西省、南昌市、九江市等各界代表组成的江西请愿团到国民党湖北省党部请愿，要求严惩杀害陈赞贤烈士凶手。湖北省党部同意通电全国，“一致援助，并请政府严办，并于二十追悼阳新死难烈士[2]时，一并追悼”[3]。

△ 南昌市各界群众数万人举行追悼陈赞贤烈士大会，并向国民党江西省党部以及北伐军总司令部抗议、请愿。

3月19日 下午，与邓鹤鸣等在汉口列席国民党中央执行委员会第一次扩大会议。以江西省农协代表身份，在会上报告江西省党部企图通过贿选获取江西省第一次农代会代表的选票，贿选失败后，“江西非法省党部”“拟加以推倒，以遂初衷”等事项，以及南昌市党部被解散、江西省农协被军警封闭等情况，并代表江西农民，请求早日改组江西非法省党部。[4]

---

〔1〕《蒋介石竟反对恢复党权》。

〔2〕阳新死难烈士，指1927年2月27日被湖北阳新县反动势力杀害的农协、工会干部等9人。这一惨案即“阳新惨案”。

〔3〕《江西代表团向省党部请愿》，汉口《民国日报》1927年3月20日。

〔4〕《中国国民党中执会第二届常委会第一次扩大会议速记录》。该记录未录列席会议的“农协代表”姓名。1927年3月10日，江西省农民协会呈文国民党中央党部秘书处，推举省农民协会常务委员方志敏代表江西全省农民前来中央党部请愿，方志敏也是江西赴武汉请愿团负责人，可以认定发言之江西“农协代表”即方志敏。

3月20日　参加武汉各界在阅马场举行的追悼赣州、九江、阳新、沔阳、天门、钟祥死难农工领袖大会，并发表演讲。〔1〕大会推选的五百六十余名代表到国民党中央党部请愿并呈文。

△　以江西省农民协会常务委员名义向中国国民党中央执行委员会呈文，列举江西省非法党部十大反革命行为，请求中央执行决议，解散江西非法省党部。

3月21日　为配合国民革命军北伐，进军上海。在共产党人周恩来、罗亦农、赵世炎等的领导下，上海工人第三次武装起义取得胜利。

3月23日　国民党中央执行委员会电令国民党江西省党部，执行中央决议，解散江西非法省党部，并委派中央特派员赴南昌代行国民党江西省党部职权，改组江西省党部。

△　江西省农民协会发出通电，拥护国民党二届三中全会通过改组江西非法省党部的决议案。

3月24日　以江西省农民协会代表名义，与江西请愿团各界代表联合呈文国民党中央执行委员会，请求改组江西省政府。

△　江西省农民协会与江西省总工会等十一个革命团体联名发出通电，拥护国民党中央执行委员会通过改组江西非法省党部的决议案，请求中央党部即日派员来赣。

3月25日　以江西省农民协会常委名义，呈文国民党中央执行委员会，要求严惩本月七日捣毁国民党江西永丰县党部、县农民协会等机关的凶手，并督促江西当局释放永丰县党部袁振亚等四位常委。后向国民政府委员会呈文，再次要求训令江西当局释放袁振亚等四人，严惩反革命暴乱分子。

---

〔1〕《武汉各界追悼鄂赣死难农工领袖大会》，汉口《民国日报》1927年3月22日。

3月26日 国民党第二届中执委常委会第三次扩大会议正式通过方志敏、邓鹤鸣、刘一峰、李松风、黄实、傅惠忠、王枕心、李尚庸八人为中央特派员，赴江西改组江西省党部。

△ 下午，参加中央农民运动讲习所举行的追悼阳新、赣州死难烈士大会，毛泽东发表演说。

3月27日 出席国民党中央农民运动委员会在武昌召开的中央农委扩大会议。会议由国民党中央政治委员会委员兼中央农民部部长邓演达主持，恽代英、农民国际代表达尔汉诺夫、中央农委委员以及赣粤湘鄂等省农民协会及河南武装农民代表等到会。方志敏向会议报告江西农运情况：江西省农民协会现有会员三十一万多人，五十四个县成立了农民协会，组织较好的有十一个县，每县农民多的八万以上，少的两万多人，工作成绩突出的有八个县。并指出“组织农工银行、农民要求武装，建立自卫军、增加农民协会经费预算”等，已在江西省国民党第三次代表大会通过并形成决议案，江西省非法党部没有执行。方志敏在报告中强调了武装农民的重要性。〔1〕

3月28日 出席国民党中央农民部召开的全国农民协会筹备会议。会议认为，全国农民运动发展极快，急需有中心领导机关。会议决定组织中华全国农民协会，协会临时执行委员会由湘鄂赣三省农民协会执行委员与河南武装农民大会执行委员联席会议推举，并预定五一节召开全国农民代表大会。

3月30日 出席粤、湘、赣、鄂农民协会代表和河南农民自卫军代表联席会议。会议决定成立中华全国农民协会临时委员会，会议选出彭湃（粤）、易礼容（湘）、方志敏（赣）、陆沉（鄂）、萧寅谷（豫）及毛泽东、邓演达、谭延闿、谭平山、徐谦

〔1〕《中央农民运动委员会会议纪》，汉口《民国日报》1927年4月6日。

等十三人为执行委员，毛泽东、邓演达、谭延闿、陆沉、谭平山为常务委员，彭湃任秘书长。方志敏在会上汇报了江西农民运动的发展和与国民党右派斗争的情况，并与彭湃一起支持毛泽东提出的“重新分配土地”的主张。

毛泽东后来回忆说，一九二七年春“我出席了会议并讨论了我的文章中提出的建议——广泛地重新分配土地。出席会议的有彭湃、方志敏和约克、沃伦两个俄国共产党员，会议通过了决议，采纳了我的主张并提交共产党第五次代表大会考虑”〔1〕。

△ 国民党中央政治委员会第七次会议决定改组江西省政府，李烈钧等八名原省政府委员全部免职，任命朱培德〔2〕等十一人为江西省政府委员。

3月下旬 应邀到中央农民运动讲习所发表演说、讲课并看望赣籍学员。

3月末 以江西省农民协会常务委员名义，呈文国民党中央农民部、中央农民运动委员会，请求转报国民党中央执行委员会，准予拨给江西省农民协会枪二千支、子弹二十万发。

4月2日 上午，参加湖北省农协在汉口血花世界举行的欢迎国际工人代表团、全国总工会委员长苏兆征、全国农协临时执委会成员大会，到会者数千人。英国、美国、法国工人代表及彭湃、苏兆征等均发表演说。

4月3日 南昌市二百多个群众团体、三万余民众在公共体

〔1〕 埃德加·斯诺：《西行漫记》，生活·读书·新知三联书店1979年版，第136页。

〔2〕 朱培德（1888—1937），云南安宁人。时任国民革命军第五方面军总指挥兼第三军军长，被武汉国民政府委任为江西省政府主席。

育场集会，庆祝“四二暴动”[1]胜利，欢迎朱培德改组省政府暨中央特派员方志敏等改组省党部。

4月4日 毛泽东主办的中央农民运动讲习所在武昌举行开学典礼。大会发表的《中央农民运动讲习所开学宣言》称：“中央农民运动讲习所的使命，是要训练一般能领导农村革命的人才出来，对于农民问题有深切的认识，详细的研究，正确解决的方法，更锻炼着对农运的决心。”

△ 邓演达在国民党中央第十四次宣传会议上作《中国农运及中央农运之计划》的报告，通报了方志敏在中央农民运动委员会扩大会议上反映的“武装农民”“组织农民银行”等，已在江西省第三次代表大会通过的决议案，由于江西非法省党部指使右派分子阻扰、破坏，至今仍未执行的情况。在报告中把方志敏反映的“武装农民”“组织农民银行”等列入工作计划中，拟推进上述议案的落实。[2]

4月5日 与邓鹤鸣等八人，作为中央党部特派改组江西省党部筹备员开始代行国民党江西省党部职权，并筹备重新召开国民党江西省第三次代表大会。同时，江西省政府改组，朱培德任主席，朱德任南昌市公安局局长。

△ 撰写的《反右运动与吾人》，在省农协机关刊物《江西农民》第四期“反右专号”上发表，署名樱虎。文章阐述了农民运动在中国国民革命中的重要地位，作出“中国之革命实质上是

---

〔1〕1927年4月2日，在中共江西区委领导下，南昌各界民众数千人集会，控诉蒋介石及江西省右派党部的反革命罪行。会后，集会民众在南昌军官教育团的支持下，涌向百花洲，捣毁国民党右派控制的江西省党部，当场抓获程天放等7名AB团骨干分子，史称“四二暴动”。

〔2〕《邓演达报告中国农运及中央对农运之计划》，汉口《民国日报》1927年4月6日。

农民革命”〔1〕的论断；揭露了国民党右派背叛孙中山的联俄、联共、扶助农工三大政策，破坏农民运动的罪行；提出了“反右”的主旨是实行工农大联合，“去消灭不革命的右派”。

4月9日 毛泽东、邓演达、谭延闿、谭平山、彭湃、方志敏等十三人组成的中华全国农协临时执委会，在武汉向全国发出就职通电，指出：“吾国农民之痛苦，皆为国际帝国主义之侵略，与国内封建阶级之压迫，农民之解放，即国民革命之成功，故国民革命势力之进展农民亦随之组织起来，同人深信此为不易之道。誓立革命军的地位，领导全国农民，努力奋斗，以完成国民革命。”

△ 郭沫若《请看今日之蒋介石》公开发表。文章列举赣州惨案、九江事件、安庆事件后指出：“蒋介石已经不是我们国民革命军的总司令，蒋介石是流氓地痞、土豪劣绅、贪官污吏、卖国军阀，所有一切反动派——反革命势力的中心力量了。”“他在国民党内比党外的敌人还要危险。”号召全国民众，“迅速起来反蒋”。

4月上旬 在朱德的帮助下，重建江西省农民自卫军，规模扩为大队，淦克合兼任大队长（此前的省农民自卫军已被右派省政府强令解散）。自卫军队员主要来自南昌、新建、永修三县。方志敏要求队员们学好打仗本领，用刀枪来痛击土豪劣绅等反革命分子的捣乱；做全省各地农民自卫军的模范。省农民自卫军军部规定，各级农协均应成立农民自卫军，基层农民自卫军以乡为单位，各县农民自卫军均受省农民自卫军军部指挥。

△ 主持筹备开办江西省农民银行〔2〕、农民运动讲习班、

〔1〕 方志敏：《反右运动与吾人》，《方志敏全集》第282页。

〔2〕 因形势变化，农民银行后未成立。

农协自卫军干部训练班。

△ 获悉万年县农协负责人胡完生、黄士彪于三月二十七日遭国民党地方当局杀害。由省农协常委陆智西等带领省农民自卫军七十余人，赴万年县惩办凶手，赶走国民党右派县长。

4月上中旬 委派邵式平以国民党江西省党部和省农协特派员的身份，回赣东北各县指导工作。邵式平到横峰县时，该县县城已于本月五日被农民武装第二次攻克，右派县长逃跑。邵式平宣布撤销横峰县县长和公安局局长职务，委任共产党员、县农会主任邹秀峰为县长，共产党员吴先民〔1〕为公安局局长，并将缴获的三十支枪武装县农民自卫军。

4月12日 蒋介石在上海发动反革命政变，大肆逮捕、屠杀共产党人和革命群众。

△ 在汉口《民国日报》发表《李烈钧原来如此》一文，揭露李烈钧任江西省政府主席后，追随蒋介石，纵容国民党右派，袒护土豪劣绅，压制工农运动的行为，告诫江西民众再不要被李烈钧骗了！

4月15日 获悉中共赣北特委委员、永修县委组织部部长张朝燮在永修县惨遭土豪劣绅杀害。立即指示省农协常委丘倜和淦克合，率省农民自卫军开赴永修，临行前交代：要把他们消灭，不给他们一点厉害看看，敌人还会捣乱。自卫军抵达永修后，一举消灭了当地地主武装。丘倜回来报告平暴经过时，方志敏对他说：我们有了自卫军，随时可以去打击敌人，而且很快见

---

〔1〕 吴先民（1905—1932），江西横峰人。1926年参加中国共产党，是赣东北革命根据地和红10军的创建人之一，曾任中共赣东北省委委员，红10军政治部主任、代理政委等职。1932年12月11日在肃反中被错杀，1945年中共七大召开时，中共中央为吴先民平反。

效。今后各级农协条件成熟的都要建立农民自卫军，没有枪，梭标也好。

4月18日 蒋介石在南京另组国民政府。公开发布拥护"清党"通电，并发出秘字第一号命令，通缉鲍罗廷、陈独秀、恽代英、谭平山、林伯渠、毛泽东、方志敏等共产党人和左派进步人士一百九十三人。

△ 李烈钧追随蒋介石，在江西上饶成立听命于南京国民政府的"赣东省政府"，自任主席，与武汉国民政府辖下的江西省政府分庭抗礼。"赣东省政府"派出军队，先后占领赣东北的弋阳、横峰等县城，释放了一批被关押的土豪劣绅。

4月20日 中国共产党发表《为蒋介石屠杀革命民众宣言》，完全赞成国民党中央执行委员会"罢免蒋介石国民革命军总司令，开除党籍和拿办的决定"，号召人民起来打倒叛变革命的蒋介石。

4月中旬 写就《江西省农协训令》，向全省发布，要求各地农协严惩四一二反革命政变后蠢蠢欲动的贪官污吏、土豪劣绅。江西各地农协热烈拥护省农协训令，纷纷举行讨蒋大会，并采取行动回击"赣东省政府"军队的进攻。

△ 以江西省农民协会常委名义，就国民党中央农民部十五日关于扩大农运宣传的指示电回函，称：敝会主管全省农运，一言一动都是为大多数农友本身利益设想，与恶劣封建势力奋斗，以期革命之早日成功。

4月中下旬 江西农民运动训练班再次在南昌系马桩开办。向中共江西区委提议，派邵式平到训练班任教育长。训练班每期半个月左右，学员由各县国民党党部、农民协会从农运干部和青年知识分子中遴选。训练内容参考广州农讲所、中央农讲所。方志敏亲自讲授《湖南农民运动考察报告》等课程，还邀请朱德给学员讲授军事知识。训练班先后举办四期，学员四百七十多人，其中共产党员七十六人。学员结束学习后大都回本县，不少成为农民运动的领导人。

4月24日 中共江西区委发表宣言，谴责蒋介石制造反革命政变，号召广大群众行动起来，同反革命势力进行决斗。在此前后，在江西省农协的号召下，四十万有组织的农民分别举行集会游行，声讨蒋介石。

4月27日—5月9日 出席在武汉举行的中国共产党第五次全国代表大会。大会的任务是确定党在紧急时期的方针和政策。大会提出争取无产阶级对革命的领导权，建立革命民主政权和实行土地革命等原则，但由于共产国际的指导失误和陈独秀右倾错误的影响，未能提出挽救革命的正确措施。毛泽东等提出重新分配土地、大力武装农民等提案，未被大会采纳。大会选出三十一名中央执行委员和十四名候补中央执行委员。毛泽东当选为候补中央执行委员。

中共五大会议期间，和彭湃、易礼容等计划留在武汉，筹备全国农民协会第一次代表大会。〔1〕因该会议改期，在五大会议结束后即返回南昌。

4月下旬 到南昌近郊的罗家乡佛塔村，召开农协干部和积极分子会议。会上分析了当时的形势和敌我斗争情况，肯定了青云谱狮子口农民运动的成绩和农协干部的工作。

△ 接见中共莲花支部到中共江西省委联系工作的同志，听取莲花县革命情况汇报。后派吉安县国民党党部执行委员、共产党员梁明哲作为江西省农协特派员到莲花县视查工作。

5月1日 南昌各届民众团体冒雨举行纪念五一劳动节暨反

---

〔1〕《询问易礼容记录》，1968年7月10日，武汉革命博物馆馆藏。

蒋示威大会。国民党省党部、南昌市党部、省总工会、省农民协会、国民革命军第三军政治部等组成大会主席团，各界二百余团体、五万余人到会。国民革命军第三军政治部主任朱克靖及李富春、朱德等分别作了演说。

5月9日 以江西省农民协会名义，在武汉再次向国民党中央党部农民部呈文："请拨步枪一千支，手枪一百支，每支配子弹四百发，籍济目前急需，以除反动而固后防。"[1]

5月12日 以中央党部特派改组江西省党部筹备员身份，出席在南昌举行的赣代行省执委会第十四次会议。

5月16日 江西农协自卫军干部训练班开课。方志敏等认为发动农民参加革命，"非使其武装，实不足以保其既得之解放，此等武装农民，苟无军事学识人才为之训练，仍不能增加其程度"[2]。该训练班学员由各县农协选送，以培养农民军事人才。

5月17日 共产党员袁振亚等执行方志敏指示，发动永丰县千余农民举行暴动，赶走国民党右派县长。永丰县农民协会在二十日恢复办公。

5月中旬 赴鄱阳向中共鄱阳县委传达党的五大精神。鄱阳县委是中共在赣东北地区建立的第一个县级组织。当时在场的陈兆琨回忆[3]：一九二七年四月间（农历）的一个晚上，方志敏召集县委的同志开会，传达了第五次全国党代会的会议精神（地点在城隍庙），他做了时事报告。当时，与会者有曾天宇、李新汉、程文、余选文、姚国和、吴绍刚和我共八人。传达五大会议

---

〔1〕《江西省农民协会致中央农民部的信函》，1927年5月9日。

〔2〕《江西农协自卫军干部训练班成立》，汉口《民国日报》1927年5月8日。

〔3〕陈兆琨，江西鄱阳人，早年参加大革命和土地革命。他的回忆由缪敏采访并记录。

精神后，还与县委同志一起研究、部署珠湖、萧家岭一带的农民运动，并分别在鄱阳县珠湖的雨田、牛路口及游城村等地召开群众大会。

5月20日—29日 出席在省政府重开的国民党江西省第三次代表大会。参加大会的有国民党中央执行委员会、江西省政府、驻赣国民革命军、中共江西区执委会、各界团体及各县的代表及中央特派员等共三百余人。方志敏在开幕式上发表演说。大会选举李小青、邓鹤鸣、王枕心、方志敏、黄道等十三人为江西省党部执行委员。

5月21日 与刘一峰、陆智西、丘倜、淦克合以江西省农民协会名义，致函国民党中央党部农民部：现各县农民自卫军急需更多枪械，请求农民部增拨以分发各县农民自卫军。

5月22日 为江西省农民协会机关刊物《锄头》撰写《发刊词》。《锄头》是继《江西农民》之后，江西省农民协会的又一机关刊物，由方志敏提议创刊。发刊词说："人们老是看不起我们这些粗莽的锄头！十几年来，军阀的猖狂，帝国主义的横暴，以致于为民众牺牲的烈士，头颅的空抛，鲜血的枉流，而今日仍是这样的恶毒的世界。归根结底，还是不曾注意到我们的锄头。"

△ 下午，出席由江西省农民协会发起、南昌各界团体参加的"追悼陈赞贤等五烈士大会"及公祭活动。

5月25日 出席江西省农协各县代表扩大会议开幕式。

5月29日 随着蒋介石集团的拉拢，江西省政府主席朱培德的政治态度"一天一天地右倾"。是日，国民革命军第三军中的一百四十多名共产党员被强令清退出军队，送往武汉。

5月30日 上午，主持江西省农协各县代表扩大会议闭幕式。大会召开期间，朱培德曾到会宣布"暂时"停止江西农工运动。

下午，出席国民党江西省党部举行的第一次执行委员会会议，被推选为国民党江西省党部农民部部长。会议同时推选刘一峰为组织部部长，黄道为宣传部部长，李小青为工人部部长，邓鹤鸣为商民部部长，李松风为青年部部长，李桂生为妇女部部长。

5月下旬 根据中共五大“按照当时的行政区划来改变党的组织系统名称”的决定，中共江西区委改称江西省委，罗亦农任省委书记，其他成员是：组织部长兼联络部长刘九峰、宣传部长罗石冰、工委书记曾延生、农委书记方志敏、妇委书记周治中、青委书记吴振鹏、秘书冯任，省委委员还有九江地委书记袁玉冰。省委机关仍驻南昌市黄家巷三十一、三十二号。

5月 邀缪敏游南昌东湖。对热恋中的女友说：我忙于工作，没有闲情逸致来欣赏大自然的风光。我在工校读书时，经常在傍晚到东湖眺望湖光水色，我是爱大自然美景的。我参加了党，就抱定了宗旨，献身于革命事业，为共产主义而奋斗终身。方志敏曾同他人谈过自己的择偶想法：没有革命的志同道合，就没有共同的爱情思想基础，爱情是不牢靠的。保持艰苦朴素的姑娘，不管怎样，她还是会跟你的，因此，我宁愿选择像缪敏这样的农村姑娘比较可靠。

△ 寄缪敏求婚信。信中说：“现在革命已到了严重时期，需要我们更大的努力，才能促其成功，所以我们要成为革命战线上的一对勇敢战士。”〔1〕

△ 在南昌会见原国民革命军第二军两位连长，请他们将所率百余人部队带到弋阳县漆工镇，以加强当地农民自卫军的武装力量。经协商，两位连长同意带队伍到漆工镇。

△ 从朱德处再次得到七十支枪，打算运回弋阳县武装农民自卫军。枪还未运出，却遭到中共江西区委主要负责人阻挠，受

---

〔1〕 李祥贞（缪敏）：《纪念方志敏同志逝世十周年》。

到“党内警告”处分。方志敏接受了组织决定，但内心“越想越气，越愤激”。他后来说：“假若我在省农协工作时，中央指示要组织军队，那江西八十一县，每县组织一营农民自卫军，是很不难的”，“我们有了相当的武力，他们反革命要杀我们，我们就和他们对杀一场，看他们又能怎么样！？”〔1〕

6月初 朱培德下令“暂停”农工运动，指使手下，将署名机关枪连、迫击炮连的反动标语贴遍南昌的大街小巷，声言：“共产党员如果不出境，就要不客气地对付！”方志敏几次到省委，要求急电中央想办法，省委总是说：“把党的机关逐渐秘密起来，你们还是尽力去拉拢和影响他们。”〔2〕

6月3日 按照方志敏的指示与部署，弋阳县漆工镇农民自卫军发起武装暴动。在大队长方远杰指挥下，自卫军和弋阳九区、八区等地农民三千余人在原国民革命军两个连余部的配合下，一举攻克弋阳城。中共弋阳支部在县城召开反蒋大会。次日，暴动武装撤出县城，返回漆工镇。

一九二八年二月十二日，邵式平在上海向中共临时中央汇报情况时，提到弋阳九区在去年农历五月因减租运动即开始了暴动〔3〕。方志纯回忆：农民武装打下弋阳县城，是真正的暴动。这场战斗，是方志敏等同志领导的，事前，他写了信回来。

△ 攻克弋阳县城后，方远杰向江西省农协发电，报告方志敏。方志敏指示方志纯和黄镇中去弋阳协助方远杰工作。

6月4日 横峰县三都、四都农民自卫军，攻克横峰县城，

〔1〕〔2〕 方志敏：《我从事革命斗争的略述》，《可爱的中国——方志敏狱中手稿》（贰）第146、130—131页。

〔3〕《SP同志的一段谈话》，1928年2月12日，《中央通讯》第25期。SP即邵式平。

救出被捕革命人士，不久即撤离县城。

弋阳、横峰两县农民相继成功举行武装暴动，直接打击了国民党右派在上饶建立的“赣东省政府”，成为四一二反革命政变后，该地区以方志敏为代表的共产党人武装反抗国民党统治的开始，并为半年后的弋（阳）横（峰）暴动打下了基础。

6月5日 朱培德通令全省停止农工运动，宣布南昌戒严，并下令“礼送”方志敏等二十名共产党员和国民党左派人士去武汉。是日，南昌城德胜门、章江门、广润门等处都架设了机枪。上午十一时，南昌卫戍司令部派军宪查封省农协，收缴省农民自卫军八百余支枪及子弹三千余发。方志敏回忆：“我正在省农民协会看各县农民斗争的报告，一个有地位的人，喘气不止地跑来通知我说：‘你赶快走吧！朱培德今日要送你们去武汉。’他连催我走，我就一气跑去省委机关。我刚离开省农协不久，朱培德派来的一营兵，就把省农协围住，将我的卧房，翻箱倒柜地检查，又将省农民自卫军一连人缴械。这次他〔1〕扯去了假面具，他那狰狞的地主将军的面貌，完全暴露出来了。”〔2〕

△ 与缪敏结婚，婚礼在省委秘密机关举行。“就在这一年‘六·五’，我和志敏结了婚，那时我们生活很简单，只是加餐吃了一餐好饭就是了。”〔3〕参加婚礼的有刚到南昌几天的全国农协特派员彭湃和新任中共江西省委书记罗亦农等。彭湃为了庆贺他们新婚，即席写了一副对联：“拥护中央政策，努力加紧下层工作；准备流血牺牲，方缪双方奋斗到底。”〔4〕因中共江西省委安排

〔1〕 指朱培德。

〔2〕 方志敏：《我从事革命斗争的略述》，《可爱的中国——方志敏狱中手稿》（壹）第131页。

〔3〕〔4〕 缪敏：《方志敏与彭湃》，《作品》1957年11月1日。

方志敏去吉安地区领导农民运动，新婚当夜，方志敏和缪敏约定，今后秘密工作中，以兄妹相称，分别化名“李祥松”“李祥贞”。

6月上旬 江西省农民协会被查封后，在黄家巷三十一号省委秘密机关暂住。江西省农民协会从一九二七年二月正式成立，到同年六月上旬被查封，这一时期，农民运动发展到全省七十四个县〔1〕，绝大多数的县建立了农民协会，会员增加到六十余万人，为土地革命战争时期赣东北农村革命根据地的创建打下了基础。

△ 告别新婚妻子缪敏，乘小火轮溯赣江而上，赴赣西吉安一带巡视地方党组织工作，领导当地农民运动。

6月上中旬 与中共吉安地委接上关系，化名李祥松，计划在吉安、吉水、安福、莲花四县开展工作，发动农民实行“二五减租”。后回忆：“我曾经进行这几县农民耕种土地的用费和纳租额的调查”，“我在农民代表大会与农民群众大会上，不必说什么理论，只把这种地主剥削农民的实际情形，用通俗易懂的话，具体地说与他们听”。“这些话，每每能够提起农民群众对地主阶级剥削清楚的认识，与激动他们深刻的仇恨。”〔2〕

6月12日 上饶的“赣东省政府”派一个营进犯漆工镇，遭到农民自卫军和原国民革命军两个连余部的伏击，被击毙二十余人，缴枪二十支左右，大败而去。当日，大队长方远杰试制土炮，因装硝过多引发爆炸，伤重牺牲〔3〕，使农民自卫军一时群龙无首；原国民革命军两个连余部以未发饷为由，离开弋阳九区，农民自卫军的战斗力大为减弱。次日，敌军再犯漆工镇，农

〔1〕 陆智西：《江西农民运动概况》，1927年6月30日。

〔2〕 方志敏：《我从事革命斗争的略述》，《可爱的中国——方志敏狱中手稿》（壹）第135—137页。

〔3〕 1927年6月15日汉口《民国日报》报道，方远杰此前被土匪捉住，“捆绑活埋”。经考系误传。

民军已无力抵抗，撤上高山，漆工镇一带三十余村的房屋惨遭焚劫。弋阳、横峰两县的农民运动，由此陷入低潮。

6月13日 毛泽东等在武汉以中华全国农民协会临时执委会名义发出训令，揭露湘、鄂、赣三省近期接连发生的反革命事件，要求各级农协一致行动起来，向国民政府提出四点要求。其中第四点是："明令制止江西驱逐共产党员及工农领袖之行动，并严惩屠杀民众之反动派。"训令还号召各级农协，要团结农民，严密组织，武装自卫。

6月中旬 从吉安抵莲花县。在国民党莲花县党部（县城宾兴馆）住了两天，与中共莲花支部负责人朱绳武、朱亦岳等一起，研究部署农会工作和开展"二五减租"的斗争。

△ 抵莲花县上西区的坊楼。县农协负责人陈竞进组织各界人士欢迎从省里来的特派员。在坊楼新城村住了四五天，召开莲花县七、八区的农民大会，方圆三十多里的农民群众带着梭标等赶来开会，在会上指出中国农民问题的迫切性和农民团结起来打倒土豪劣绅的重要性。会后，农民群众举行示威游行。

后来回忆："为着'二五减租'，成千成万的穷苦农民，都托起旗子，带着武器起来示威游行了！他们的队伍，常常拖长十余里，洪亮的革命口号，从他们队伍里怒吼出来！""在广大农民群众雄赳赳的游行示威下，一班社会的吸血鬼们，平日不劳而食，作威作福，到此时，都纷纷逃走了，这时候不但减租，根本就没有人敢来收租了。"〔1〕

6月29日 出席在莲花县城万寿宫召开的莲花县农协干部大会。会上作政治报告，分析目前形势，揭露国民党右派破坏工

---

〔1〕 方志敏：《我从事革命斗争的略述》，《可爱的中国——方志敏狱中手稿》（贰）第138—139页。

农运动的阴谋。到会的有县、区、乡农协代表二百余人。

6月30日 出席莲花县农协干部大会，与代表们讨论莲花县革命形势。

7月1日 出席莲花县农协干部大会，就整顿农会、加强农民自卫军建设、发动群众斗争等问题讲话。

7月2日 离开莲花县城。

△ 莲花县外逃的劣绅引国民党军队偷袭县城，莲花县农民自卫军从县城突围，退守新城。次日，中共莲花支部书记朱绳武前往安福县，向该县农民自卫军求援，路经下坊宋家里，因一劣绅告密被捕，五日在贺家屋冲的亭子里惨遭杀害。方志敏后来在狱中回忆："我要纪念莲花县的一个同志，他姓朱，因年久忘记了他的名字。他当时是莲花县的支部书记（党在莲花，当时仅成立了一个支部。），很积极在该县工作。""他若不死，无疑的会成为我们党的一个得力干部。"〔1〕

7月上中旬 抵吉水县。为中共吉水区委在县城仁文书院召开的政治训练班授课，分四次讲述《农民运动之理论及其方法》，参加培训学员有一百四十余人。训练班结束后，四十余名学员加入中国共产党。

△ 出席在吉水县城节孝祠召开的"二五"减租减息大会，并作开展农民运动的报告。会期七天，各乡农民协会会长等七百余人参加大会。

7月12日 根据共产国际执行委员会的指示，中共中央改组，由张国焘、李维汉、周恩来、李立三、张太雷五人组成临时中央常务委员会，陈独秀停职。次日，中共中央发表《中国共产

---

〔1〕 方志敏：《我从事革命斗争的略述》，《可爱的中国——方志敏狱中手稿》（贰）第139—140页。

党中央委员会对政局宣言》，公开谴责武汉国民党中央和国民政府的反共行径，宣布撤回参加国民政府的共产党员。

7月15日 汪精卫等控制的武汉国民党中央召开会议，通过《统一本党政策案》，作出关于“分共”的决定，标志着第一次国共合作全面破裂，国共两党合作发动的大革命宣告失败。

7月21日—23日 中共江西省第一次代表大会在南昌松柏巷女子师范学校召开，到会代表六十余人，代表全省五千一百多名共产党员。大会选举产生以汪泽楷为书记的中共江西省第一届委员会。这次大会是在大革命失败的紧急情况下召开的，但由于代表们对大革命失败后的形势和党应采取的策略认识不统一，大会未能就江西省党组织在革命紧要关头的工作作出正确的决策和部署。方志敏当时在吉安，没有参加大会。

7月下旬 抵安福县。与中共安福县委书记李精一、县委农运部部长朱德顶、妇女部部长彭学漪（女）等，研究部署召开全县农民代表大会和开展“二五减租”等工作。随后，出席在县城复古书院召开的安福县第一次农民代表大会。大会到会代表四十余人，成立了县农民协会。会后，安福县农协以区为单位，先后召开群众大会和农协代表会议，进一步发动群众。

8月1日 在以周恩来为书记的中共前敌委员会和贺龙、叶挺、朱德、刘伯承等的领导下，国民革命军第二十军全部、第四军和第十一军各一部以及南昌军官教导团共两万余人，在南昌举行武装起义。南昌起义标志着中国共产党独立领导革命战争、创建人民军队和武装夺取政权的开始。

8月6日 驻吉安县的国民革命军第三军某部实施反共清党，大肆捕杀共产党员和革命群众。十二日，吉安县总工会委员长梁一清、县商民协会会长晏燃和人民自卫队队长钟翔卿等在县城中山广场惨遭杀害，方志敏幸免于难。他后来记述了这次事件："因消息封锁，连'八一南昌暴动'，我们都不知道，江西省委确实是糊涂得很，政治上如此重大的变化，事先都不派个交通送封信给吉安的党，让我们睡在鼓子里。"当时，驻在吉安的国民党"不动声色地以开联席会为名，将吉安总工会委员长梁同志和县党部商民协会的两个同志（都忘了姓名）骗去杀了，又派军队将人民自卫军包围缴械，形势遂突变严重，吉安的党，不得不转入完全秘密状态了"。[1]

8月7日 中共中央政治局在汉口召开紧急会议（即八七会议）。会议批评了大革命后期党内以陈独秀为代表的右倾机会主义错误，撤销了陈独秀的党内职务，选出新的中央临时政治局，确定了土地革命和武装反抗国民党反动派的总方针，决定发动秋收起义。毛泽东出席了这次会议，提出了著名的"枪杆子里出政权"的主张。八七会议为处在严重危机中的中国共产党指明了斗争的方向，使党在革命中前进了一大步。

8月上旬 计划赴永新县城，指挥集结在城内的安福县农民自卫军，不料吉安县委、安福县委突然相继遭到破坏，"至此遂不果行"[2]。

△ 避在吉安的一位农民家里十几天，和中共吉安地委联系不上，决定返回弋阳。方志敏后来回忆："在吉安一带两个月的工作中，我才算真实地实习了群众工作，我学得了怎样去宣传，组织，领导群众斗争的方法"[3]。

8月15日 国民党江西省执行委员会致电江西省政府主席朱培德等，将郭沫若、朱德、方志敏等十人列入"清党"名单，全省缉拿。

---

〔1〕〔2〕〔3〕 方志敏：《我从事革命斗争的略述》，《可爱的中国——方志敏狱中手稿》（贰）第141、139页。

8月中下旬 离开吉安返回弋阳。为了避开敌人缉捕，只得“把好一点的衣服脱下来，同人家换了几件破烂的衣服穿上……背起包袱，穿上草鞋，一个人独自走回弋阳”〔1〕。

回乡途中，无法与江西省委取得联系，对当前党的斗争方针与策略也不明了。但凭着对革命的坚定信念，认准返乡要做的，就是发动农民，举行暴动，开展武装斗争。途经鄱阳时，与中共鄱阳县委委员、县警备团团长胡烈〔2〕等人在船上谈话，要他们将当地的警备团带到弋阳去。胡烈表示一旦弋阳暴动时机成熟，就将警备团带去参加武装暴动。

8月底 从吉安回到家乡湖塘村，“路上走了十几天，在一个晚上更深人静的时候，摸到了家”。当晚，“家里的亲人和村中的农民，都来看我。看到我穿着一身破衣，知道我是化装逃回来的，大家不免有点惘然之意”。方志敏却是另一种心情：“我是一个马克思主义笃诚的信仰者，大革命虽遭受失败，但我毫无悲观失望的情绪”。“这次的失败，只能是暂时的，中国革命的复兴，革命新的高潮，必然要很快到来的……这是绝对的真理，同时，这也是我的基本信仰。好吧！错误是错误过去了，失败是失败过去了，算了吧！重起炉灶，再来干吧！”〔3〕

9月9日 毛泽东领导的湘赣边秋收起义爆发。起义受挫后，毛泽东率起义部队经莲花、永新，于十月二十七日到达湘赣边界罗霄山脉中段的井冈山茨坪，开创了中国共产党领导下的第一个农村革命根据地。

---

〔1〕〔3〕 方志敏：《我从事革命斗争的略述》，《可爱的中国——方志敏狱中手稿》（贰）第145、147—148页。

〔2〕 胡烈（1903—1931），即李新汉，江西鄱阳人。1926年加入中国共产党。曾任中共鄱阳县委委员、赣东北红军独立第一团政治部主任、红10军第3团政委等职。1931年5月，在攻打福建崇安县城的战斗中牺牲。

9月上旬 派方志纯等人，分头联络潜伏在弋阳九区及邻近区域的一批共产党员。“大家开了一个会，一致反对悲观动摇，灰心消极，认为‘重起炉灶，再来干吧！’是对的。因决定从下层群众做起，不要怕艰苦，乃分头到各村去活动，在七天内，居然组成了二十几个党的支部，群众团体，也组织了同样的多。”〔1〕弋阳九区党的支部和群众团体迅速恢复。

方志纯等人还到横峰县联络黄道，到贵溪县联络了邵式平等一批同志。黄道曾参加八一南昌起义；邵式平受江西省委派遣，于七月初担任中共景德镇市委书记，这时他们都遭国民党当局的追捕而潜伏起来。劫后重聚，大家一致赞同“重起炉灶，再来干”。于是，方志敏在弋阳九区，黄道在横峰姚家垅，邵式平回弋阳七区邵家畈，分头发动群众，为举行暴动做准备。

9月中旬 重赴鄱阳，打算把鄱阳县警备团拉到弋阳九区，加强农民暴动的武装力量。到了鄱阳，才知道警备团的计划已被团里的动摇分子出卖了，“胡烈同志撤了职，警备团里面的党员悉行开革，革命的警备团，现在变成豪绅地主忠实的守门狗了”〔2〕。预想落空，但还是从中共鄱阳县委委员汪辰家中拿到十支枪。

△ 在鄱阳遇到中共江西省委特派员刘士奇，参加中共鄱阳县委在风雨山召开的全县党员大会，听取刘士奇传达的党的八七会议精神和中共江西省委的秋收暴动计划。“才知道在共产国际指导之下，党已经严格地指斥陈独秀先生异常有害的机会主义的路线，这一路线将中国第一次震动全世界的大革命，活活地断送了。党重新决定了正确的策略，决定了‘土地革命’的口号，决定秋收暴动等。我听到了他的报告，好不满心欢喜！”〔3〕与刘士

〔1〕〔2〕〔3〕 方志敏：《我从事革命斗争的略述》，《可爱的中国——方志敏狱中手稿》（贰）第141—151页。

奇商定，在弋阳县成立党的区委，由弋阳区委领导弋阳的秋收暴动。此时，刘士奇由省委特派员改任中共鄱阳县委书记。

△ 在鄱阳，见到离别三个月的新婚妻子缪敏。缪敏回忆："我是和省委派去的刘士奇同志一起去的，当时把许多文件藏在棉被里，坐轮船到了鄱阳。当我和志敏同志见面时，他那黑瘦的样子，真使我大吃一惊。他那又瘦又黑的脸上长着很长的头发和胡子，身穿大马褂，已经折磨的像久病未愈的人。"〔1〕尽管是久别重逢，仍要妻子缪敏留在鄱阳县委工作，自己则带着十支枪，迅速返回弋阳九区，准备发动秋收暴动。

9月下旬 在漆工镇连家坞村召开党员会议，正式成立中共弋阳区委，任书记。并在会上传达党的八七会议精神，制定在弋阳举行秋收暴动的计划：先攻弋阳城，以弋阳为今后发展的根据地。方志敏后来认为："这当然是一种幼稚的盲动主义的幻想。"〔2〕

△ 在湖塘村水口庙主持召开各村农民代表会议，讨论秋收暴动问题。恰在此时，劣绅张念诚（张在北伐军攻克江西时曾被弋阳县农民协会押送到南昌监禁，国民党右派掌权后将他释放）花钱从弋阳县城引来国民党第十四军的一个营，兵分两路围攻湖塘村，会议紧急解散。方志敏回忆："我们虽有了十几支枪，但还没有组成队伍，都是分散在各农民手里，自然没有抵抗力量，只好各走各的散会了。"〔3〕国民党军队进村扑了空，第二天又来围攻，仍然没有抓到方志敏和其他共产党员，村民们也躲进了深山，随即将湖塘村八十多栋房子放火点燃，其中五十多栋被全部烧光，这是继六月中旬之后，湖塘村第二次遭焚劫，故有"秋暴

〔1〕 缪敏：《方志敏在鄱阳的活动》。

〔2〕〔3〕 方志敏：《我从事革命斗争的略述》，《可爱的中国——方志敏狱中手稿》（贰）第152、154页。

未成村先毁”[1] 的说法。

在国民党军火烧湖塘村时，方志敏带着十几个背枪的农民暂避在磨盘山上的登山村，两天后张念诚又领着国民党军队前来围捕，将登山村全部焚毁。方志敏等转移到磨盘山主峰仅有一栋小屋的大王尖、磨盘墩一带。由于日夜躲山，过度劳累，致肺病复发，吐血不止，被农民乘夜抬到邻县德兴的张村乡沙路村姐姐方荣娔家。

10月上中旬 在姐姐方荣娔家养病。方荣娔获悉德兴县黄柏的国民党地方武装将前来抓捕，赶紧与父亲方高翥的结拜兄弟张其德商量，连夜将方志敏从沙路村转移到黄山庙。几天后又被送到毗邻的乐平县篁坞村张其德妹夫汪其芬家蔽匿养病。妻子缪敏得悉，特地从鄱阳县赶来照料。这次肺病复发，“整整的养了三个星期才复了原状”[2]。

10月下旬 养病期间，获悉张念诚雇来的国民党军队大部调回县城，便分别写信给弋阳九区的共产党员，要把群众重新组织起来，准备暴动。关于群众组织的名称，也作了思考：“当时，我们认为农民协会的这个名字，弄腻了，故组织农民革命团，凡村中的工人，雇农，贫农，中农，都可以加入，是农村工农群众统一的联合组织。主要的口号，是打倒豪绅地主，实行平债分田，建立工农政府（还没有提出建立苏维埃政府的口号）等，这些口号，很能吸引劳苦群众来参加革命。”[3]

△ 病稍愈，再次赴鄱阳，会见中共鄱阳县委书记林修杰。经商议，县委认为方志敏在九区组织农民暴动，目标太大，容易惹敌注意，决定将他派赴横峰任区委书记，黄道调任中共弋阳区

〔1〕“秋暴未成村先毁”，系方志敏《我从事革命斗争的略述》第13节的标题。

〔2〕〔3〕 方志敏：《我从事革命斗争的略述》，《可爱的中国——方志敏狱中手稿》（贰）第157、167—168页。

委书记。

10 月底 从鄱阳返回弋阳九区时，未及去横峰赴任区委书记，当地的农民革命团已经行动起来，还缴到反动势力两支枪。此时，九区境内的国民党军队已全部撤走，方志敏立即以区委名义发出通告，将各村农民革命团共三百余人集中到漆工镇齐川源村，发起秋收暴动。暴动打击的主要对象，是盘踞在烈桥乡的劣绅张念诚。从齐川源到烈桥，约二十里路，沿途有三千余农民加入暴动队伍。农民武装一举攻克烈桥，张念诚[1]及其党徒已逃遁一空。

弋阳的九区暴动，是弋（阳）横（峰）武装暴动的开始。“有五十余村的农民革命团成立了，虽未成立苏维埃，但他们实际地统治了乡村”[2]。方志敏后来说：“弋阳九区是暴动的发源地。”[3]“从此，九区就成了赤色的九区了，斗争了八九年，始终坚持，成为赣东北苏维埃革命最巩固的根据地。”[4]

△ 接待国民党军驻铅山某部第八十三团指导员刘渗。刘带十几个人到弋阳九区，称自己是个革命者，还说：“我在河口驻扎，你们尽可暴动，但不要入城逐去县长。随便那个请兵，我均以造谣置之。若将县长逐去了，恐怕我们也不能为力。”[5] 临别还赠枪五支。遂与刘渗达成默契，后农民革命团行动时，守约未

---

〔1〕 张念诚后逃至南昌、上海，靠卖肥皂、洋袜为生，1932 年在南昌病死。

〔2〕 方志敏：《赣东北苏维埃创立的历史》，《可爱的中国——方志敏狱中手稿》（叁）第 414 页。

〔3〕 “弋阳九区是暴动的发源地”系《赣东北苏维埃创立的历史》第 2 章第 1 小节标题。

〔4〕 方志敏：《我从事革命斗争的略述》，《可爱的中国——方志敏狱中手稿》（贰）第 160 页。

〔5〕 邵式平：《SP 同志关于赣东暴动工作的报告》，1928 年 2 月 12 日，《中央通讯》第 25 期。

攻县城。此举旨在影响有革命倾向的国民党官兵。刘渗后因“勾结共产党”，被当局逮捕。

11月16日 化名汪祖海抵横峰县，任中共横峰区委书记。先在姚家垅秘密会见黄道，然后在打石坞召开区委会议，向黄道和横峰区委成员吴先民、邹秀峰、李穆、程伯谦等，传达党的八七会议精神和江西省委关于组织武装暴动的部署。会议明确以发动横峰全县的年关暴动为工作中心，并分派任务：吴先民在青板桥，李穆在篁村，程伯谦在葛源，方志敏则到娄底兰家〔1〕，分头组织农民革命团，伺机暴动。会后，黄道赴弋阳九区，担任中共弋阳区委书记。

11月中旬 到娄底兰家。该村坐落在横峰弋阳两县交界处，共三百二十多户，多数姓兰，属畲族。村民多是佃农和煤窑工，都很穷，还有习武打猎的传统。方志敏到来后，深入地头窑洞，宣传革命可以平债分田，农民当家作主；又通过亲串亲、邻串邻的办法，让骨干分子邀集更多群众，在红纸上签名画押，喝鸡血酒盟誓“斗争到底，永不变心”；接着先编组，后编团，再选团长，达到三十个人以上的，便可成立一个农民革命团。当时，这个办法也叫“上名字运动”，即串联农民在红纸上签名画押。这个运动被推广到横峰全县。赣东北党组织后来向中共中央报告说：“虽然这一仪式有点陷于封建的结拜方式的错误，但当时实收效甚大”，“一九二七年横峰全县三分之一以上已建立农民革命团，农民已跃跃欲试”。〔2〕

△ 在横峰姚家垅获悉中共鄱阳县委因叛徒告密遭破坏，县

〔1〕 娄底兰家，即横峰县姚家乡兰子村楼底小组。

〔2〕 方志敏：《信江群众斗争的经过与苏维埃的历史》，《方志敏全集》第323页。

委书记林修杰、赣北农工军第一师[1]师长周菽菡和县委秘书缪敏被国民党鄱阳当局逮捕。三天后，林、周在城外小路口被敌杀害。缪敏因身份未暴露而被收监。缪敏回忆：方志敏曾派黄镇中送十五元钱到城隍庙二号（鄱阳县委秘密机关）给我。黄镇中到时，那个地方已被破坏，我已被捕。黄镇中返回姚家垅，向方志敏作了汇报。

11月28日 鄱阳珠湖暴动爆发。在李新汉等人的直接领导下，五千农民兵分四路，向集中在雨田村的国民党地方武装发起进攻。由于鄱阳县委不久前遭破坏，缺乏坚强的领导，珠湖暴动坚持四天，就因遭到来自鄱阳县城和景德镇的反动武装镇压而失败，李新汉等率部分暴动队员转移到弋阳九区，参加方志敏领导的革命斗争。

12月9日 横峰县国民党政府一个收捐的委员到娄底兰家勒收煤捐，被农民革命团员打跑。该委员走时声称要从县里发兵来镇压。此事成了娄底兰家暴动的导火线。当晚，当地农民革命团数百人聚集，并派人找到去弋阳九区开会的方志敏，方志敏连夜赶回，决定提前举行暴动。

12月10日 娄底兰家暴动爆发，揭开了横峰全县年关暴动的序幕。方志敏“知道这一暴动，准备还不十分充分，但事已至此，年关快到，是不能再按捺下去了”，于是发出暴动的号令。娄底兰家率先暴动，接着，葛源、青板桥等地，也都暴动起来。“自我到横峰开始工作至暴动之日，共只有二十五天，暴动的范围，却占了横峰全县的一半地区，参加暴动的群众有五万余人，

---

[1] 赣北农工军第一师，1927年8月成立，后发展有20余人，有组织名称而无军事力量。11月，因中共鄱阳县委遭破坏，周菽菡牺牲，该组织撤销。

这可见工农群众要求革命的迫切!”〔1〕

12月11日 中国共产党领导的广州起义爆发。共产党人张太雷、叶挺、恽代英、叶剑英等在广州领导工人、士兵和农民二万多人举行武装起义，建立广州苏维埃政府，三天后起义失败。方志敏回忆：“我们就在这时〔2〕，听到了‘广州暴动’的消息，心里非常兴奋！后来又听到‘广州暴动’被改组派的军队联合英帝国主义的兵舰进攻而失败了，改组派在广州屠杀工人五千余人，心里又非常愤恨！‘广州暴动’，开始了中国革命的苏维埃阶段，从此，我们是为苏维埃革命而奋斗了。”〔3〕

12月17日 国民党江西省政府通令全省通缉方志敏、邵式平、黄镇中、马维骐、舒翼、雷夏、方志纯、罗文藻、彭皋、邹琦、饶允恭等十一人。

12月27日 中共江西省委委员、赣西特委书记袁玉冰，在南昌市下沙窝被江西省国民党当局杀害。袁玉冰是在十四天前从吉安到南昌，因叛徒告密而被捕，牺牲时年仅二十八岁。方志敏后来在狱中回忆：“他是我们党内一个忠实于党、忠实于阶级、勤勤恳恳做革命工作的可敬的同志！我是时常纪念他的。”〔4〕

12月下旬 在横峰县官山村与从鄱阳被释放出狱的妻子缪敏重聚。结婚半年多，夫妻相聚仅十天左右。缪敏被捕入狱后，方志敏曾多方托人营救。他后来回忆：“我妻因年幼，又无确证，在狱四十余天得释出。”〔5〕

△ 在弋阳九区主持召开弋阳、横峰两县党的区委负责人会议，黄道和邵式平等参加，会议决定召开贵溪、横峰、弋阳、铅

〔1〕〔3〕〔4〕〔5〕 方志敏：《我从事革命斗争的略述》，《可爱的中国——方志敏狱中手稿》（贰）第178—180、106—107、160—161页。

〔2〕 指发动横峰暴动时。

山、上饶五县党的负责人会议，在弋阳九区暴动和横峰年关暴动的基础上，向其他三县扩大农民武装暴动范围。不久，邵式平到上海向中共中央汇报时讲到这次会议："当时在我们的意思，以为暴动区域愈广则愈佳，于是有五县同志会议之举"〔1〕。

〔1〕 邵式平：《SP同志关于赣东北暴动工作的报告》。

1928年　二十九岁

1月2日　在弋阳县烈桥乡窖头村主持召开弋阳、横峰、贵溪、上饶、铅山五县党员联席会议（即窖头会议）。是日为农历十二月初十。

后来在起草的中共信江特委给中共中央和江西省委的报告中写道："我们以为党的策略是一致动员暴动，夺取政权。于是我们也要起来响应，企图分散敌人的势力。于是民国十六年阴历十二月初十日召集五县联席会议，布置暴动。"〔1〕

出席会议的还有：弋阳的邵式平、邹琦、彭皋、方志纯、黄镇中、方远辉等；横峰的黄道、吴先民、邹秀峰等；贵溪的邵棠；上饶的汪佑春会后赶到。铅山县有关人员缺席。

在会上进一步传达党的八七会议精神，明确党的方针是以地方暴动夺取政权，中心任务是土地革命；会议成立了中共五县工作委员会，方志敏任书记，委员有黄道、邵式平、方志纯、吴先民、方远辉和邵棠，规定在未与上级党组织取得联系之前，五县工委为当地党的领导机构。会议还成立了武装暴动指挥部，方志敏任总指挥。

---

〔1〕方志敏：《信江党和红军以及最近之局势》，《方志敏全集》第293页。另邵式平给中共临时中央汇报："阴十二月初间，我们到九区会议，决定召集贵溪横峰弋阳铅山上饶五县同志，于是贵溪铅山二县外，其余各县同志均集合于弋阳九区矣。"见《SP同志关于赣东暴动工作的报告》。

会议制定了武装暴动纲领：推翻帝国主义，打倒国民党；铲除贪官污吏，肃清土豪劣绅；平债均分田地，建立劳农政府。〔1〕暴动的策略是："各村之劣土〔2〕，由村农民自己动手，其力不足以敌劣土，则以武装援助之，并决定由大村富足之区发动（即劣土大而且多），然后各地响应。因为怕大劣土闻风先遁，不能筹款以购枪支。"〔3〕暴动武装仍称农民革命团，并明确以村为单位秘密组织，团下设排，排下设班，每团须在三十人以上。农民革命团成立时，团员要喝鸡血酒盟誓，并履行暴动公约。

窖头会议是方志敏与邵式平、黄道等共产党人，进一步贯彻党的八七会议精神，创建赣东北革命根据地的关键性会议。会议到会者仅有三县的党员，未能实现扩大暴动范围的设想，"但弋、横就从此暴动起来了"。

1月上旬　中共五县工委和暴动指挥部将参加弋阳九区暴动、横峰年关暴动的一百七十多个农民革命团，约五六千人，编为六路纵队，发起了轰轰烈烈的弋（阳）横（峰）农民武装联合大暴动。六路纵队的组成和行动方向是：

第一路，邹秀峰、花春山、黄端喜、兰广平等任指挥，以横峰县娄底兰家为中心，此路军在娄底兰家打败敌军一个连，随后向横峰县城周围发展。

第二路，吴先民、黄球、钱壁、项春福、吴先喜等任指挥，以横峰县青板桥为中心，向铺前、霞坊等地发展，并直逼横峰

---

〔1〕邵式平在《中国工农红军第十军团诞生前赣东北初期农民运动的概况》中所载暴动纲领最末还有两句："如果中途变心，刀斩弹穿不赦"。据方志敏《信江群众斗争的经过与苏维埃的历史》一文，此系盟誓内容，见《方志敏全集》第323页。

〔2〕指劣绅、土豪。

〔3〕邵式平：《SP同志关于赣东暴动工作的报告》。

县城。

第三路，黄镇中、方华日、邵伯平、洪坤元等任指挥，以弋阳县漆工镇为中心，向中畈、邵家畈、芳家墩一带发展。

第四路，雷夏、余汉朝、彭皋、方华根等任指挥，以弋阳县樟树墩为中心，向弋阳县城周围发展。

第五路，方远辉、彭年、舒翼等任指挥，以弋阳县漆工镇为中心，向毗邻的德兴县张村、磨角桥一带发展。

第六路，程伯谦、黄立贵、邱金辉〔1〕、李穆、胡粹芳等任指挥，以横峰县葛源镇枫树坞为中心，向葛源镇、篁村等地发展。此路军攻克横峰重镇葛源，并控制周边地区。

1月9日 在葛源镇万年台（乡村戏台）主持庆祝大会并讲话，号召穷人团结起来闹革命，掌握了自己的命运才能过上好日子，并以一根稻草一扯就断、一把稻草搓成绳子力量就大作比喻。讲话受到热烈欢迎，台下的群众只知道讲话的人叫汪祖海，并不知道他就是方志敏。

1月中下旬 以暴动总指挥名义发出号令，农民革命团六路纵队同时向周边地区推进，使弋（阳）横（峰）暴动的形势日趋发展。“这时一大部分系真正农民自动起来，有一小部分被别的村农民强迫起来的，因为大部分乡村暴动后，即向没有暴动的乡村进行缴借契据，没收该乡地主土豪富农的东西，因此该乡农民也便起来向农民革命团接头，而取一致行动”〔2〕。在不到一个月

〔1〕 邱金辉（1904—1928），江西横峰人。南昌讲武学堂学员。1926年加入中国共产党。1927年底参加弋（阳）横（峰）武装暴动，是农民革命团第6路纵队指挥者之一，后任工农革命军第14团营长兼连长。1928年7月11日在横峰县葛源镇惨遭国民党地方当局杀害。

〔2〕 方志敏：《信江群众斗争的经过与苏维埃的历史》，《方志敏全集》第323—324页。

的时间里，弋阳、横峰地区，纵横百余里，到处是暴动的队伍，人数达五万余[1]。

△　与黄道等在弋阳开始筹建红色政权和分配土地的尝试。邵式平一九二八年二月在上海向中共临时中央负责人伍豪[2]汇报弋阳、横峰两县情况："该地农民斗争的历史已久，他们在去年五月[3]因减租运动即开除[4]了暴动，在弋阳九区农民的房子早已被反动派烧了。现在该处群众起来的情形，弋阳几区是完全起来，政权在我们手中，是我们的根据地，他们现在正在颁布地土[5]分配法及平债法等。"[6]

1月31日　与邹琦和农民革命团第二路纵队的指挥员吴先民、黄球、钱壁、项春福等，在离横峰县青板桥三里多的王荆庙开会，部署外出捕捉土豪劣绅。会后，与吴先民等离开，邹琦等则夜宿王荆庙。当天深夜，王荆庙遭横峰县城的国民党军队和本地反动武装靖卫团共一百多人偷袭。邹琦负伤后，翻墙脱险，项春福当场牺牲，钱壁等被捕，第三天在横峰县城被杀害。"王荆庙事件"后，弋阳、横峰暴动农民与反动当局对峙的形势愈来愈紧张。

1月　朱德、陈毅等率领南昌起义军余部，同湘南特委一起发动湘南暴动。同年三四月间，在湖南、广东两省国民党军队的联合进攻下，起义部队不得不向井冈山转移。

---

〔1〕 方志敏：《我从事革命斗争的略述》，《可爱的中国——方志敏狱中手稿》（贰）第179页。另方志敏1935年在《赣东北苏维埃创立的历史》中写道："横峰来了个六七万人的年关大暴动！"

〔2〕 伍豪，周恩来化名。

〔3〕 指农历五月。

〔4〕 原文如此，应为"开始"。

〔5〕 原文如此，应为"土地"。

〔6〕 邵式平：《SP同志的一段谈话》。

年初 在弋阳漆工镇会见余江县中共党员董思远等三人，传达党的八七会议精神，指示他们把工作重点转移到农村，发展武装斗争。

2月上旬 “王荆庙事件”前后，弋横地区国民党驻军对待暴动农民的手段更加残暴。先是国民党军第八十二团一个连攻占葛源镇。接着，在弋阳的国民党军便衣队伪装成暴动农民与农民革命团接头，请求支援八区马王坡村暴动，指挥员雷夏带人进村，便中伏击，与中共德兴支部书记祝炎等当场牺牲。在横峰，一支国民党部队伪装起义，开到青板桥要求收编，吴先民、黄球等指挥员出面接见，即被敌人逮捕。后来二人设法逃脱，队伍却垮了。短时间内，农民革命团二、四、六三路纵队接连遭挫，弋（阳）横（峰）暴动的形势随之逆转。

2月9日 中共江西省委贯彻党的八七会议精神，制定《江西全省总暴动的准备工作计划》，将全省划分为五个暴动区，其中赣东北区含鄱阳、弋阳、余干、横峰、乐平、贵溪、万年、都昌、湖口、彭泽、浮梁、余江等县。三月，中共江西东北特委成立〔1〕，饶漱石任书记，特委机关设鄱阳。

2月12日 委派邵式平代表中共五县工委到上海，向中共临时中央汇报赣东北开展土地革命斗争情况。内容主要有弋阳九区暴动，中共五县党员会议（即窖头会议），弋（阳）横（峰）武装暴动，敌我斗争形势和在弋阳、横峰两县建立政权、军队，颁布土地分配法及平债法等创建革命根据地的情况。这是弋阳、

---

〔1〕 中共在江西赣东北地区领导机构，最早称“东北特委”，可见诸于较多党内文件和方志敏的著作。为表述清晰起见，本年谱在提及这时期的该机构，均称为“中共江西东北特委”。根据中共中央决定，1930年7月，中共信江特委与中共东北特委合并成立中共赣东北特委。

横峰两县党组织自一九二七年十一月与上级党组织失去联系之后，第一次直接向党中央汇报工作。

2月中旬 与邓鹤鸣、刘九峰、钟赤心、李桂生、姜铁英、徐先召（兆）、周治中等曾在国民党江西省党部、南昌市党部任职的共产党员及其他进步人士，被江西省国民政府悬赏通缉。本月二十六日，再次被通缉，被通缉人数增加到五十二人。

2月23日 因“倡言平产”，即没收土豪劣绅的财产、土地，进行土地分配，被弋阳县长上告江西省民政厅，要求驻军将其拿获，缴其枪弹。本日，国民革命军第五路军总指挥部函复省民政厅，同意来函转述该县长要求，称已令第三十一军军长查办此案。

2月 以暴动指挥部名义集中农民革命团各路纵队近万人会攻横峰县葛源镇，途中农民革命团遭遇国民党军一个连的伏击，未经训练和没有实战经验的农民自行溃散，弋（阳）横（峰）农民暴动遭到严重挫折。

方志敏后来回忆：“横峰暴动，支持了两个多月，全是武装的暴动群众的力量，横峰城扎了一营兵，不敢出城一步，我们还经常到城边去放炮示威，而我身边所带到的，只有一条半截的套筒步枪。”

“两个月后，才有白军两营来进攻，因种种原因，这一群众的年关暴动，就在白军进攻之下，暂时被镇压下去了。

“这次暴动失败的原因，主要的是——

“第一、当时我们还没有建立起红军。我们虽有二三十支枪，都还是分散的，没有组织队伍，根本没有什么战斗力。没有红军，是可以组织和爆发一个群众的暴动；但是在暴动之后，不积极去建立坚强能战的红军，无论如何，暴动是不能长久支持下去。

“第二、土地问题没有迅速解决，田没有着手去分配，就不能巩固群众坚持斗争的决心。

“第三、党的工作太不够了，党的领导机关，尚未建立健全，形成了个人的领导。有许多暴动村坊，有了群众的组织，尚没有党的组织。

“第四、领导者的幼稚和缺乏斗争经验，白军一进攻，就想不出更多有效的斗争方法，且表现惊慌不沉着，离开了暴动区域。群众失掉了领导者，自然不能继续斗争。”

“这次暴动，虽然是暂时失败了，但给了群众许多实际利益——如平债分谷分财物等，消灭了一些为群众深恶痛恨的豪绅地主，使群众认识自己团结力量的伟大，革命的实际教育，已深入于群众的脑中，为后来争取横峰为根据地立下基础。”〔1〕

△ 接受弋横暴动失利的教训，在农民革命团中选调二十多名骨干，集中二十多支枪，在弋阳九区齐川源村，成立工农革命军第二军第二师第十四团，初编一个连，由黄埔军校毕业的邹琦任连长。赣东北第一支正式的工农革命武装由此创建。

3月14日 派李新汉和弋阳的方佩龙、方华根等人到鄱阳、余干两县秘密购买和运送枪支。枪支交接点在两县交界的白家渡，中间站设在余干县里源卢家村共产党员卢凌云家，经贵溪县境运抵弋阳九区。四月间又购买一次，两次共购枪十二支，使工农革命军的步枪增至约四十支，连队也由二十几人增加到四十余人。

3月 指挥工农革命军转移，进入磨盘山地区，以避开国民党军纠集弋阳、横峰两县地方靖卫团对暴动区域的不断进攻。同时，一面加强各村党的工作，在有敌军驻扎的村落采取“白皮红心”〔2〕的应对策略；一面建立群众武装，实行联防，配合工农革命军作战，实现由组织暴动到开展游击战争的战略转变。

---

〔1〕 方志敏：《我从事革命斗争的略述》，《可爱的中国——方志敏狱中手稿》（贰）第180—182页。

〔2〕 “白皮红心”，意为表面应付国民党地方当局，内心向往并支持革命。

△　在弋阳县樟树墩农民革命团联席会议上，严肃批评农民革命团攻打弋阳七里岗王家时火烧房屋的过激行为。类似这样的过激行为，曾在弋阳、横峰两县多次发生。经过耐心的教育、引导，此种现象逐步得到纠正。

△　派方远辉等到德兴县应家一带开展工作。不久，方远辉任中共德兴区委书记。

4月上中旬　在弋阳九区会见前来巡视工作的中共江西省委常委兼秘书长冯任、兼省委特派员的中共江西东北特委书记饶漱石，弋阳、横峰党组织与中共江西省委接上了中断四个多月的关系。按照中共江西省委决定，撤销中共五县工委，成立中共弋阳县委，方志敏任书记。中共弋阳县委隶属中共江西东北特委，下辖横峰区委。

4月10日　与毛泽东一起，被国民党江西省政府各以大洋三千元悬赏通缉。〔1〕

4月15日　中共江西省委在给中央的报告中提到：弋阳现已成立县委，同志有百余人，农民居多数，是在斗争中新发展的。横峰区委有六十余人，农民和知识分子多半同志，均很勇敢努力。

4月中下旬　筹备召开弋阳县工农兵代表大会。深入各个乡村，对党员、群众讲解“苏维埃”这个新生事物的含义，指导代表的选举。

4月下旬　朱德、陈毅率领南昌起义余部和湘南起义队伍到达宁冈县砻市，与毛泽东率领的工农革命军会师。两支军队合编为工农革命军第四军，朱德任军长，毛泽东任党代表和军委书记。

4月　与省委派来的同志一起，拟就《怎样做个好党员》〔2〕

---

〔1〕 1928年4月15日《申报》。

〔2〕《怎样做个好党员》，目前所见最早版本为1932年5月9日中共德兴县委的翻印本，江西省档案馆馆藏。

(即《怎样做一个好共产党员》《共产党员守则二十二条》)。《怎样做个好党员》要求做到二十二条:“一、服从党的命令;二、遵守纪律;三、牺牲个人;四、勇敢参加阶级斗争;五、对党忠实;六、要随时随地去宣传群众;七、要随时随地去组织群众;八、努力党的一切工作;九、严守秘密;十、按时到会;十一、缴纳党费;十二、勤习革命理论;十三、打破家庭观念;十四、打破地方观念;十五、打破亲族观念;十六、打破雇佣观念;十七、打破领袖观念;十八、打破迷信观念;十九、不得贪污;二十、要明了政治;二十一、接受批评;二十二、永不背党。”并对每一条都作了解释,强调:“我们既加入党了,就应该始终如一的做个好党员,任凭怎样艰难困苦,威迫利诱,都不能改变我们对党的信仰。我们应该下个决心,生死都要做个共产党员,永远不肯背党。”“如果能够做到上列二十二条,那就是个好同志。”此后,《怎样做个好党员》一直是赣东北苏区广大党员的行动准则,是进行党员思想教育的重要教材。

△　为保护群众的利益,与其他同志一起,在实践中总结出一套应对敌人袭扰的方法,即《眺高、守夜、打号铳的办法》:“每个村庄在自己村庄前后的高山上,每日都派出了人放哨,群众叫做眺高。眺高的人带上一支敬神用的三眼铳,望见敌人打第一铳,敌人来了打第二铳,敌人到了再打第三铳,群众叫做号铳。听到第一铳群众早作好了准备,三铳一响都扶老携幼牵牛挑担的转入深山。”〔1〕这种办法,往往使进攻的国民党军队扑空而返。

△　在根据地内大力推行土地分配,并以工农革命军为基础,与农民革命团互相协同,采取被敌方称之为“兵去匪来、兵

〔1〕龙跃、黄知真、缪敏等:《漫谈闽浙赣老根据地》,方志敏、邵式平等:《回忆闽浙皖赣苏区》,江西人民出版社1983年版,第129页。

来匪散”的灵活机动的战术，在弋阳、横峰地区造成了很大影响，使得当地敌人惊恐万状，竟称方志敏所部“有枪二千余枝”，控制或影响了“弋阳全县三分之二、横峰全县三分之一”，并且“亟望官军大举剿办、以解倒悬云”。[1]

5月上旬 在弋阳漆工镇邵家祠堂主持召开弋阳县第一次工农兵代表大会，创建赣东北第一个县级苏维埃政权——弋阳县工农兵代表会议（苏维埃）政府，任主席。会后，颁布《土地分配法》和《平债法》，领导弋阳苏区农民开始分地和平租、平债。

△ 弋阳县苏维埃政府成立后，农民革命团这一过渡性的政权形式和半军事化的武装组织被解散，分别组成不脱产的赤卫队和少年先锋队，主要任务是维持地方的革命秩序和协同正规武装作战；另外还组建贫农团等群众团体，协助乡、村苏维埃政府进行土地分配。

5月18日 与朱德、毛泽东一起，被“南京国立中央大学江西同学会”电呈江西省政府“望速派大兵，四出兜剿”[2]。

5月20日—22日 根据中共江西省委关于组织湘赣边界特委的指示，中共湘赣边界第一次代表大会在宁冈茅坪召开，毛泽东在会上作报告，总结建立井冈山根据地的经验，初步回答了“红旗到底打得多久”的问题。会议选举产生以毛泽东为书记的中共湘赣边界特委。同时，成立以袁文才为主席的湘赣边界苏维埃政府。

5月中旬 出席在横峰县青板桥周村召开的横峰县第一次工农兵代表大会。大会选举产生横峰县苏维埃政府，邵式平任主席。

△ 与邵式平、黄道等共产党人，在弋阳、横峰地区开展土

---

〔1〕 1928年4月28日《申报》。

〔2〕 1928年5月28日《申报》。

地革命，平债平产，建立苏维埃政权，引起国民党地方当局的极大惊恐，派兵“进剿”，又难于奏效。以致二十四日《申报》报道：“虽经二十八师二十九师，先后开队往剿，然弋境之九区，山深林密，纵横五十余里……而其伪机关，则多设在山坞，除小坞未计外，大坞亦有二十余处，东剿西窜，兵至匪散，一时殊难奏效也”。

5月 国民党地方当局在铅山县河口镇成立“广信〔1〕七县军民联合剿匪委员会”，纠集国民党军第三十一军第一团和地方靖卫团，对初创的弋（阳）横（峰）革命根据地发动第一次“进剿”，采取“四面围攻”和“以农制农”策略。国民党军队在“弋横两县占据了两月余，分漆工镇、明堂源、篁村、马家四处驻扎。在这两月余的当中，烧了十余村的房屋，捉去农民五六十人杀了三十余，奸淫掳掠惨不忍睹，压迫各村发起靖卫团，捉革命领袖”〔2〕。此时，革命根据地的正规武装仍只有一个连，装备只有四十余支枪。为避敌进攻锋芒，方志敏等率领根据地军民数千人再次退上弋阳九区的磨盘山。

6月上中旬 在横峰县青板桥周村主持召开中共横峰县第一次党员代表大会，成立中共横峰县委，吴先民任书记。中共横峰县委与中共弋阳县委均隶属中共江西东北特委。

△ 任弋横两县县委联席会负责人。由于国民党军队的“进剿”，使本来由弋阳九区的四十余村庄与横峰县的十余村庄组成、纵横不过六七十里的根据地日渐狭小，弋阳、横峰两县县委驻地渐渐移至一块来了，相距只六七里路。弋阳、横峰两县县委认

---

〔1〕 上饶地区历史上曾为广信府。

〔2〕《弋阳、横峰工作报告》，1928年9月。该报告由中共江西省委转报中共中央。

为：中共江西东北特委设在鄱阳县，“山高皇帝远，好久没有一个指示，间或有指示，我们又无法用以解决我们实际上的困难”[1]。为使弋横根据地有统一的领导，成立了以方志敏为首的弋阳、横峰两县县委联席会。

△　国民党军纠集地方反动武装发动的第一次“进剿”，历时一个多月，几乎占据革命根据地的所有乡镇和大村坊，“农妇被奸掳的在一百以上，耕牛为官兵劫夺在百七十余头以上，农村房屋被焚的在七百以上。九区的五千余农民全变为流离失所的穷光蛋了，但他们并不因之而少馁其气。他们说：‘现在变成穷光蛋了更好革命，免得顾虑家室妻子。’”[2] 方志敏回忆：“我们当时的群众工作，是做得很充分的。我们是亲密的与群众联系在一起，大家都是家人兄弟一般。群众不怕受着白军怎样的摧残（这种摧残是异常毒辣的，要叙述出来，是要写一大篇），仍然斗争不懈。”[3]

6月18日—7月11日　中国共产党第六次全国代表大会在苏联莫斯科近郊举行。大会指出：中国革命形势是处在两个高潮之间，党的总任务不是进攻，而是争取群众，准备武装起义。会议在批判右倾机会主义的同时，特别指出当时党内最主要的危险倾向是脱离群众的盲动主义、军事冒险主义和命令主义。大会选举产生新一届中央委员会。

6月25日　主持在弋阳、横峰两县交界处方胜峰举行的弋阳、横峰两县县委联席会议（即方胜峰会议）。参加会议的有邵式平、黄道、方志纯、吴先民等二十余人。会上，与其他与会同

---

〔1〕 方志敏：《信江党和红军以及最近之局势》，《方志敏全集》第294页。

〔2〕《江西工作近况——综合性报告》，1928年7月8日。

〔3〕 方志敏：《我从事革命斗争的略述》，《可爱的中国——方志敏狱中手稿》（贰）第185页。

志一起，坚决驳斥了弋阳县团委书记庞云飞提出的埋枪、放弃根据地的逃跑主义主张；同时否定了“将部队转到根据地外去打游击”的意见。最后以“坚持在根据地打游击，与群众共存亡”的主张统一了大家的思想。为了打破国民党军队的“进剿”，会议作出三项决定：一、将拥有四十余支枪的工农革命军全部集中，由邵式平统一指挥，打击敌人最弱的一路；二、由方志敏负责群众的宣传教育工作，镇压反革命首要分子，对敌驻占地继续实行“白皮红心”的策略；三、派遣黄道等人秘密潜入毗邻的贵溪县境内开辟新的革命根据地。

方志敏回忆：“最紧急最困难的时候，要算是这年的五月〔1〕了。白军来一次大举进攻，想一举歼灭我们。敌人把我们重要的村庄都占据着，我们的军队，还是经不住战斗。群众躲山过久，随身带的粮食吃光，也难得再支持下去，这时候的形势，确是十分危急！于是我们领导同志，都在一个名叫方胜峰的和尚庙里集会了。会中，有几个同志主张将队伍拖望白区跑，我与另几个同志，则坚决反对这个主张。我们认为有群众基础的地方，尚站不住脚，拖到没有群众基础的地方，还能存在不被消灭吗？而且，我们一跑，群众失掉了领导者，革命运动就要立刻失败。经过详细地讨论，都认为逃跑主义是错误的，乃决定好几种斗争方法，分头去进行。好的很，我们依照会中决定的方法去斗争，都得到一些新的胜利，局面又重新开展了。这次会议，的确是赣东北苏维埃革命运动的一个重要会议”〔2〕。

6月26日　通过大量工作，把动摇的群众争取了过来。在

---

〔1〕 指农历五月。

〔2〕 方志敏：《我从事革命斗争的略述》，《可爱的中国——方志敏狱中手稿》（贰）第186—188页。

这个基础上，按照方胜峰会议的决策，邵式平与胡德珍指挥工农革命军一个连，在赤卫队、少年先锋队的配合下，“与弋阳靖卫团数千反动武装大战于金鸡山（金鸡山位于弋横两县交界处），一战大捷，长追敌人五十余里，烧毁了敌人的指挥部，威胁当时反动中心弋阳城，迫使进入根据地的敌人全部撤退”〔1〕。国民党军队对根据地第一次“进剿”由此被打退。

6月 中共江西省委机关在南昌遭国民党当局破坏。

7月3日 中共江西省委对全省组织情况进行统计：“弋阳县委、区委四，支部三十余，同志八百余人；横峰县委、区委三，支部十余，同志二百余人”。另外还有“德兴区委”。江西省委还对江西红军的组织和装备进行了统计，其中“弋阳一营（番号为团），人数二百，快枪七十余支，赤卫军五千，全为刀矛土枪，手提机关枪两架”。〔2〕

7月上旬 按照中共中央本年五月二十五日颁布的《军事工作大纲》，赣东北工农革命军更名为工农红军，番号为中国工农红军第二军第二师第十四团（简称红十四团），下辖两个连，中共江西省委派来的陈春荣（后离队潜逃）任团长。初创的赣东北红军基础很差，由于红军战士基本上是本地的农民，“军事技术非常幼稚，省委特别【派】人阅操时，叫向后转，他们竟四方八面左右转，枪都不会开”〔3〕。“同时军纪亦未建立，士兵不高兴便会一致搁枪不背；出发打仗，间或要征求士兵同意，如果士兵不赞成，命令还是不能有绝大的效力。”〔4〕

〔1〕 邵式平、汪金祥、胡德兰、缪敏等：《闽浙皖赣（赣东北）党史》，《回忆闽浙皖赣苏区》第18页。

〔2〕〔3〕《江西工作近况——综合性报告》，1928年7月3日。

〔4〕 方志敏：《信江党和红军以及最近之局势》，《方志敏全集》第300页。

7月18日 岳父缪日新在弋阳县葛溪乡缪家村家中病逝。缪家村距县城不足十华里，八个月前，缪日新因受女婿方志敏闹革命的牵连，被国民党县政府关进监狱，后因重病被亲友保释。不久，国民党地方当局又来抓缪日新，见其病重卧床就将缪敏姐夫汪辉昌抓去，年已六十六岁的缪日新忧病而逝。缪敏数月后方知情，把母亲胡珍莲接到了苏区。

7月下旬 化名汪祖海，抵达贵溪县周坊村，主持召开中共周坊地区党员会议。会议决定以周坊为中心，按照弋（阳）横（峰）两县组织农民暴动的做法，在贵溪及其毗邻的余江、万年三县，秘密发展党组织，广泛开展“上名字”运动，组织、发动农民，以尽快形成土地革命的新局面，开创贵（溪）余（江）万（年）新苏区。

7月 派共产党员杨立治等，到乐平县湾头、众埠等地，以打短工为掩护，通过喝鸡血酒、“上名字”等方式，培养农民骨干近三百人，为乐平县东南乡党组织建立打下基础。

△ 因德兴县境内方远辉等的革命活动，国民党德兴县长误认为系方志敏率部所为，遂呈报江西省政府，“恳请察核”。本月二十三日，国民党江西省政府令该县“认真侦缉，务获究办”。〔1〕

8月 出席中共江西东北特委在鄱阳县游城太极山召开的赣东北各县党代表会议。

△ 国民党军第十二师第三十六旅第七十一团，纠集杂牌军第四十六军杨劲部的一个营和各县靖卫团，对以磨盘山为中心的弋（阳）横（峰）革命根据地发动第二次“进剿”。

9月1日 拟就《弋阳报告》，概述敌人“进剿”弋阳苏区

〔1〕《江西省政府公报》第33期，1928年7月23日。

的经过，以及根据地党组织的对策和目前的工作困难等情况。该报告后由中共江西省委转报中共中央。

9月 与邵式平等指挥红十四团的两个连，在弋阳九区的冷水坑，伏击从葛源来的国民党军一个连，毙敌二十多人，缴枪十二支。

10月5日 中共湘赣边界第二次代表大会通过毛泽东起草的大会决议。决议第一部分《政治问题和边界党的任务》（即《中国的红色政权为什么能够存在?》），总结了井冈山革命根据地及其他地区建立小块红色政权的经验和教训，提出了“工农武装割据”的重要思想。

10月 与邵式平等指挥红军两个连，在横峰县龙浆坞村诱敌一个连进伏击圈，“突出猛冲，匪大败，毙匪连长一名，匪兵十余名，获步枪七支，驳壳【枪】一支。是役使匪军胆寒”〔1〕。自九月以来，红军在赤卫队、少年先锋队的配合下，多次采用“扎口子〔2〕、打伏击”的灵活战术，积小胜为大胜，国民党军队第二次“进剿”又被粉碎。

△ 秋收之后，弋阳县苏维埃政府“征收过一次土地税，农民颇踊跃完纳，因土地差不多平均了，债务废除了，故也没有什么累进率”〔3〕。此时，苏维埃政府虽仍以打土豪罚款和打城镇筹款来解决财政来源，但方志敏在实行土地分配的基础上，已开始通过发展生产、征收税款等方法，对增加根据地的财政收入进行探索。

---

〔1〕 方志敏：《信江党和红军以及最近之局势》，《方志敏全集》第306页。

〔2〕 扎口子：赣东北红军创建初期的一种战术，即埋伏在要道路口截击小股国民党军队。

〔3〕《中共江西省委政治报告（一月一日至五月三十一日）》，1929年5月31日。

△ 化装成农民到万年县葛茅坞村，向当地群众宣传中国共产党的政治主张，并秘密召开会议，成立中共万年县葛茅坞支部，弋阳县齐川源村的中共党员郑新德（后叛变）任支部书记。

11月上中旬 国民党军第十二师第三十六旅向弋（阳）横（峰）革命根据地发动第三次“进剿”。该旅士兵待遇很差，临近寒冬尚着单衣短裤，怨声载道。方志敏等针对这种情况，发动苏区军民，对该旅展开多种形式的宣传攻势，开展士兵运动。后据参加哗变的罗明高回忆：“我们从（横峰）铺前进苏区，就看到很多红绿标语，上面写了很多话，如‘穷人不打穷人，白军士兵生活痛苦，长官扣饷，没有饭吃，衣服生虱子……到了苏区每支枪给五十块钱；当兵的讨了老婆分的田有人种，不愿当兵的可以种田……’等等，我们受到极大的教育和影响，震动很大”。

△ 派出交通员，与参与“进剿”的国民党军第三十六旅某部第十一连排长匡龙海接上头。后在匡龙海的带领下，十一连多数下层官兵在德兴县的磨角桥宣告起义，加入红军，被编为红十四团第三连。

11月下旬 将红十四团的三个连重新整编，仍编为两个连。由于军事知识和素养的原因，班排长多由哗变过来的士兵担任。“我们增加了六十多条快枪，一共就有一百三十多条快枪了。”“从此以后，一方面应付匪军，一方面加紧训练，红军便走上正式军队的道路了。这就是说，有一点像正式军队了。”〔1〕

11月26日 在中共德兴县一区区委领导下，该区的大田、苏家、磨角桥等十八个村子农民发起暴动，接着德兴县二、三区的农民相继暴动，革命根据地由弋、横两个县扩大到三个县。

---

〔1〕 方志敏：《信江党和红军以及最近之局势》，《方志敏全集》第301—302页。

11月 在德兴县张村梅溪创办枪械修械所。本年十月，德兴县靖卫团的两名修枪师被红军俘获，方志敏亲自动员他们参加红军，两名师傅和当地的工匠，因陋就简，办起了枪械修械所。随着规模扩大，后改称修械厂。这是赣东北（闽浙赣）省兵工厂（即洋源兵工厂）的雏形。

△ 国民党军第三十六旅辖下的第九连部分官兵，由颜文清（后叛变）带领，在弋阳程家桥起义加入红军，使红十四团再次由两个连扩编为三个连。

12月初 邹琦接任红十四团团长。自本年七月起，由中共江西省委派来的陈春荣、江西东北特委介绍来的童旭先后担任该团团长，均不久逃跑；十一月中共江西省委又安排黄章继任团长，仅一月又与团政委刘梦霞带着两个连长逃离队伍。根据地初创时期环境艰难，以致当时江西东北特委有人把派去信江工作叫作“充军”。

12月5日 赴鄱阳县出席中共江西省第二次代表大会。与会代表分乘小船到鄱阳湖上准备开会时，发现国民党军队和民团在湖面严密巡查，遂决定转移到湖口县舜德乡王燧村。

12月9日—12日 出席在湖口县王燧村召开的中共江西省第二次代表大会。大会实际到会代表十四人（其中赣东北代表五人），代表全省五千名党员；加上中央代表、省委委员三人、江西东北特委书记及中央派来的军委书记，参加大会的共二十人。大会总结了全省第一次代表大会后一年多来的工作，传达了中共第六次全国代表大会的精神，确定江西省党组织在苏区和白区的斗争任务。会议通过政治、组织、宣传、职工、农民、军事、苏维埃、共青团等相关决议，选举产生中共江西省第二届执行委员会，中共六大代表张世熙任省委书记，方志敏等十三人当选为省委执行委员，邵式平（未出席会议）等七人当选为候补执行委员。会议期间，方志敏代表弋横两县县委联席会提议成立信江特委，隶属省委。这个提议被大会采纳，并指定弋阳县委会筹备。

12月中旬 返回弋阳九区。成立中共信江特委临时委员会，任负责人，筹备召开中共信江特委第一次代表大会。

12月 到上饶县松树畈召开党员会议。年初五县党员会议（即窖头会议）之后，上饶县的工作一直未能有效开展起来。这次会议旨在充分发挥党员作用，发起当地农民的武装暴动。次年一月，把弋阳县漆工镇燕坞黄家的共产党员黄开湘等人派到上饶县开展工作。

△ 与邵式平、缪敏等到德兴县三元坞出席德兴一区第一次工农兵代表大会，指导成立德兴县第一个区级苏维埃政权。后来回忆："在这年末，靠近九区的德兴磨角桥一带地方，有三十几个村坊的工农群众，举行年关暴动，成立了苏维埃政府，我们的苏区根据地，扩大了四十余里。艰苦险恶的一九二八年，终于挣扎过去了。"〔1〕

冬 在弋阳九区大溪头村，创办军事教导大队，邹琦任大队长。从红十四团各连队和地方各共青团区委委员中，选拔了二十几名干部到军事教导大队受训。军事教导大队是信江军事政治学校的前身。

---

〔1〕 方志敏：《我从事革命斗争的略述》，《可爱的中国——方志敏狱中手稿》（贰）第189页。

1929年 三十岁

1月12日 中共江西省委发布《赤字通号（第一号）——全省第二次代表大会的总结与精神》。文件指出“群众准备总暴动是江西党的总路线”。认为：“在新的总路线中应依照城市领导农村，工人领导农民的中心路线”，“农村工作也要依照这个原则去布置”。

以方志敏为代表的共产党人，坚持在赣东北地区开辟农村革命根据地的斗争，不符合当时江西省委以城市为工作中心的主张，因此江西省委“总一味坚持成见，对我们误解”〔1〕，以致后来曾一度要取消信江特委。

1月14日 为打破国民党军对井冈山革命根据地的第三次“会剿”，毛泽东、朱德率红四军主力离开井冈山，向赣南进军。相继开辟了赣南、闽西革命根据地，并逐步发展为中央革命根据地。

1月18日 中共崇安县委再次发动以上梅为中心的崇（安）浦（城）农民武装暴动。这次暴动为闽北革命根据地的创建奠定了基础。

2月中下旬 中共江西省委发出《二月份组织工作计划大纲》，其中指示“信江特委应以全力创造河口市工作，于一月内将特委迁往河口，并兼河口市工作”。中共信江特委没有执行这一指示，认为“城里白色恐怖很厉害，同时城市不大，不易掩

〔1〕 方志敏：《信江党和红军以及最近之局势》，《方志敏全集》第297页。

藏，所以不易建立进去。即使建立在城里，指挥全县苏区工作很成问题”[1]。方志敏等坚持在农村开展武装斗争的意见，使中共江西省委认为信江特委存在“封建错误”。

△ 派交通员向江西省委汇报中共信江第一次代表大会筹备等情况。途中交通员因故返回，信江临时特委未能与江西省委取得联系，因此江西省委没有派代表参加中共信江第一次代表大会。

2月 领导信江地区军民，开展土地革命，打击土豪劣绅，与湘赣边界毛泽东、朱德领导的红军和根据地互相呼应，加之境内东固等地红军的频频活动，使江西的工农武装割据呈星火燎原之势，成为国民党当局的心腹大患。国民党《中央日报》二十二日报道：“赣东之方志敏，亦有众四五千人，枪六七百枝……尚有一部盘踞于弋横交界之磨盘山外”，已“由十二师之三十六团周志群部由弋阳德兴进击”。

2月底—3月初 主持召开中共信江第一次代表大会。会议在弋阳九区烈桥塘坞村举行，弋阳、横峰、德兴、贵溪、铅山五县共四十余名代表出席，代表党员一千五百多名，会期三天。与邵式平、黄道、吴先民等九人被大会选为中共信江特委第一届执行委员会委员，其中五人为常委，任代理书记（书记待中共江西省委指派）。特委设组织、宣传、军事、职工运动等委员会和秘书处。

3月5日 将中共信江第一次代表大会的会议情况和六份决议，一并报告中共江西省委。在起草的报告中，要求省委帮助了解与赣东北毗邻的福建崇安地区的斗争情况，以便与那里的党组织取得联系。

---

〔1〕 方志敏：《信江党和红军以及最近之局势》，《方志敏全集》第299页。

3月18日 与邵式平等研究敌情后，决定派红十四团主力，于凌晨突袭驻扎在德兴张村梅溪的国民党军第七十一团第二营及当地靖卫团。据报载，击毙第二营赵姓副官及靖卫团副团总，伤该部第七连士兵数名。

3月下旬 中共江西东北特委被撤销，其所辖鄱阳、浮梁、乐平、都昌县委改由中共江西省委直接领导；中共余干临时县委划归中共信江特委领导。

3月 趁“进剿”弋横根据地的国民党军第十二师第三十六旅大部兵力被调往江西广昌，与信江特委其他同志一起，组织根据地军民，主动出击，迅速恢复对弋横根据地区域的控制。随国民党军队返乡的土豪劣绅惊恐万状，逃避一空，国民党弋阳县党部发出急电向江西省政府求救，德兴县长也称县城危在旦夕，急电请援。

△ 到贵溪县周坊，会见黄道，并一同在中共贵溪区委的基础上建立贵溪临时县委，黄道任书记。

△ 到德兴县张村梅溪出席中共德兴县第一次代表大会并作重要指示。中共德兴县委成立，吴先民任书记。同时德兴县苏维埃政府成立，方远辉任主席。

△ 中共信江特委机关刊物《红旗》创刊。由机关油印处承印，每期二千五百份，到一九三〇年发行量过万份。

4月上旬 中共江西省委派唐在刚〔1〕担任中共信江特委书记。省委要求唐在刚纠正信江党组织的“封建错误”。然而，“在刚同志到，见信江党并不如外界所说，于是他很奇怪地说：‘省

---

〔1〕 唐在刚（1903—1935），四川开江人。1923年加入中国共产党。在赣东北苏区，与方志敏堂侄女方秋蓉（方远辉之女）结为夫妻。先后任中共信江特委书记、中共赣东北特委书记、闽浙赣省军区司令员等职。1935年7月3日在横峰县苏源山牺牲。

委派我来时说，信江党是建筑在封建势力之上，只要我能纠正这个封建错误，就算极大的成绩，实际信江党的基础并不算坏，此话不知从何处而来？’”[1]

4月上中旬 国民党军第十二师第三十六旅第十二连一百多人，在连长杨延辉、排长龙志光的带领下，在德兴县磨角桥集体哗变，投向苏区。该连到达弋阳九区后，部分人员坚持不愿分散编入红军其他连队。“当时十二连共有一百多条枪，子弹亦充足。我们的枪比他多二十九条，子弹还不及他们，士兵的战斗力亦自问没有他们强，所以大家都不敢坚决地主张缴十二连的枪，总想羁系到有机会时解决这一问题。”于是“把他改编为四、五、六三连，其内容并未如何变动”。[2]为了加强对哗变部队的改造，特委派淦克合等十八名红军干部到哗变部队去工作。

4月25日 与信江特委其他领导同志研究后，决定围歼国民党德兴县黄柏塘靖卫团。特意安排刚哗变过来的红十四团第四、五、六三个连担任主攻，在红十四团第一、二、三连的配合下，攻下黄柏塘[3]，靖卫团被全歼。

4月下旬 黄柏塘战斗中，发现部分哗变过来的官兵在作战中射击漫无目标，种种迹象使方志敏等对原国民党军第十二连的哗变是否藏有阴谋，愈加怀疑和警觉。此时，红十四团奉命改编为江西红军独立第一团（简称红军独立团），改编大会召开前，中共信江特委作了特别安排：方志敏不主持大会；紧急通知所有苏区参会人员，不准在会场暴露方志敏；会后，将已改编为红军独立团第四、五、六连，按连队建制，分开驻扎，然后逐一收缴

---

〔1〕〔2〕 方志敏：《信江党和红军以及最近之局势》，《方志敏全集》第295—296、302页。

〔3〕 黄柏塘战斗时间见1929年5月5日《申报》。

枪支，进行彻底整编。

4月29日 出席在弋阳九区余家仓河滩上举行的改编大会，大会宣布省委派来的郑孝胥任红军独立团团长，原红十四团团长李上达任政治委员。方志敏仅在会上作简短讲话。此时，有人打听讲话人是否是方志敏，被问者均以“老汪同志”作答。

△ 改编大会后，红军独立团第四、五、六连返回驻地吴家墩，隐藏在哗变人员中的敌对分子感到了危险，即将哗变的策动者之一连长杨廷辉，以及淦克合等十几名红军干部杀死，然后裹挟不明真相的士兵连夜逃离苏区。天津《大公报》报道：“剿军初无法进攻、旋由周旅派兵一连入山伪降”，目的是刺杀方志敏，制造混乱，以便外围的敌人乘机攻占根据地，但未能得逞。

△ 与信江特委领导一起，紧急研究红军独立团第四、五、六连反水后的形势，认定敌次日必再犯根据地，行进路线极大可能是经长毛岭向德兴方向。于是，连夜部署部队在长毛岭的要道口设伏，严阵以待。

4月30日 上午十时许，敌军如期而至，并且毫无戒备。在红军的痛击下，“匪军是役死伤极大，周匪志群从此没有胆量再向内地进攻了”〔1〕。长毛岭之战，粉碎了国民党军第三十六旅历时近半年的第三次“进剿”。

4月 与信江特委其他领导同志一起，率领信江地区军民，在反击敌第三次“进剿”的实践中，进一步摸索、发展了适合赣东北地区的游击战争的战术原则，并积极开展瓦解敌军军心的士兵运动。使敌“进剿”部队疲于奔命，劳而无功，而红军和地方武装则“此剿彼窜……出没于闽浙边界”〔2〕，越战越强。江西

〔1〕 方志敏：《信江党和红军以及最近之局势》，《方志敏全集》第307页。
〔2〕 1929年3月25日《申报》。

《民国日报》在九日报道，年初曾率部进攻信江根据地的第三十六旅第七十一团团长罗英，竟因“剿匪不力，有违军令，现已枪决”。

5月初 红军独立团一部六十余人，获悉敌浙江保安第二团第一营将经白沙关入赣，参与“会剿”赣东北红军，遂在要道德兴县南溪岭设伏。敌军行进至此，红军突袭其队伍中部，该营营长及士兵十余人当场毙命。这是方志敏等信江特委领导人运用灵活机动的游击战术，将部分红军调至外线进行的一次成功的伏击战。

△ 国民党军第十二师第三十六旅兵败磨盘山后，被调离赣东北，另由第七师第三十四旅第四十团调防进驻河口。该团纠集上饶、鄱阳等十几个县的地方靖卫团，对信江苏维埃区域发动第四次“进剿”。敌分兵驻扎苏区的各大村镇，同时又对红军部队尾随穷追，致使红军一度陷于被动。“这股匪军较以前的都来得厉害，日夜围山搜索，郑孝胥同志就在这个时候被匪军虏去牺牲了！”〔1〕郑牺牲后，方志敏任命颜文清代理红军独立团团长。

5月9日 中共江西省委发出给信江特委的指示信，批准中共信江第一次代表大会产生的信江特委，但对大会通过的全部决议则未予批准，称：“省委认为你们这次大会，连训练班的任务尚未完成，而全部决议案，内容既如此，可以不必发下。”〔2〕究其原因，是由于江西省委对信江特委有成见，不认同方志敏等坚持农村武装斗争，开辟农村革命根据地的思想与实践。

5月 兼任中共弋阳县委书记〔3〕。

△ 由于敌第四次“进剿”，根据地大部分地区被占领。回

---

〔1〕方志敏：《信江党和红军以及最近之局势》，《方志敏全集》第302页。

〔2〕《中共江西省委给信江特委的指示信——关于信江目前工作及其代表大会议决案中的错误》，1929年5月9日。

〔3〕方志敏：《我从事革命斗争的略述》，《可爱的中国——方志敏狱中手稿》（贰）第200页。

忆这段经历时写道："这时候，在弋阳地区不能找到一个开会的地方，县委和区委联席会议，都移到德兴一座高山上群众躲兵的茅蓬里去开。"为了克服困难，打开工作局面，"通常是每日做十四小时的工作。除了吃饭走路，全部时间，都是开会演说，与群众谈话写文件，总要弄到非常疲倦不能再挨下去的时候，才去睡觉"。〔1〕

△ 到贵溪县周坊村，与黄道等一起在周坊后山召开党员大会，正式成立中共贵溪县委，黄道任书记，直接领导贵溪、余江、万年三个县的党组织。与黄道等研究如何在贵溪、余江、万年三个县发动农民革命团，开展夏收前青黄不接的斗争，为发起武装暴动积极做准备。同时组建了一支十余人的游击队，罗鸣皋任队长。

6月6日 在中共贵溪县委的直接领导下，周坊暴动爆发。方志敏、黄道等贯彻方胜峰会议决策，近一年中，在弋（阳）横（峰）德（兴）苏维埃区域外围，建立和扩大党组织，发展农民团，为开辟新的革命根据地进行了不懈的努力。日前，曾任中共贵溪区委书记的邵棠在弋阳县城惨遭杀害，直接触发了暴动。周坊附近三十几个村子的农民革命团，紧急开会，对暴动作了周密部署。当晚即捕杀了地方封建势力头目周龙顺等。数日间，周坊暴动声势愈发浩大，范围扩大到贵溪、余江、万年三县部分地区，拉开了规模更大的贵余万暴动的序幕。

6月25日 中共中央在上海举行六届二中全会，总结党的六大以来的工作，确定继续深入土地革命，开展游击战争，扩大苏维埃区域，建立红军，加强公开工作和秘密工作等项任务。

〔1〕 方志敏：《我从事革命斗争的略述》，《可爱的中国——方志敏狱中手稿》（贰）第196—197页。

6月 领导苏区军民，继续开展反“进剿”斗争。方志敏等改变战术，指挥红军，时而集中兵力，截击敌军之小股部队；时而化整为零，使敌军摸不到、打不着。国民党当局认为，红军能来无踪去无影，是因为有山林可以藏匿，如果砍光全部树木，红军没了隐身之所，就不难一网打尽，于是发起了“砍树运动”。他们威逼利诱各县农民组织砍树队，并强迫其中一些砍树队跟随国民党军队开进磨盘山。方志敏回忆：“我们对于砍树队的策略，是派了很多人打入砍树队，从内部去活动。一面宣传同阶级相残杀的错误，工农不打工农，穷人不打穷人，启发他们的阶级同情；另一面即宣传红军打仗，十分厉害，进九区去砍树，一定要被打死，难有生望。”“弋阳方面的白军和砍树队，开进九区以后，只是放火大烧，烧了十几村的房屋，并未动手砍树。因为连绵不断的山，遍山的树，要砍从何砍起，砍光更谈不上。”“同时，白军跟随着几千没有组织好的农民，不但吃饭为难，就是作战也很不便的。”“劳碌了几个月的砍树运动，至此全被击破了。”〔1〕七月上旬，国民党军第四十团撤出赣东北，敌第四次“进剿”被苏区军民粉碎。

7月10日 大伯方高显、堂叔方高烈在弋阳县城被国民党地方当局杀害。同时被害的还有曾做国民党军队兵运工作的杨莲花等十四人。

7月上中旬 乘第四次反“进剿”胜利之机，一面加紧红军的政治军事训练，严肃部队纪律，一面指挥红军部队向根据地周边的发展。首先攻占横峰县葛源镇，“将周围最反动的地方：中港畈、葛源、曹溪一律攻下。军事上胜利并不算大，因为三个胜

---

〔1〕 方志敏：《我从事革命斗争的略述》，《可爱的中国——方志敏狱中手稿》（贰）第192—195页。

仗仅缴步枪六条，但是政治影响很大！红军军威与名誉，开始在群众中建立起来了。从此，信江革命转入到一个新局面来了，一切都较以前有办法。”〔1〕

△　到横峰县龙门畈出席横峰县第二次工农兵代表大会，并作报告。此时，革命根据地相对稳固下来，方志敏较前更关注根据地的政权建设，在他的倡导下，信江特委开始纠正当时存在的党包办苏维埃的做法。大会改组了横峰县苏维埃政府执委会，成立了政府机关。

7月16日　带领红军一个排赶赴贵溪县周坊，与黄道一起领导贵（溪）余（江）万（年）三县总暴动。当时，贵溪县委通过内线获悉贵溪县靖卫团将进攻周坊，立即调集三县农民革命团，在红军的支援下，于离周坊不远的桃源胡家村设下埋伏。次日清晨，展开战斗。红军在数千名群众的支持下，仅凭一个排的兵力和十六条枪，战胜了有七十多支枪的靖卫队，缴枪十八支，并活捉靖卫队队长及教练官。于是，农民“斗争的勇气更加激起，不交租，不完粮……的口号已普遍全县”〔2〕。三县的农民革命团乘胜举行总暴动。

7月23日　从贵溪县周坊到万年县荷树岭，秘密召开中共万年区委会议，部署该县的坞头暴动。两天后，坞头一带村坊的农民革命团，在方志敏调来持有十九支枪的红军部队的配合下，打垮了本地的封建团练武装，烧毁剥削契据，分发地主浮财，暴动获得成功。

7月　中共余江区委在王坊、画桥等十几个村建立党组织，

---

〔1〕 方志敏：《信江党和红军以及最近之局势》，《方志敏全集》第303页。

〔2〕 方志敏：《信江群众斗争的经过与苏维埃的历史》，《方志敏全集》第328页。

发动鸿鹤嘴村、狮马源的农民在次月举行暴动。

8月11日 将桃源胡家战斗中缴获的十八支枪交给贵溪县委，组建红军独立团第七连，匡龙海任连长。赣东北红军由三个连增加到四个连[1]。

8月下旬 贵溪、余江、万年三县农民革命团暴动的胜利，使贵溪县信江以北和余江、万年两县边境地区，方圆六七十里的范围内都成了红色区域，从而开辟出赣东北的第二块革命根据地——贵余万革命根据地。

8月30日 彭湃在上海龙华英勇就义。方志敏深切怀念这位中国农民运动的领袖和亲密战友，后来说："我从彭湃同志的谈话、演说、报告中，学得了许多农民运动的方法……他的名字，是永远在中国革命历史上辉耀着"[2]。

8月 领导弋阳县农民秋收暴动，"弋阳在信河北岸的地方，全暴动起来了，建立起苏维埃政府。扩大了苏区一百余里，增加群众八万余人。只剩了一座弋城，还在反动派手里。信江南岸的地方，也建立秘密的党的组织。"[3]

△ 在周坊邵家出席中共贵溪县第一次代表大会并讲话。随后又参加贵溪县第一次工农兵代表大会，指导两个大会选举产生中共贵溪县执行委员会和贵溪县苏维埃政府。

9月26日 中共中央发出给中共江西省委的指示信，指示江西应以景德镇为中心，重建中共江西东北特委，取消信江特委。

---

〔1〕 由哗变的国民党军第12连改编的红军独立团第4、5、6连反水后，这3个连的番号成为空建制，因此第7连即红军独立团的第4个连。

〔2〕 方志敏：《我从事革命斗争的略述》，《可爱的中国——方志敏狱中手稿》（壹）第124—125页。

〔3〕 方志敏：《我从事革命斗争的略述》，《可爱的中国——方志敏狱中手稿》（贰）第199页。

9月 主持召开弋阳、横峰、德兴、贵溪四县苏维埃政府代表联席会，决定成立信江苏维埃政府筹备委员会。联席会后，负责筹备召开信江第一次工农兵代表大会。

△ 周坊失守，贵溪苏区局势恶化。亲自兼任中共贵溪县委书记，领导贵溪、余江、万年三县的党组织，为稳固新开辟的根据地开展各项工作。

△ 在贵溪开办训练班。后来回忆："我检查贵溪工作，知道贵溪同志都很幼稚，连普通的革命常识都还没有学到。我就替他们开训练班，从头教起，告诉他们如何去工作，如何去领导群众斗争。训练班开后，所有工作同志都分派下去领导群众斗争，将驻周坊的白军用群众的力量围困起来。群众的斗争情绪很高，就是靠近周坊的村坊，群众也是在家眺高守夜，拿起武器斗争着，白军扎在周坊，不敢出村一步。"〔1〕

△ 本月起，不再兼任中共弋阳县委书记。

10月1日—3日 在弋阳九区漆工镇主持召开信江第一次工农兵代表大会。"这次大会的布置，真是空前，代表一百六十余人，参加的一二千人，共开三日，日上开会，晚开演新戏"〔2〕。大会通过《信（江）工农兵代表会议（苏维埃）政府政纲》，选举产生信江苏维埃政府执行委员会和主席团，执行委员十七人，候补委员五人，主席团委员九人，方志敏任主席团主席。政府内设秘书处和内务、财政、军事、惩治反革命、人民经济、土地、教育、红色救济等八个委员会。后来在文章中写道："自信江苏维埃政府建立之后，苏维埃政府的影响更加扩大，远近群众都认

〔1〕 方志敏：《我从事革命斗争的略述》，《可爱的中国——方志敏狱中手稿》（贰）第202页。

〔2〕 方志敏：《信江群众斗争的经过与苏维埃的历史》，《方志敏全集》第332页。

识苏维埃政府，同时在政策执行上得了相当的效力”[1]。信江苏维埃政府的成立，标志着信江革命根据地正式形成。根据地由初创的弋（阳）横（峰）时期进入到发展的信江时期。

△ 在主持起草的《信（江）工农兵代表会议（苏维埃）政府政纲》中，宣布“销毁一切田契及其他剥削农民的契约文书”，“一切高利贷借约当约概作无效”，“没收豪绅地主阶级的土地、财产，归苏维埃政府处理，分配给贫苦农民及退伍士兵使用”，并将组织农业银行及信用合作社、经手办理低利储贷、施行统一累进税列入《政纲》。

10月上旬 中共江西省委在南昌召开常委会议，执行中央上月二十六日指示，改组省委常委会，由沈建华任省委书记。原省委书记张世熙改任省委特派员，调往景德镇，负责恢复本年三月撤销的中共江西东北特委。随后，江西省委发出关于恢复江西东北特委和取消信江特委的《第二十九号通告》。中共江西东北特委本月在景德镇重建，黄光任书记。

10月17日 主持起草《江西信江特委报告》，从八个方面向省委全面汇报信江苏维埃区域的斗争态势、面临的主要困难等情况。着重汇报在与省委交通隔绝，难以得到指示的情况下，赣东北的共产党人在极其困难的条件下，在对敌斗争，党的组织、宣传工作，苏维埃政权建设等方面取得了巨大进展，开创了新局面，党和苏维埃的影响不断扩大，各县民众革命情绪高涨。目前信江特委的困难，最主要的是各种人才的缺乏，亟需省委派干部来赣东北工作，并希望派出能担任县委书记的得力人员。另外，鉴于军事、政治工作人才的缺乏，决定开办信江军事政治学校，学员由各县苏维埃政府选送，拟定于本月二十三日考试，二十五

---

〔1〕 方志敏：《信江群众斗争的经过与苏维埃的历史》，《方志敏全集》第332页。

日开学。报告最后请求省委在具体工作上予以支持。

10月26日 出席信江军事政治学校在弋阳九区烈桥吴家墩的开学典礼并讲话。[1] 邹琦任校长兼大队长，信江特委常委、军委会主席邵式平兼任政委。方志敏、邵式平、李英等兼任政治教官，孙志清、匡龙海等三人为军事教官，首批学员一百四十多人，由各县苏维埃选送，并经考试入学。学员编为一个大队、二个中队、六个支队、十八个小队，其中女学员十人为一个小队。这是全国红军中创办的第一所正规军校。校址后迁弋阳六区芳家墩。

△ 红军独立团的三个连在横峰赤卫队的配合下，向横峰县城发起突然攻击，毙敌二十多人，缴枪二十一支，攻克横峰县城，国民党县长逃走。这是赣东北红军自创建以来，首次攻占县城，横峰全县基本上成为苏维埃区域。方志敏后来说："政治影响亦极佳！以前未革命地方，都说我们是土匪，此战之后，差不多都说是红军了。"[2]

10月 派李长先等在弋阳烈桥乡仙湖壅背村建立红军医疗所（又称红军调养所），医生为当地草药郎中。

11月2日 中共江西省委向中共信江特委发出指示信，告知省委已通过决议，取消信江特委，将信江苏区各县党组织划归已在景德镇重建的中共江西东北特委。

11月上旬 与中共信江特委其他负责同志讨论决定，对江西省委取消信江特委的决议提出申诉："我们认为与党的前途有

---

〔1〕 方志敏1929年10月17日起草的《江西信江特委报告》中，该校拟定开学日期为10月25日。但1930年方志敏在《信江党和红军以及最近之局势》一文中称，"学校开学的那一天，便是红军攻克横峰城的一天"，据此，该校实际开学日期为1929年10月26日。

〔2〕 方志敏：《信江党和红军以及最近之局势》，《方志敏全集》第309页。

关，同时通告不由省委直接通告我们，而由东北特委通告我们，在组织上亦未便遵照……我们决定派书记去省委当面报告，并将信江革命经过以及实际情形，用书面密写呈省委请求转呈中央，在未接着代表到省委以后的省委指示，信江特委暂不取消。”〔1〕

11月12日 以信江特区苏维埃政府主席名义颁布《临时土地分配法》。规定：“（一）没收豪绅地主和一切封建祠堂庙宇的全部土地，以村为单位按人口平均进行分配。（二）凡不反对苏维埃政权者均有分得土地之权。（三）在谁种谁收的基础上，抽多补少，抽肥补瘦。雇农、贫农和红军家属分好田，豪绅地主分坏田。不会失业的农村手工业工人本人不分田。”〔2〕此前，弋横、信江苏区已开始分田。信江特区《临时土地分配法》的颁布，对原分田政策作了调整，用法律的形式将各地土地分配规范化。

11月17日 在贵溪县标溪村汪家祠宣布成立红军独立团第八连，黄立贵任连长。江西红军独立第一团由四个连增加到五个连。

11月中旬 为保留信江特委，使信江地区蓬勃发展的斗争局面不致受损，特委书记唐在刚受方志敏、邵式平、黄道等特委领导人和根据地创始人的委托，携密写的报告到南昌，向省委反映情况。该报告强调了不能取消信江特委的理由：作为直接上级的东北特委设在景德镇，信江苏区各县县委与其有赤白之隔，交通联络不便；信江特委有长期领导苏区斗争的历史和经验，贸然取消，势必影响苏区的前途；东北特委几起几落，又设在白区城市，指导不了信江的苏维埃工作。信中还“责备省委不开全省执委会，

---

〔1〕 方志敏：《信江党和红军以及最近之局势》，《方志敏全集》第296—297页。

〔2〕 信江特区苏维埃政府《布告》（落款：方志敏，1928年11月12日）。时间有误，应为1929年11月12日，转引《方志敏文集》第245页。

说省委【平日】没有指示，一指示就取消【信江特委】"[1]。后中共江西省委专门开会讨论信江特委问题。会上，唐在刚汇报了信江苏区的斗争情况，再次强调不能取消信江特委。信江特委的报告和唐在刚代表信江特委在会上的据理力争，改变了省委的决定，决议不予取消信江特委。

11月26日　乘国民党军第五十师调防之机，与邵式平、匡龙海指挥红军独立团，在贵溪县周坊关王殿，全歼该部第六连。"激战不及一小时，将该匪全连覆灭，缴获步枪六十七支，机关枪一架，俘虏二十四名，获空前之胜利。"[2] 开创了赣东北红军一次战斗歼灭敌军一个连的纪录，并首次缴获机关枪。"此次胜利，提高了红军的战斗情绪，从此不怕同有机关枪的敌人打仗了。"[3]

△　接到中共万年特区委的报告，指示匡龙海率红军独立团百余名战士，冒雨从贵溪赶到万年县富林，准备迎战次日进攻万年苏区港下、富林等地之敌。[4]

11月27日　凌晨，红军独立团由富林奔袭万年县保安团驻地陈营镇蠕子庙。适天大雾，未及天明，在当地赤卫队、少先队一千五百多人的配合下，迅速全歼万年县保安团，活捉该团团总。此次战斗后，陈营一带二十四个村庄纷纷建立村苏维埃政权。

△　国民党军第十八师第五十二旅旅长戴岳召集赣东北各县

---

〔1〕《中共江西省委会议记录》，1929年11月28日。

〔2〕方志敏：《信江党和红军以及最近之局势》，《方志敏全集》第303页。

〔3〕方志敏：《我从事革命斗争的略述》，《可爱的中国——方志敏狱中手稿》（贰）第203—204页。

〔4〕中共万年县委革命斗争史编撰组编：《万年县革命斗争史》，1959年9月。

县长及所谓“公团代表”，在余江县召开“清乡”联防会议。会议通过关于“清剿”十四项议案等，每县推县长、县政府官员及地方绅士等四名成员，共同组成“赣东北十二县清剿联防委员会”。该旅对信江苏区的“清乡”，以贵溪、余江、万年三县为重点。

11月28日 中共江西省委为保留中共信江特委向中共中央呈送报告，其中写道：在苏维埃统治下，赣东北红军“由百三十枝枪而增加到两百多枝，党的组织也发展到七县，有五千多党员，因此，信江特委坚决的请求省委保存特委的组织，而继续扩大信江流域的工作。经我们详细讨论的结果，认为在目前信江工作新发展的局面下，无论在政治意义上，组织作用上，交通关系上，信江特委都有继续存在之必要”〔1〕。

11月下旬—12月 中共江西省委遭到大破坏，省委书记沈建华、省委巡视员张世熙等一大批共产党员相继被捕、牺牲。受这次事件牵连，恢复才一个多月的中共江西东北特委又遭破坏，特委书记黄光到湖口巡视工作时被捕，特委负责人徐京丹等二十多人被捕、牺牲。

12月上旬 从余江、万年两县撤退到贵溪苏区的同志中选拔余江县一区区委书记李咸清等人，安排在贵溪县委机关培训，亲自授课。训练班结束后，学员们返回各县继续组织武装暴动。本月下旬，在方志敏指导下，余江县鸿鹤嘴、象湾、画桥等近十个村掀起抗租、抗债、抗苛捐的年关斗争。

12月24日 出席在万年县龙港村召开的万年东部四十八村工农代表大会，三百五十余名代表参会。〔2〕就目前革命形势以

---

〔1〕《中共江西省委给中央的报告》，1929年11月28日。

〔2〕该大会召开时间为农历十一月二十四。

及建立苏维埃政权后工作任务作了两次报告，号召万年同志加倍努力，积极开创年关斗争新局面。会后，梨树坞、裴梅等四十八村相继发起年关暴动，建立村、乡苏维埃政权，形成以富林村为中心的万年县新苏区。

12月 在贵溪周坊一带亲自登台演出四幕话剧《年关斗争》。剧本由方志敏依据当地的斗争素材编写。剧中的恶霸地主杨克明，就是以贵溪靖卫团总司令为原型。贵溪苏区女干部李素清回忆："一九二九年旧历十一月在贵溪一区畈上吕家演《年关斗争》，方志敏化装成农民妇女（剧中人物为张三妻），邵式平演丈夫，我演女儿，黄道演地主杨克明，程伯谦演走狗。剧本是方志敏编的。县里开代表会也演了这个戏，一共演过好几场。开始我不愿演，是方志敏动员我上台，后来苏区扩大了，他还让我参加了省工农剧团。"〔1〕

△ 妻子缪敏在贵溪夏家岭生第一个孩子，取名方荣柏（男），乳名柏崽。新中国成立后，改名方英。

12月底 与彭德怀、黄公略、段泉月、李文林、王佐、袁文才等二十一名红军将领，被国民党军第十八师师长张辉瓒向江西省国民政府呈文，在全省悬赏通缉。

---

〔1〕 李素清访谈记录，1979年9月22日（未刊稿）。

1930年　三十一岁

1月1日　率红七连、红八连从贵溪开赴弋阳九区，编入红军独立团。改编后的独立团，辖六个连及一个机关枪队，“共计步枪三百七十余支，驳壳二十架，机关枪一挺”[1]。团长匡龙海，政治委员李上达，政治部主任邹琦。

1月5日　毛泽东就红四军第一纵队司令员林彪来信中流露出的对革命前途的悲观认识，复信指出：中国革命高潮快要到来，星星之火，可以燎原。信中充分肯定“朱德毛泽东式、方志敏式之有根据地的，有计划地建设政权的，深入土地革命的，扩大人民武装的路线是经由乡赤卫队、区赤卫大队、县赤卫总队、地方红军直至正规红军这样一套办法的，政权发展是波浪式地向前扩大的，等等的政策，无疑义地是正确的”[2]。

1月　领导信江苏区军民，开展反国民党军第五次“进剿”的斗争。月初，国民党军第十八师第五十二旅戴岳部和赣东北八县靖卫团，兵分六路，对漆工镇、磨盘山等信江革命根据地中心区域发动第五次“进剿”，来势凶猛，数日之内，敌人几乎占据了信江苏区的各大村镇，将苏区党政机关所驻房舍尽行焚毁。为避敌锋芒，方志敏等带领信江特委、政府机关和部分苏区军民，上

---

〔1〕 方志敏：《信江党和红军以及最近之局势》，《方志敏全集》第303页。

〔2〕 毛泽东：《星星之火，可以燎原》，《毛泽东选集》第1卷，人民出版社1991年版，第98页。

山隐蔽。本月五日，刚扩编的红军独立团抓住战机，主动向进占弋阳芳家墩的敌军周营发起攻击，激战十余小时。后因另一路敌军从贵溪裴源赶来增援，红军主动撤出战斗。“是役我们损失步枪两支，死伤二十余名，事后调查匪军实一营，损伤比我们更大。”[1]

2月6日 出席在万年县乐家村举行的中共万年县第一次代表大会并作政治报告。中共万年县委正式成立，书记郑新德。本月中旬，万年县苏维埃政府在富林村成立，主席吴泽元。至此，信江特区苏维埃政府下辖六个县级苏维埃政权。

2月上旬 在贵溪县库桥主持召开中共贵溪县第二次代表大会并讲话。又到标溪夏家出席贵溪县第二次工农兵代表大会。在两个会议上都对反“进剿”斗争作了部署。

△ 任信江特区苏维埃军事委员会主席[2]，邵式平接任信江特区苏维埃政府主席。不再兼任贵溪县委书记。

△ 在毛泽东于二月六日至九日主持召开的红四军前委、赣西特委、红五军及红六军军委的联席会议（即陂头会议）上，当选为中共共同前敌委员会委员。共同前敌委员会是为统一领导赣西南、闽西和广东东江革命根据地的红军和地方党组织在这次会议上成立的，由十七人组成，其余成员为毛泽东、郭贞、曾山、王怀、朱德、潘心源、黄公略、刘士奇、彭德怀、谭震林、陈毅、邓子恢、张鼎丞、袁国平、李文林、滕代远。毛泽东、朱德、曾山、刘士奇、潘心源为常务委员，彭德怀、黄公略为候补常务委员，毛泽东任书记。

2月上中旬 为加强部队的正规化建设，在指挥红军投入反

---

〔1〕 方志敏：《信江党和红军以及最近之局势》，《方志敏全集》第310页。

〔2〕 中共江西省委组织部等编：《中国共产党江西省组织史资料》第1卷，中共党史出版社1999年版，第191页。

“进剿”斗争的同时，抓住战斗空隙，在红军独立团开展“整军运动”。

后回忆：“当我接受军委工作的时候”，“我锐意要整顿和锻炼我们的队伍，要把独立团练成一支有较强战斗力的精锐队伍。因为队伍不多，所以我采取的工作方法，是自己亲自深入队伍中去检查，去讲话，去指导，去督促。发布一种工作的命令，我必要将这命令的意义和内容，向战士们解释清楚，使他们都懂得为什么要如此做以及怎样去做。对于战斗员的生活，极力改善，加意爱护，亲之爱之如家人兄弟一般。对于军纪，特别是作战的军纪，不论何人，都是严格执行，不稍宽贷，首先我自己就做到一个模范地遵守红军纪律的人。对于训练，主张认真切实，无论操场讲堂，不许丝毫敷衍。对于管理，主张严格，一举一动，都需照规定执行。”“虽然在当时，我们手中没有一本关于红军政治工作的书籍，政治工作的方法懂得很少，但我注重多开会议，多讲多说，也就可以将红军的政治水平和战斗情绪，提高起来。经过一个短期间这样的整顿训练，独立团原有的一些散漫混乱的现象，逐渐肃清，变成整齐严肃的正规红军了，战斗力也随之较前加强。各县游击队和补充营（四连人）也经过同样的整顿，都日有进步。”经过整军，“渐渐地扫除从农民土地革命中产生出来的红军附带而来的游击主义的习气”。〔1〕

2月中旬 与匡龙海等率红军独立团，在弋阳曹溪乡团林村，一举全歼弋阳县靖卫团，缴枪三十多支。团林战斗后，周建屏〔2〕

〔1〕 方志敏：《我从事革命斗争的略述》，《可爱的中国——方志敏狱中手稿》（贰）第207—210页。

〔2〕 周建屏（1892—1938），江西金溪人。中国工农红军第10军的创建人之一。1927年加入中国共产党。1930年起，先后任红10军、红11军军长。抗日战争时期，任八路军115师343旅副旅长等职，参加平型关战役等。1938年6月，病逝于河北省平山县。

接替匡龙海，继任红军独立团团长。

2月22日 与周建屏等率红军独立团，长途奔袭，深夜抵上饶城下。次日，攻占上饶城。红军“是日拂晓……由西北两门进城，有枪数百支，梭标□徒数千人。上饶地方警队，与战不利，又无援兵，城遂陷”〔1〕。红军独立团消灭国民党上饶警备队、占领县城，政治影响极佳。此举，迫使进犯苏区之敌紧急回援，不日即全线溃退。至此，国民党军对赣东北苏区的第五次“进剿”被完全粉碎。

3月12日 令周建屏率红军独立团三个连当晚从贵北过信江，攻打鹰潭镇。次日晨，在地方游击队的配合下，红军迅速攻克鹰潭镇，镇靖卫团落荒而逃。部队筹药品等一批物资后返回苏区。

3月20日 主持在弋阳九区烈桥黄沙岭召开的信江特区第二次工农兵代表大会，与会代表二百余人，选举产生信江特区苏维埃政府第二届执行委员会，邵式平任苏维埃政府主席，方志敏仍担任军委主席。

3月23日 主持制定的信江特区苏维埃政府《土地临时使用法》，在信江特区第二次工农兵代表大会通过后，于本日公布施行。

4月17日 与周建屏等指挥红军独立团，在准备暴动的煤矿工人配合下，再次攻打乐平鸣山煤矿，除缴获矿警察大队步枪三十余支，没收银元七千元外，还缴获一台车床和一批钢管等物资。翌日上午，在军民祝捷大会上，方志敏发表讲话。部队返回时，鸣山煤矿三十余名技术人员和一百余名工人随部队来到苏区。后这批人员和物资对于赣东北革命根据地兵工事业的发展发

---

〔1〕 国民党档案：《上饶三次被陷记》。

挥了重要的作用。

4月下旬 化装成农民，前往景德镇参加中共江西东北特委扩大会议。当时的地下党员谭开荣后来回忆：这一年农历二月起，景德镇闹饥荒，人心浮动。江西东北特委想乘机把景德镇国民党地方武装拿下来，求援于方志敏。会上，方志敏提出在开展春荒斗争同时，要提高镇内瓷业工人的思想觉悟。为此，会议决定举办一个短期训练班，还研究了如何发动群众，夺取武装和扩大红军等问题。第二天，在当地同志的陪同下，方志敏秘密察看了景德镇的地形，第三天从湘湖街出城，一直被护送到靠近苏区边界的德兴县海口村。

4月 出席在弋阳烈桥塘坞召开的中共信江第二次代表大会。中共江西省委巡视员胡庭铨参加会议。大会通过有关政治、军事、苏维埃等工作的多项决议，制定“信江党目前一切工作，无论军事政治都集全力向东北进展”的方针。选举产生中共信江特委第二届执行委员会，执委十三人，常委七人，仍由唐在刚任信江特委书记，方志敏任中共信江特委常委、军委主席。

△ 与周建屏等率红军独立团，从弋阳出发，冒雨连夜翻过大茅山，次日拂晓抵达德兴黄柏张家畈村，全歼驻扎在此村的德兴县靖卫团，后回忆：“这靖卫团消灭之后，全县群众都快乐得很，‘这一伙害虫也会死！’苏区马上发展了三个新的区。”〔1〕

5月1日 出席信江特区第一次工人代表大会及庆祝五一国际劳动节集会。

5月初 国民党新军阀在中原地区爆发了一场规模空前的大混战，即蒋冯阎大战，客观上对根据地的发展造成了有利的形

---

〔1〕 方志敏：《我从事革命斗争的略述》，《可爱的中国——方志敏狱中手稿》（贰）第212页。

势。后来记述："因蒋阎冯在津浦线上大混战，抽调了一部分对我们的兵力。剩下来的军队，数近一师，然区域太宽，不敷分配，形成各方面的空虚。我们的红军独立团，又严加整顿训练，迭次胜利，士气极高，战斗力较前大为增强！"〔1〕

5月5日 指挥红军独立团向苏区外围出击，攻打弋阳、乐平两县交界处的国民党军驻扎点秧畈村。"我军组织敢死队，冲锋人数约六十人，由各连士兵自愿担任。五日晨我军全团及预备连三连，游击队枪百余支，分三路进攻。敌人尚在睡梦中，经我们敢死队猛冲，只战十余分钟，敌人溃退，被我缴来枪支约百余支"〔2〕。次日，红军攻克乐平县的众埠。数日内，又乘胜攻占铁山、文山等大村镇，打开了苏区通向乐平、景德镇的门户。同时，收缴乐平县东南乡各村地主枪支三百余支，红军独立团的武装增加近一倍。中共乐平县委在本月中旬恢复，何映辉任书记。

5月中旬 与周建屏等指挥红军独立团连续出击，重创苏区周边的国民党地方武装。

5月20日—23日 中共信江特委书记唐在刚，出席中共中央和中华全国总工会中央执行委员会在上海秘密召开的第一次全国苏维埃区域代表大会，并出席中共中央在上海召开的全国红军代表会议。方志敏、邵式平、黄道等信江特委领导成员认为，唐在刚去上海开会，是向党中央反映有关根据地发展意见的机会，信江特委为此开会，"决定派特委书记唐在刚同志来中央，面告一切，希图获得上级对信江方面革命的了解"；同时"向上级建议，请求取消原有东北特委，将现在信江特委扩大成东北特委，

〔1〕 方志敏：《赣东北苏维埃创立的历史》，《可爱的中国——方志敏狱中手稿》（叁）第418页。

〔2〕 方志敏：《信江党和红军以及最近之局势》，《方志敏全集》第312页。

这完全是站在工作上的意见”。[1] 然而，当时以城市为中心的“左”倾错误统治下的中共中央，不仅不同意取消设在景德镇的江西东北特委，反而坚持去年就提出的要取消信江特委的决定，并让唐在刚回去传达这一决定。

6月6日 出席中共信江特委第二次执委会会议，会议重点讨论唐在刚传达的中央取消信江特委的口头指示，中共江西省委巡视员胡庭铨参加会议。会议认为中央的这一指示，“致令我们所望大失！确实丢弃信江开辟东北的形势。不但我们不以为然，即省巡视员胡廷铨[2]同志亦大不以为可！当时我们都陷入到这样的困难：遵照执行吧，工作马上要受打击，于心有所不忍；不遵照执行吧！将又说我们违反组织，是存了封建思想，保守观念。”特委会经过郑重讨论，作出两条决议：“一、我们未接着上级通告，谬然取消信江特委，于组织是不合的”；“二、……我们为得工作计，应得再行派代表，随带详细书面报告，去中央切实报告信江革命真象，希图中央对我们有更正确的指示。在中央未回示以前，信江特委还是暂不取消。”特委会还向中央建议，将“信江特委与东北特委合并为东北特委”；“新东北特委的中心无论如何以建立在割据区域为宜。因为秘密区域很容易被反动势力所破获，一经破获，整个东北将失其领导，损失决非浅鲜”。[3]

△ 在弋阳芳家墩主持对红军独立团的再次整编，解决红军独立团缺少营级建制，由团直接指挥到连的不灵便问题。全团共编三营，营下辖三连，另设特务连、机关枪连、驳壳队、担架队各一。全团共有步枪六百到七百支，兵员一千余人。团长、政委

---

〔1〕〔3〕 方志敏：《信江党和红军以及最近之局势》，《方志敏全集》第318—319页。

〔2〕 胡廷铨，即胡庭铨。

仍由周建屏、李上达分别担任。

6月7日　获驻河口镇的国民党警备第一团主力已开赴贵溪的情报，指挥红军独立团前往，一举击溃守敌两个连，攻克河口镇。河口是赣东北经济、政治、军事中心，国民党军长期驻有重兵，对信江苏维埃区域的每次“进剿”，都从这里策划与发动。因此，攻占河口的政治影响很大，国民党地方当局非常恐慌，急忙向上报告：“驻河曾团，六月六日奉命开赴贵溪集中，次日匪陷河口，获曾团七连枪四十余支，弹药十余箱。”〔1〕

6月8日　为使中共中央切实了解信江苏区革命的历史和现状，促使中央改变取消信江特委的决定，代表中共信江特委撰写的给党中央的报告《信江党和红军以及最近之局势》〔2〕，于本日完稿。报告简要记述了从大革命时期到目前赣东北党组织的建立、发展，以及红军产生和逐步壮大的艰难历程；实事求是地反映了中共江西东北特委未能从大局出发，对信江特委的工作予以配合和支持的情况。报告的宗旨落在最后一节“我们的意见”中：“我们应该贡献如下的意见于中央：a. 信江特委与东北特委合并为东北特委。b. 新东北特委的中心无论如何以建立在割据区域为宜。”

报告后经补充，由唐在刚代表中共信江特委再次去上海汇报工作时，送呈党中央。

△　在起草的中共信江特委给中央的报告中，总结信江红军建立两年多来在实践中形成的战略战术。“红军作战战略，归纳

〔1〕国民党档案《已受四年惨劫之赣东》，1931年2月15日。“驻河曾团”指曾姓团长所率驻河口镇的国民党军一个团。

〔2〕《信江党和红军以及最近之局势》，文末署日期为6月8日，后有所补充和更正。

起来，可分下列几种：（一）埋伏要道，截击匪军（即扎口子）。（二）诱敌出来，埋伏截击。（三）围魏救赵，如匪军向革命区域进攻，我们即进攻上饶城解围。（四）避实击虚。（五）黑夜扰乱敌营……（六）截断匪军交通及粮食……（七）有时分散，有时集中，视敌对我们的分散与集中而言。”〔1〕

△　令红军独立团部分兵力和地方武装，在群众的配合下，一举攻克德兴县城，该县代理县长逃至浙赣边界，急电省民政厅求援：鱼（六日）驻军撤、庚（八日）城陷、警靖各队由职率驻浙陲、乞速派队克复。

6月上旬　与从河口镇随红军到苏区的何秀夫医生谈话，决定将红军调养所迁到磨盘山西调庙，扩大为红军医院，何秀夫为院长。红军医院后来有一百多名医职人员。

6月11日　中共中央政治局会议在上海召开，李立三主持，会议通过《新的革命高潮与一省或几省首先胜利》的决议。在上海汇报工作的唐在刚代表中共信江特委出席了会议。

6月12日　指挥红军独立团攻克弋阳县城，捕捉并处决一批贪官污吏和土豪劣绅，其中有投靠国民党出卖长兄的五叔方高雨。六天之内，红军连克河口、德兴、弋阳，军威大振。

6月中下旬　日常工作场所移驻弋阳芳家墩。中共信江特委、信江特区苏维埃政府机关此时分别从弋阳烈桥塘坞、黄沙岭迁至芳家墩。此后一段时间，这里成为赣东北苏区的首府。

6月24日　出席在乐平县文山召开的乐平县第一次工农兵代表大会并讲话。参加代表百余人，会期三天，在方志敏指导下成立乐平县苏维埃政府，杨立治任主席。这是信江苏区第九个县级苏维埃政权。此时，乐平县东南乡一带苏区与弋阳中心苏区连

〔1〕 方志敏：《信江党和红军以及最近之局势》，《方志敏全集》第313—314页。

成了一片。

6月25日 中共中央听取唐在刚的汇报后，经讨论，采纳方志敏与信江特委的建议，下达文件：信江特委与东北特委合并，组成新的赣东北特委。文件还指示成立江西东北革命委员会，取代信江苏维埃政府。根据六月中央政治局会议的精神，文件规定："信江党目前的总任务，便是坚决地组织赣东北的地方暴动，武装东北的广大工农群众，猛烈扩大红军，向着九江发展，以适应并推进全国的革命形势，争取全省及全国的胜利。"对此前以方志敏为代表的中共信江特委的路线和策略，几乎全面否定，指责为"发展的根本精神却是为的保守，为的实现并巩固信江苏维埃区域，这根本是一种割据的观念"，"因为你们割据保守的路线，致限制了工作的发展，这是最严重的错误"；"信江只是限制有一团红军，而不积极猛烈发展红军，这是严重的错误"。

6月26日 与黄道等被中共中央指定为新的赣东北特委执行委员，未进入常委会，信江革命根据地的主要领导人之一邵式平被排除在执委会之外。

6月中旬 令红军独立团前往万年县石鼓方家，一举击溃国民党鄱阳、乐平、余江、余干、万年五县联防团，缴获长短枪五十五支。次日，红军乘胜进攻万年县城，因敌军防御工事甚为周密，在城外设有铁丝网，红军由东西南三面攻城时未能突破敌铁丝网，攻城受挫，红军官兵伤亡四十人左右。

6月 主持信江特区苏维埃政府财经工作会议，邵式平、黄道、吴先民、邵忠、宁椿生等出席会议。会议决定由信江特区财委会主任邵忠筹办信江苏维埃贫民银行，并核定贫民银行基金（资本金）为二十万元，其中十六万银元由信江特区苏维埃政府财委会保管，银行成立后发行纸币四万元。

△ 主持制定的经济政策初显成效。由于苏区多米谷而少货

物，且谷价低贱，白区则少谷而价贵，特区政府遂决定以苏区的谷米换取白区的货物。价较原来的高一点，但不准换货币。方志敏称这一政策是“信江苏维埃政府第一个为冲破敌人经济封锁的政策”，“结果未执行得好，但敌人封锁政策被我们打破了”。第二项重要举措是统一各县财政，从而使根据地的“军事上及党政工作上都得到很大的进展”。同时，考虑苏区群众经济困难，指示财政委员会暂时征收稻谷为土地税税金。〔1〕与此同时，自上年以来，积极探索和解决农民的土地问题。

△ 通过各级苏维埃政府，致力在苏区广泛建立赤卫队等群众武装。经过长期的努力，至本月末，每区均组建有赤卫大队，信江根据地共有赤卫大队五百一十余个，队员二十万人左右。还建立劳动童子团，有五个军，每军有三师，下设旅、团、营、连等，并设政治指导员。各类群众武装组织共有二十六七万人，青年妇女也参加在内。〔2〕

7月1日 撰就中共信江特委给中共中央的报告《信江群众斗争的经过与苏维埃的历史》。报告记述了自一九二七年秋以来，赣东北党组织领导农民进行武装暴动，逐步实现工农武装割据，建立和扩大苏维埃政权的历程。该报告以《江西信江群众斗争的经过与苏维埃的扩展》为题，在当时中共中央机关报《红旗日报》上连载。

7月4日 晨，与邵式平、周建屏等率红军独立团从弋阳芳家墩出发，向景德镇行动。途中，在乐平县洺口镇击溃国民党许英保安团，缴枪三十余支。次日傍晚，红军进抵段村，从各营抽

〔1〕 方志敏：《信江群众斗争的经过与苏维埃的历史》，《方志敏全集》第332、334页。

〔2〕《信江特委代表关于信江党的组织并工作报告》，1930年7月。

调部分外省籍战士换上国民党军服，组成先头部队，全团冒雨连夜向景德镇进发。

7月6日 上午，在中共江西东北特委组织的党员和百余名瓷业工人的配合下，指挥部队开始对景德镇的军事行动。九时许，红军独立团打着省警备团的旗号，进入景德镇。先打开监狱，解救被关押的革命同志和群众三百余人，“旋即开放排枪示威，一时秩序大乱，警队因事出仓卒，不及防备，枪枝多被缴去”〔1〕。红军兵分多路，分别占领国民党浮梁县〔2〕政府、县党部、县公安局等军政机关。至午后，战斗结束，此役共缴获枪械二百八十余支。后回忆：“袭击景德镇的行动，算是执行得很好的。独立团在一日夜间，行军一百四十里，晚间又是倾盆大雨，洪水骤涨，桥梁冲倒不少。红军冒雨悄悄地前进，行过各村镇，居民都睡着。当红军到达景镇时，商团还不知是什么队伍，有几个商团士兵，在街上买东西，见到红军，还举手敬礼。只打了几十枪，就将在镇队伍完全缴械了。红军在镇，纪律极好，公平买卖，没有扰民之事发生。那时，红军禁吸烟，几千人没有一个人吸纸烟，这不能不使镇上的人惊奇起来，为什么在乡村里能训练出这样的军队来。”〔3〕

△ 以信江特区苏维埃政府军委会名义发布《告景德镇民众书》，说明中国共产党和红军的政治主张，并派部队驻守银行、米铺和当铺，维护社会治安。同时，安排红军中的政工人员加强对景德镇群众的宣传工作，通过张贴布告、标语和集会演说，使

〔1〕 1930年7月14日《申报》。

〔2〕 当时景德镇归浮梁县管辖，为县治所在地。

〔3〕 方志敏：《我从事革命斗争的略述》，《可爱的中国——方志敏狱中手稿》（贰）第214—215页。

广大民众对共产党、苏维埃和红军有了新的认识，数日内，有千余名瓷业工人和赤贫群众参加红军。

△ 会见景德镇商会会长陈庚昌等，解释红军保护和扶助城市工商业的政策。次日，景德镇的商店大都开门恢复营业。

△ 晚，出席景德镇工人代表大会。

7月6日—9日 部署红军独立团，积极开展筹款工作。除对少数劣迹显著的豪绅没收财产、处以罚款外，对其他商户，则根据经营规模，进行筹款。其间，方志敏与陈庚昌等镇上的工商业主交上朋友，通过陈庚昌做工作，商人们以“支援红军”的名义主动完成红军的筹款。加上没收的浮财，数日间，红军筹得银元三十余万[1]和大批物资，极大地改善了苏区的财政状况。

△ 与邵式平、周建屏等先后拜访当地名医邹思孟、邓怀民和周安灿，他们各自在景德镇开办了私立医院。方志敏等礼聘他们到苏区红军医院工作，经动员，三位医生毅然参加红军，并带上医疗器械、药品和助手，前往苏区。红军医院后来扩大为红军总医院，下设四个分院，附属医务学校，医职人员七百余人。邹思孟一直担任红军总医院院长。

7月7日 出席在景德镇莲花塘广场举行的市民集会并讲话，号召群众团结起来，推翻国民党的反动统治。

7月9日 出席在景德镇召开的中共江西东北特委、信江特委和信江特区苏维埃政府军委会、红军独立团党委联席会议。与会人员听取唐在刚口头传达中央政治局有关决议，以及对信江、东北两特委合并的指示。会上方志敏、邵式平等与唐在刚、萧韶等就两特委合并及特委机关设在何处等问题，发生激烈争论。两特委合并是方志敏等信江特委领导人此前在给中央报告中率先提

〔1〕 1930年7月15日江西《民国日报》以及同日《南昌新闻日报》。

出来的，并坚持“新东北特委的中心无论如何以建立在割据区域为宜”，唐在刚、萧韶等提出合并后新特委机关设在景德镇，与当初信江特委提出两特委合并的初衷并不相符。方志敏等“信江同志以唐同志回来无中央的指示信为词，不接受信江东北两特委合并”〔1〕。由于存在严重分歧，两特委合并事宜在联席会上被搁置。会上，原东北特委等领导人提出，将红军独立团缴获的二百八十余支枪留在景德镇武装工人纠察队，改编红军为红十军，全军出发去打鄱阳，所没收的东西及筹到的款项，除能带走外，分给群众，“志敏同志以为是党拿东西买群众的路线而反对；缴获的枪武装工人，志敏同志以为工人未有训练不十分靠得住而反对，他还说，中央的领导是对，但我们执行要一步一步的来；我们去打鄱阳，是送红军去死的；这样猛烈的发展，要坍台”〔2〕。

由于方志敏等对“左”倾冒险错误的坚决抵制，这次地方与红军党组织的联席会议无果而终。是日傍晚〔3〕起，红军独立团撤出景德镇，返回苏区。

7月10日 途经乐平县众埠街，参加中共乐平县委、县苏维埃政府组织的欢迎红军凯旋庆祝大会。

7月中旬 在弋阳芳家墩出席中共信江特委执委会会议。遵照中共中央的决定，会上信江特委与江西东北特委合并，成立新的赣东北特委，唐在刚任书记，方志敏任执委会委员。会议决定赣东北特委机关设在苏维埃区域内，至此，方志敏六月上旬在中共信江特委给中共中央报告中的两条建议得以实现。会议还决定

〔1〕〔2〕《中共赣东北特委给中央的报告》，1930年8月31日。

〔3〕红军独立团撤出景德镇的时间见1930年7月15日、7月27日江西《民国日报》及7月15日《南昌新闻日报》。

红军独立团改编为红十军，并执行中央的指示“即向九江湖口发展；后方迅速动员赤少队一百连加入红军”，争取革命在一省及数省的首先胜利。

△ 与邵式平、黄道等对中央要求赣东北党执行“打下九江、截断长江、会师武汉”的计划，心存疑虑，拟就书面报告，委托前往上海受训的邵式平向中央汇报，希冀有所改变。

△ 由于信江特委的撤销，不再担任信江特委军委书记，后写道：“我当任军委会的工作，历时五个月。”〔1〕

7月21日 红军独立团扩编为中国工农红军第十军。全军辖一、十、十九三个团，每团辖二个营六个连，另有一特务营和一机枪连，指战员共一千五百余人。军长周建屏，代理政治委员吴先民。

△ 与胡庭铨、周建屏、宣大统、李文滔、李杰三、李上达等七人，被中共中央任命为红十军前敌委员会常委，胡庭铨任前委书记。

7月22日 出席在乐平县众埠界首村举行的红十军建军典礼，中国工农红军第十军正式成立。

7月25日 拂晓，率建军仅四天的红十军和上饶县赤卫连，兵分三路，击溃守城之敌国民党警备大队，第二次攻占上饶城，缴枪六十余支，子弹百余箱。部队驻城四天后撤出。其间，会见上饶中学校长方孝宽等教育界人士。

8月1日 在芳家墩主持召开江西东北苏区工农兵代表大会，成立江西东北革命委员会，当选为主席。江西东北革命委员会的成立，标志着革命根据地由信江时期进入赣东北时期。

---

〔1〕 方志敏：《我从事革命斗争的略述》，《可爱的中国——方志敏狱中手稿》（贰）第216页。

△ 在弋阳县芳家墩创办江西东北革命委员会政府机关报《工农报》，七日刊，每期四至八版，是赣东北苏区公开发行的一份重要报纸，每期印数均在五千份以上。该报后又相继成为赣东北特区苏维埃政府、赣东北省苏维埃政府、闽浙赣省苏维埃政府的机关报，方志敏是该刊社论的主要撰写者之一。一九三三年六月《工农报》停刊。

8月3日 在弋阳芳家墩出席红十军前委常委会，部署近期的军事行动。八月五日，红十军攻占弋阳县城，打开监狱，营救出被关押的革命者和群众，并动员群众拆除城墙。十日又克余江县城。

8月17日 出席红十军前委常委扩大会议。在“左”倾冒险错误的影响下，以唐在刚为书记的中共赣东北特委决定，调红十军向赣北方向出动，夺取鄱阳、湖口。方志敏在反对无果后，叮嘱率军行动的军长周建屏要“相机行动”。

8月中下旬 红十军陆续攻下乐平县城、鄱阳县城，随后转向都昌县境。

8月下旬 在弋阳芳家墩会见中央巡视员丘泮林，丘泮林传达了中共中央将闽北苏区划归赣东北苏区的决定。闽北苏区是在以崇安上梅为中心的两次农民武装暴动的基础上，于一九三〇年五月建立起来的，地域包括崇安县大部、浦城县西部、建阳县北部等地区。接到中央指示，方志敏与唐在刚等研究后，决定将与闽北毗邻的广丰全县、铅山县大部和上饶县部分地区划为闽北党组织的活动范围。此后，闽北苏区成为赣东北苏区的重要组成部分。

△ 出席中共赣东北特委在乐平县众埠街举办的首期妇女干部训练班开班仪式。训练班由缪敏主持和授课，学员由各县苏维埃政府选派。首期参加训练的学员有二十余名，方志敏曾多次前

往授课。

8月31日　由于对“左”倾冒险主义的抵制，引起中共赣东北特委内部分同志的不满，本日在给中共中央的书面报告中对方志敏进行指责。报告从临时中央推行的“左”倾冒险主义出发，罗列方志敏的“错误”：一些领导人决定将红军独立团在景德镇缴获的二百八十余支枪，留在镇上武装工人纠察队；红军独立团立即改编为红十军去打鄱阳，报告中写道：“这些决定，遂同红军同志及方志敏同志讨论，并开一地方党与红军党联席会议。”对这些问题，方志敏在会上均持反对态度，会后即率红军独立团撤离景德镇，返回苏区。报告中还不点名地指责：在赣东北苏区“党的右倾路线，地方观念与保守思想，依然浓厚”。方志敏等“口头的接受中央路线，不愿意执行，对中央的指示，抱着试试看的态度去工作，几乎成了普遍的现象，这些现象固然是农民意识和富农思想的反映，但重要领袖之不易说服，实为一时不能纠正之最大原因”。〔1〕

8月　出席彭杨军事政治学校〔2〕开学典礼并讲话，指出：“我们这所学校不是普通的学校，是一所学兵大队，是一座培养红军干部的熔炉。”〔3〕该校原为信江军事政治学校，本月从弋阳芳家墩迁到弋阳黄家源，并易名为彭杨军事政治学校。

9月初　遵照方志敏“相机行动”的临行嘱咐，周建屏率红十军抵达距赣北重镇湖口三十里的江桥时，未按“左”倾冒险主

〔1〕《中共赣东北特委给中央的报告》，1930年8月31日。

〔2〕1929年8月30日，我党早期农民运动领袖彭湃和工人运动领袖杨殷，同时被害。为纪念这两位烈士，信江军事政治学校更名为“彭杨军事政治学校”。

〔3〕方震：《我在彭杨军政学校》，中共上饶地委党史工作办公室等编：《红色省会——葛源》，中共党史出版社1991年版，第83页。

张的要求，对湖口采取攻击行动，而是驻扎待机。九月四日，红十军遭敌第十八师特务营、财政部缉私第二团等部近三千人的围攻，面对优势之敌，周建屏指挥部队沉着应战，将敌分头击破，取得毙伤及俘敌八百余、缴枪三百余的江桥大捷。次日，周建屏即率部返回赣东北。

9月8日 晚，红十军二占景德镇，敌守城部队和靖卫团闻风而逃。中共中央机关报《红旗日报》在十月五日报道："方志敏军上月再到景德镇，积极帮助民众组织，发动革命斗争，工人、店员、贫民，都踊跃加入团体，政治宣传极普遍。另一方面，无情的肃清反动残余，没收反动派财产。经此一番振作，景德镇苏维埃政权益发稳固并猛烈的向前开展。"

9月9日—15日 出席在万年县富林召开的中共赣东北特委扩大会议。会议由唐在刚主持，到会代表一百七十余人。会议传达了进一步贯彻李立三"左"倾冒险主义的文件精神。决定更加猛烈地扩大红军，赣东北红军应攻打大城市，近期相机攻打九江，争取革命在一省或数省的首先胜利。会上，争论非常激烈，方志敏、黄道等虽持反对态度，但居少数。会议还决定将赣东北苏区的党、团、工会取消，合并成立为赣东北行动委员会，由唐在刚任书记，方志纯、郑新德、萧韶等任常委，方志敏、黄道、余金德等十人为执行委员。方志敏又一次被排挤在常委会之外。

9月下旬 前往乐平县众埠街，参与领导红十军的扩编。根据富林会议"猛烈扩大红军"的精神，红十军奉命于九月二十一日从景德镇撤至众埠街，随之进行增设旅一级建制的扩编，全军总人数激增到六千余人。由于大量新兵的加入，尤其是较多白军俘虏参加红军，给部队带来了一些不良习气。在红军干部，甚至团长、旅长中，存在打骂士兵的旧军队的不良作风。为此，方志敏决定对部队进行为期一周的整训，重点整顿军纪。在全军大会上，方志敏强调：我们是阶级兄弟，不能打人、骂人，这种现象必须制止！〔1〕

△ 领导江西东北革命委员会有关部门和人员，着手解决红十军扩编后根据地的财政困难问题，提出地方政府和红十军财政上互相支援，若地方政府财政充裕，红十军军费不足部分可由地方开支；红军废除薪饷，改发零用钱，每月每人不超过五元；提高士兵伙食费至每月三元。为了让红军指战员没有后顾之忧，还主持制定了优待红军家属的条例〔2〕。

9月24日—28日 在瞿秋白、周恩来主持下，中共扩大的六届三中全会在上海召开。会议批评了李立三的“左”倾错误，决定停止组织全国总暴动和红军进攻中心城市，结束了李立三“左”倾冒险错误在党中央的统治。

9月29日 红十军由军长周建屏、政委邵式平分别率领，从乐平县众埠街出发，兵分两路，第二次出击赣北。十月二日，邵式平所率红十军一部第三次进占景德镇。在此后近一个月的时间里，红十军辗转活动于都昌、湖口、鄱阳、彭泽四县境内，并先后攻克鄱阳、彭泽县城，但未执行富林会议精神去冒险攻打九江。红军沿途发动群众，平债分田，相继建立了四个县的苏维埃政府。方志敏后来说：赣东北虽然执行了“错误的立三路线”，

〔1〕吴克华回忆（未刊稿）。吴克华（1913—1987），江西弋阳人。1929年在赣东北参加中国工农红军，同年加入中国共产党。1955年被授予中将军衔。历任中国人民解放军炮兵司令员，成都、新疆和广州军区司令员，中共中央顾问委员会委员等职。

〔2〕《汪明关于十军情况向中央的报告》，1930年10月26日。

但“在执行中，因行不通，修改了许多”。[1]

10月7日 江西省苏维埃政府在吉安成立，曾山任主席，方志敏与曾山、毛泽东、朱德等十三人被推举为省苏维埃政府常委。

10月上旬 与赣东北特委其他同志研究后决定，为加强闽北苏区的干部力量，派出饶功美、彭皋等十余名干部随中央巡视员丘泮林前往福建崇安。饶功美任中共闽北行动委员会书记，彭皋负责闽北红军政治部工作。

10月16日 主持筹建的赣东北贫民银行在弋阳县芳家墩成立，以行长邵忠名义发布赣东北贫民银行成立公告。赣东北贫民银行成立后，即通过发行股票，集资约一万元[2]。

此前，筹建中的信江苏维埃贫民银行已印制信江苏维埃贫民银行章程和成立公告，随着江西东北革命委员会的成立，“信江苏维埃贫民银行的牌子还没有挂出来，就被改为赣东北贫民银行”[3]。不久，中共中央撤销江西东北革命委员会，指示成立赣东北特区苏维埃政府，赣东北贫民银行后改称为赣东北特区平民银行。

苏区股份制银行的创办是从赣东北苏区开始的。这是方志敏领导下的赣东北革命根据地的军民为着军事斗争和经济建设的需要，在金融上的尝试和创新。

10月中下旬 主持制定《临时消费合作社组织条例大纲》，并以江西东北革命委员会经济委员会名义发布《布告》，号召根据

---

〔1〕 方志敏：《我从事革命斗争的略述》，《可爱的中国——方志敏狱中手稿》（贰）第220页。

〔2〕 据原闽浙赣省苏维埃银行会计邹文和回忆，该笔股金记入在银行的会计科目“股份部”。见中国人民银行江西省分行金融研究室编：《闽浙赣省苏维埃银行》，1985年印，第113页。

〔3〕 陈显东：《赣东北特区贫民银行的筹建》（1979年6月），《闽浙赣省苏维埃银行》第103页。

地群众普遍组织消费合作社，每人出一块银元为股金，便可办入社证而成为社员。入社“可以得到种种的利益：第一，可以买消费合作社的东西；第二，可以买到便宜的东西；第三，又有红利分”。消费合作社是苏维埃政府指导、帮助下群众自愿集资合股的集体经济组织。此后，消费合作社在赣东北苏区普遍建立起来。

10月28日 在中共中央给赣东北特委[1]并红十军前委的指示信中，被指定为赣东北特区苏维埃政府主席。指示信强调，要贯彻中共六届三中全会精神，纠正李立三“左”倾冒险错误；撤销赣东北行动委员会，恢复中共赣东北特委、共青团特委和特区总工会；撤销江西东北革命委员会，成立赣东北特区苏维埃政府和赣东北革命军事委员会。指示信称，赣东北苏维埃区域是全国“六大苏维埃根据地之一”。

10月下旬 蒋介石在中原大战中取胜后，纠集十万兵力，对中央革命根据地发动第一次反革命军事“围剿”。次月上旬以近三万兵力，对赣东北苏区进行“围剿”。

10月 乘红十军远征赣北之机，驻河口的国民党江西警备第一团和上饶、铅山、玉山、广丰、横峰五县靖卫团乘虚进攻赣东北苏区。方志敏排除执行“左”倾冒险错误政策干部的阻挠，果断从红十军调回一个主力团，以保卫苏区，该团在河口镇附近歼灭国民党五县靖卫团一部。

11月上中旬 月初，周建屏和邵式平分别率领的红十军两支队伍，于鄱阳、彭泽两县交界的肖家岭会合后，折向国民党军力较弱的皖赣边地区，四日深夜攻克秋浦县城，六日夜撤出。回师途中，部队再克景德镇。

11月中旬 出席赣东北行动委员会扩大会议。会上，中央特

---

〔1〕 当时中共赣东北特委尚未恢复，领导机构是党团合一的“赣东北行动委员会”。

派员涂振农传达中共六届三中全会精神。会议决定立即停止执行李立三“左”倾冒险错误政策，并根据中共中央十月二十八日指示信的精神，逐一纠正“左”倾错误，并指示红十军返回苏区。

11月下旬 在乐平县众埠街主持召开赣东北苏区十三县雇农代表大会，到会代表三百余人，会上成立赣东北特区雇农总工会。

△ 到贵溪县库桥出席贵溪县第三次工农兵代表大会并讲话。大会根据方志敏的指示，纠正“左”倾错误，撤销县革命委员会，恢复县苏维埃政府。同时决定立即恢复各种群众武装。

△ 指示各级苏维埃政府，迅速将各村的贫农团和赤卫队、少年先锋队等群众武装整顿恢复起来，并“以村为单位，合起伙食，吃大锅饭，脱离生产，集中武装，配合红军作战。如此做了十多天，群众都有组织的上了火线，红军才不是单独对白军作战，是有群众配合帮助了。苏区自白军进攻表现出来的那种风雨飘摇的形势，才转变过来，渐渐地转入于巩固之中”〔1〕。

△ 为纠正盲目扩大红军、取消地方武装的“左”倾错误，红十军在乐平县文山地区进行缩编。撤销旅级建制，缩编为三个主力团，指战员四千余人，实行一人一枪的配置。

11月28日 红十军在万年县与国民党军第五师遭遇，激战一整夜后，向富林方向撤出。由此，根据地军民全面转入第一次反“围剿”斗争。方志敏后来说：“第一次‘围剿’是在十一月开始的。”〔2〕

12月6日 在弋阳芳家墩主持召开赣东北特区苏维埃政府准备委员会会议，与黄道、汪明、吴松林、滕国荣等五人组成赣东北特区苏准会，筹备在次年一月召开赣东北特区工农兵代表大会，成立赣东北特区苏维埃政府。会议通过《赣东北特区苏准会通告》（第一

---

〔1〕〔2〕 方志敏：《我从事革命斗争的略述》，《可爱的中国——方志敏狱中手稿》（贰）第219、217页。

号)，并分配了各县的参会代表名额。后会议因故未能如期举行。

12月9日 调集苏区群众武装数千人，配合红十军，第三次攻占上饶城，取得第一次反“围剿”的首战胜利。方志敏等战前选调饶玉鸾、杨树兰、洪菊娇、周慧、胡英等五名年轻女干部，组成宣传队随部队进城，开展群众工作。

12月13日 与邵式平、周建屏等指挥红十军对河口镇发起突然攻击，参战群众近万人。双方激战四小时，敌军大败，红军第三次占领河口镇。是役，缴获步枪四百余支，机关枪四挺，迫击炮四门，子弹万余发，俘虏三百余人。三日后红军主动撤出。方志敏后来说，红十军相继攻克上饶、河口，“这两仗可说是一次‘围剿’中打得较好的仗”。并说：“一九三〇年，可说是大胜利的一年；假若我们不执行错误的立三路线……那我们所获胜利必更大。”〔1〕

△ 对在河口镇被俘的一名法国籍神父以礼相待。苏区干部饶秋香回忆：“方志敏后来把他安置在葛源，派我帮助料理他的生活。这位法国人长得矮矮胖胖，满脸大胡子。他有三四个儿子，都在国外。苏区缺的东西，有时会请他帮助办来。我帮他洗衣服、做饭。他吃东西用刀、用叉子。这位法国人后来病死在苏区，我们派人把他厚葬了。”〔2〕

12月14日 任中共赣东北特委常委。即日起赣东北行动委员会正式撤销，苏区党、团、工会领导机构分别恢复，唐在刚任中共赣东北特委书记。

12月中旬 在红十军撤出河口镇的同时，国民党军第五师从乐平偷袭芳家墩得手。方志敏等率部火速回援，十二月十七

---

〔1〕 方志敏：《我从事革命斗争的略述》，《可爱的中国——方志敏狱中手稿》(贰) 第220页。

〔2〕 饶秋香访谈记录。

日，敌军退至弋阳县城。鉴于芳家墩离乐平、景德镇较近，易受国民党军队进攻，方志敏等率党政军领导机关从芳家墩撤出，迁至弋阳漆工镇黄家源。

12月 编写《苏维埃与群众关系问答》，油印发至各级苏维埃组织，指导干部密切联系群众，防止各种错误倾向。[1]

---

〔1〕最早1945年3月邵式平、汪金祥、胡德兰、缪敏等在延安的回忆文件《闽浙皖赣（赣东北）党史》中提及，《闽浙赣苏区革命文化史料汇编》也收入此内容。

1931年 三十二岁

1月7日 中共扩大的六届四中全会在上海举行。通过这次全会，王明（陈绍禹）实际掌握了中共中央的领导权。以王明为代表的“左”倾教条主义错误在党的领导机关开始了长达四年的统治。

1月中旬 到万年县乐家厂出席中共万年县第三次代表大会并讲话，号召党员和积极分子为巩固和扩大苏区而奋斗。

1月中下旬 红十军集中兵力，在弋阳七星尖歼灭国民党军第五师一部，连同年前上饶、河口战斗的胜利，粉碎了国民党军对赣东北苏区的第一次反革命“围剿”。

1月25日 中共赣东北特委执委会通过《反富农的问题》决议。此时，尽管中共扩大的六届四中全会提出要大反“富农路线”，“坚持打击富农”，但会议在方志敏的主导下，没有把反富农上升为路线问题。决议中提出反富农的指导原则：“在目前资产阶级性的民权革命条件之下，对资本主义的私人财产，只是政治的没收，不是经济的没收……”

决议认为，今后在反富农问题上，既要纠正右倾错误，也要防止“左”倾错误：不能无条件地全部没收富农财产，更不能乱杀富农；苏区群众性的团体“反帝大同盟、革命互济会，富农分子自愿参加，还是不拒绝”；对“富农出身，但他后来参加革命很久，在斗争中并且表现踏实勇敢，丝毫没有富农的意识……无产阶级化的分子”，不能以富农看待。

1月下旬 在横峰县葛源镇黄泥坑村出席中共赣东北特委执委会第二次会议。这次会议的目的是全面贯彻中共扩大的六届四中全会精神，在当时王明“左”倾教条主义势头正炽的情况下，会议虽承认赣东北党组织、苏维埃政权和红军所取得的成绩和进展，但在路线和策略上几乎作了全盘否定：赣东北党在未接到中央指示以前，“工作路线完全是保守的，苏维埃运动守着乡村，不要城市。城市工人运动丝毫没有过问。在乡村中又只割据着地方，而不向外发展”，“向富农妥协而不彻底再分一切土地。因此在当时许多发展机会失去了，而已胜利的苏区又不巩固起来，这显然是右倾的错误”。〔1〕方志敏等从根据地的斗争实际出发，对于会议显现的“左”倾冒险倾向，进行了抵制和力所能及的斗争，从而使该会议决议在提高红军战斗力，将红军建设成一支铁军等方面，提出了一些积极的措施。

1月 冒雪翻山越岭，赶到乐平、万年两县交界的王毛坞村，慰问因国民党军“围剿”而流离失所，聚集在这里上千群众。方志敏一面召开难民大会，安定人心；一面指示乐平县委、县苏维埃政府安排好避难群众的生活。一个月后，随着被占四个区三十多个村苏维埃政权的恢复，这些群众大都重返家园。

△ 从赣东北派出的第二批干部，随同闽北红军独立团至闽北苏区。随即，中共闽北分区委和闽北分区革命委员会在崇安县坑口成立。

2月5日 主导拟定《中共赣东北特委通告》（第八号）。《通告》提出“苏区要进攻的巩固，攻固的扩大”的战略方针，并依此布置当前工作：“主要任务是打通赣西南”，“使闽北苏区与信江苏区打成一片”，进而连接中央苏区；其次，“向婺源发

---

〔1〕《中共赣东北特委第二次执行委员会会议决议》，1931年。

展，进而建立皖南工作。同时要向华埠[1]玉山发展，以达到浙江工作的建立”。《通告》指出：“实现这一任务，专靠红军是不够的，也是不正确的，是要有党的工作配合”，要“把秘密工作与公开斗争配合起来”。还指出：“浙西皖南赣北各地秘密工作，除由特委设法建立外，各县应利用群众的一切关系去尽可能的帮助建立。”《通告》强调：“打破保守的右倾观念是实现这一整个工作布置的前提，要坚决的采取进攻策略扩大游击战争，肃清一切反动【势力】，以很大的力量去建立秘密工作，这样才能使这一工作布置全部实现，才是进攻的巩固，才是巩固的扩大。”

2月10日 蒋介石任命军政部部长何应钦为南昌行营主任，准备对中央革命根据地发动第二次反革命军事“围剿”。稍后又对赣东北苏区发动军事进攻，同时推行保甲制，实行经济封锁。

2月11日 主持拟定《中共赣东北特委通告》（第十二号）和《中共赣东北特委报告》，围绕即将召开的赣东北特区苏维埃代表大会，向各级党组织部署工作。一是从本月十五日起至大会开幕之日止，要自下而上完成各级苏维埃的改选，还要召集各乡群众开会，加深群众对苏维埃政府的了解与拥护；二是要认真选出真正能代表群众利益并为群众所信赖的苏维埃代表，绝不许党来包办，也不许指定当选人，强迫群众举手通过；三是督促没有分田的地方要“刻不容缓”地执行这一工作，使群众得到土地革命的利益，自觉地为巩固和扩大苏维埃区域而斗争。

在此前后，方志敏在主持特区苏维埃政府工作的同时，把主要精力放在筹备赣东北特区工农兵代表大会上。

2月下旬 随赣东北党政军领导机关迁葛源。自此地处横峰、弋阳、德兴、上饶四县交界的葛源镇，成为赣东北革命根据

---

〔1〕 华埠为浙江西部开化县属的重镇。

地政治、军事、经济、文化的中心。

3月1日 红十军攻克开化县华埠镇。这是红十军贯彻方志敏、邵式平等根据地领导人的战略思想，首次出省作战，意图扩大苏区至毗邻的浙江西部。

3月6日—8日 在葛源镇主持召开赣东北特区工农兵代表大会，并作政府工作报告。参会代表二百多人，选出执行委员五十一人，候补执行委员五人，成立赣东北特区苏维埃政府。

主持修订的《赣东北特区苏维埃政府施政大纲》，在代表大会上表决通过。《施政大纲》明确指出，“赣东北特区苏维埃政府的主要任务，是汇合并发展东北各地革命势力，造成红军铁军，组织革命战争，以进到总的革命客观形势”。《施政大纲》强调，“妇女在经济上、法律上、社会地位上与男子绝对平等”，并把“创办社会教育”“创办职业学校”“设立公共医院”“设立成年补习学校”“建设道路桥梁，建筑船渡”等，提上苏维埃政府的工作日程；还把“执行劳动保护法”“优待红军家属”“帮助群众建立各种合作社”“帮助无耕具的贫苦农民得由低价买得耕具”等，列为苏维埃政府的施政责任。

在这次大会上，还主持通过《赣东北特区苏维埃暂时刑律》《惩治反革命条例》《婚姻法》和以“允许商人自由贸易”为主要内容的有关法令、法规。

在大会闭幕后举行的第一次执委会上，当选为赣东北特区苏维埃政府主席兼文化委员会主席。

3月15日 率赣东北特区苏维埃政府工作人员与其他军政机关、部分根据地军民一起，主动撤离葛源，退入磨盘山中，以避敌四个团以上的优势兵力对葛源地区的围攻。

△ 国民党军第四师和第五十五师对弋阳九区和葛源，发起第二次“围剿”中最猛烈的军事进攻。其后，“一共在弋阳九区

洗劫焚烧七天"，"弋横经济破坏到了极点，耕牛被牵去二千多条，谷子被他们烧了抢了去的，总计十万余石"。[1]

3月中下旬 与赣东北党和红军中的逃跑主义倾向进行严肃而坚决的斗争。在敌第二次"围剿"重兵压境的情况下，以红十军政治委员涂正农为代表的一些人，不去努力地打破敌人的"围剿"，巩固苏区根据地，"反而发出一种'要巩固赣东北苏区，首先就要巩固中央苏区，中央苏区巩固了，赣东北哪还会不巩固起来'的奇怪理论，因此，他们认为红十军不应该再在赣东北苏区作战，应该就拖到中央苏区去"。方志敏指出，"他们这样的理论，当然仅是一种表面的诡词，实际上确是对敌人'围剿'，动摇恐慌，认为无力战胜敌人，因而想一跑了事！这明明显显是十足的逃跑主义"[2]。这些论调，一度使红十军指战员无所适从，削弱了部队的战斗力。方志敏认为，"不克服这种逃跑主义，红十军是不能胜利的，赣东北苏区是不能巩固的"[3]。为此，力主免去涂振农红十军政治委员的职务。

3月28日 出席在葛源召开的中共赣东北特委第三次执委会会议。这次会议是在接到中央二月十九日的指示信后召开的。会议通过的决议提出，"反立三路线当中要反对右倾分子的活动，要集中火力反对右倾"。对于如何反右倾，决议只提到"今后要坚决改造党的成分来肃清富农路线"，把混进党内的富农分子开除出党，而没有提出用中央的"左"倾错误指示去改造党、改造苏维埃、改造红军。决议指出："今后工作路线应该采取真正群众路线。"关于土地问题，决议首次提出"土地买卖是不禁止的"

---

〔1〕《CY赣东北特委向（团）中央的报告》，1931年4月20日。

〔2〕〔3〕 方志敏：《我从事革命斗争的略述》，《可爱的中国——方志敏狱中手稿》（贰）第222—223页。

“不能实行禁止土地买卖的过早办法”，肯定了在土地革命中分得土地的农民，对土地既有使用权也有所有权。决议还认为，“过去党和苏维埃的关系是不正确的，不是党包办了苏维埃，就是党代替了苏维埃，今后各级党委对各级苏维埃应建立正确的关系”。

3月末 任红十军政治委员〔1〕，卸任赣东北特区苏维埃政府主席，由黄道代理。

3月 主持审定的工农夜校教材《工农读本》第一册出版。至一九三二年十二月，共出版四册，每册三十课，共一百二十课。这套教材是在方志敏、邵式平、黄道等指导下编写的，一些课文甚至由他们亲自编写。如将课本列出的全部生字掌握，基本可以达到能读报、写信的程度。《工农读本》文体多样，语言生动，突出革命性，又具实用性。

4月1日—7日 为“求得红十军工作的转变”，在葛源主持红十军整训。后来说：“我对于红军中政治工作的知识和经验是不够的；中央出版的各种红军的政治工作的书籍，我们没有接到一本，许多行之有效的政治工作的方法，我都很少知道。但我有的是革命的热诚和积极性；我仍如在军委会工作一样，深入队伍中去，不惮烦地去检查，去讲说，去指导，去督促；内务、操场、讲堂，以及关于各个战斗员身上许多琐屑的问题，我都亲自过问；军中会议，我亲自参加的多。好的事尽量发扬它，不好的事则严格指责，不稍宽假！在我的影响之下，红十军的指战员同志都高兴热烈起来，在葛源一个星期的整顿训练，军中一些散漫混乱的现象，纠正了不少，与从前颇不相同。”〔2〕

---

〔1〕 方志敏回忆，他在3月间任红10军政委。

〔2〕 方志敏：《我从事革命斗争的略述》，《可爱的中国——方志敏狱中手稿》（贰）第224—225页。

4月8日—10日 率整训后的红十军开到贵溪县周坊、余江县横山一带，先击溃正在造碉堡的国民党军一个团，继而消灭余江县保安团一个营，共俘虏敌军一百八十余人，缴枪二百多支。“红十军这次在贵、余三日三仗，三仗皆捷，将贵、余苏区巩固下来。”〔1〕一扫涂振农逃跑主张给部队造成的沉闷气氛，取得第二次反“围剿”的初步胜利。

4月中下旬 会见共青团闽北分区委书记黄富武，获悉闽北苏区在国民党军“围剿”下，形势危急，决定率红十军开赴闽北作战。

4月26日 与军长周建屏率红十军进军闽北，中共赣东北特委书记唐在刚等为巡视闽北苏区的工作随军行动。部队在上饶境内乘夜渡过信江，一路急行军，途中击溃拦截的敌军，次日攻克武夷山麓的铅山县石塘镇〔2〕。

4月29日 到达福建崇安坑口村〔3〕，与闽北党政机关和仅剩两个连的红军独立团会合。

△ 派红十军一部围攻距坑口五华里的长涧源，敌人将此地寺庙改造成碉堡，负隅顽抗。红军攻打了一日一夜，未果。次日晚，红军通过挖地道攻下碉堡，堡内残存的敌军和地主全部被俘。

5月1日 凌晨三时，与周建屏等指挥红十军前卫团进攻闽北重镇赤石，与国民党海军陆战队第二独立旅一个团激战三个多小时，击溃守敌，攻占赤石镇。红军筹得银元十万余元，缴获大

〔1〕方志敏：《我从事革命斗争的略述》，《可爱的中国——方志敏狱中手稿》（贰）第226页。

〔2〕1931年5月11日《申报》。

〔3〕1931年5月12日《时报》。

批物资。与此同时，红十军另一部击溃来自崇安县城的援敌。继而，红军围攻崇安县城，傍晚，红三团政治委员胡烈（即李新汉）在战斗中牺牲。部队遂撤回坑口。

5月2日—5日 红十军在坑口休整。与唐在刚等出席在坑口召开的中共闽北分区委扩大会议，部署闽北苏区的工作。决定把红十军军部特务营和这次在闽北缴获的枪支全部留下，充实闽北红军独立团，并任命红十军军部特务营营长黄立贵担任独立团团长。此后闽北独立团屡战屡胜，仅一个多月，闽北苏维埃区域比红十军未入闽前扩大了近一倍。

△ 指示红十军供给部从赤石镇筹得款项中拨给闽北分区三万银元，作为成立赣东北特区贫民银行闽北分行的准备金。

△ 出席红十军全体指战员在坑口举行的追悼会，悼念胡烈等阵亡将士。后来回忆："我们在胡烈同志的棺前，开会追悼他及阵亡将士。当我们刚开口唱国际歌时，一阵悲哀情绪涌上来，喉咙哽咽着不能出声，一眶热的眼泪不觉就滚出来了。我们的老将军周建屏同志和到场的战士都流下泪来，我们是痛悼着我们失去了的英勇战士。"〔1〕他还为英烈们作了一首《追悼歌》。

△ 到崇安张山头村的闽北红军医院，慰问负伤的指战员。

5月6日—7日 与周建屏等率红十军，西出武夷山寮竹关，回师赣东北。〔2〕后回忆："红十军这次进闽北，除军事上得到胜利，打了十一仗，仗仗皆胜，建立红十军在闽北的军威外，主要的，还是这次的胜利，奠定了闽北苏维埃和红军向前胜利发展的基础，这是政治上的一个极可宝贵的收获。"〔3〕

---

〔1〕〔3〕 方志敏：《我从事革命斗争的略述》，《可爱的中国——方志敏狱中手稿》（贰）第232、233页。

〔2〕《南昌行营电告》，《中央日报》1931年5月12日。

5月9日 在葛源出席中共赣东北特委扩大会议。中共中央派到赣东北工作的万永诚、倪宝树、聂洪钧等参加会议。根据中央决定，改组赣东北特委，万永诚任书记，方志敏仍任特委常委。会议通过《目前政治形势和党的任务》《关于党的组织问题》《关于苏维埃工作》等决议。在《关于苏维埃工作》决议中，提出“设法恢复苏区的经济”。进一步明确了赣东北苏区的经济政策：“对中国资本的企业仍保留在旧业主手中，不能无条件的没收”“允许商业自由，同时须严禁商人投机与提高物价等”“实行监督苏区对外贸易，以保障苏区必须商品的供给。但苏维埃政府此时尚不能实行对外贸易的垄断”“竭力帮助消合社的组织与发展，实行征收资本与所得的累进税”等。关于土地政策，决议写道“不禁土地买卖和租借的”，这是对三月二十八日赣东北特委执委会首次提出的土地所有权问题的再次重申，意味着将作为政策予以施行，解决广大农民群众享有地权的迫切要求。关于苏维埃工作，强调“建立真正有广大劳苦群众基础的苏维埃政府，加紧各级苏维埃工作人员的训练，号召群众改组不能领导群众或压迫群众的苏维埃政府，加紧群众对苏维埃的深切认识”。

5月11日 指挥红十军在弋阳县冷水坞歼灭敌第五十五师某团一个营，该团残部连夜逃走。次日又在横峰县何家坝击溃国民党军第九师一部。至此，赣东北苏区军民打破了国民党军的第二次“围剿”。

5月13日 出席在葛源隆重举行的欢迎红十军从闽北凯旋的群众大会。随后，卸任红十军政委，续任赣东北特区苏维埃主席。红十军政委由倪宝树接任。后回忆：“此次当任军政委，虽只四十五天，虽比较做后方工作要辛苦得多，但精神却是十分愉快！因为我觉得人生最痛苦的，莫如战争的失败；而最快乐的莫

如战争的胜利。”〔1〕

5月15日 出席在葛源召开的赣东北特区妇女代表大会并讲话。大会正式成立赣东北特区妇女解放运动委员会，饶玉鸾当选为委员长。

5月19日 颁布主持制定的《赣东北特区苏维埃暂行刑律》。《暂行刑律》分总则与分则两编，共二十二章一百四十九条。这是中国共产党领导的苏维埃区域中较早颁布的一部较为系统、完整的刑律。总则中说明：“在中央未颁布刑律以前，本律有绝对的效力。”

5月中下旬 红一方面军在毛泽东、朱德指挥下，粉碎了国民党对中央革命根据地的第二次反革命“围剿”。

5月 批准赣东北特区贫民银行发行纸币。此前曾指示：在发行纸币工作上，要十分谨慎，要严格控制和加强管理，要有充分准备，没有准备，不能发钞票。贫民银行此次发行的纸币以银为本位，代替银元在市场流通，并规定纸币发行后，银元、铜板等旧铸币继续流通，与纸币使用一律，在买卖中不准有折扣；发行的纸币，保证与银元兑换。这些原则和规定被印在纸币背面：“本行钞票，现银一律，准备基金，十分充足，携带轻便，县苏区苏，都可兑现，买卖完税，毋许折扣。”纸币的发行，为活跃苏区经济，打破国民党经济封锁发挥了重要作用。

△ 为利于根据地兵工事业的发展，方志敏等决定，赣东北兵工厂由弋阳县九区江冲源迁到德兴县万村洋源，厂址就此固定下来，也称洋源兵工厂。红十军进闽北作战时，经方志敏做工作，原福建军阀兵工厂的数十名技术工人，应邀来到赣东北。到

〔1〕 方志敏：《我从事革命斗争的略述》，《可爱的中国——方志敏狱中手稿》（贰）第226—227页。

一九三三年，闽浙赣省兵工厂发展到八百多人。厂长黄令正，政委先后为宣有元、戴良等。下设供给科、生产科和接洽处，负责全厂的生产事务。兵工厂最盛时有各类技术人员一千多人，主要修造枪炮，生产子弹、迫击炮弹、手榴弹、地雷、刺刀等，日产子弹最高达五千多发。

△ 红军被服厂也由横峰上坑源迁至弋阳烈桥仙湖村，厂址就此固定。该厂主要为红十军生产军衣、军被以及军帽、斗笠、子弹袋等，后为省财政部管辖。红军被服厂是许祝旺等根据方志敏指示，一九二九年春在弋阳漆工镇赖家村成立的缝纫厂发展而来，工人最多时有四百余人。

6月18日 在葛源出席中共赣东北特委第三次常委会会议。会议重点研究和部署苏区军民打破国民党军以炮台（指碉堡）为依托的军事“围剿”方针。国民党军队以碉堡封锁和“围剿”赣东北苏区，始于一九三一年五月，由第五十二旅戴岳部实施。戴岳曾参与“围剿”中央苏区，是国民党军中率先提出堡垒主义战术的将领之一。奉调到赣东北后，又屡屡受挫，“苏区群众实行空室清野，使我部粮食供应感到极大困难，欲进行追击搜索，又苦于得不到当地群众的任何帮助，耳目失灵，根本找不到红军目标”。遂决定“在苏区外围选择冲要地点修筑碉堡，以求先立住脚根，再步步为营，向前推进，逐步缩紧对苏区的包围”。〔1〕不到两个月，就在贵溪、余江、上饶、弋阳等县建筑了许多处碉堡。为此，赣东北特委召开此次常委会，研究对付碉堡的办法，提出要组织群众，对敌人的碉堡与据点实行包围，断绝敌人的粮食与交通。

6月22日 以中共赣东北特委的名义拟就给中共中央的报

〔1〕 戴岳：《我对蒋介石建议碉堡政策的经过》。

告，报告赣东北苏区目前的斗争情况和面临的困难。首先，报告认为，赣东北当前最大的困难是缺乏干部，特委工作人员严重不足，以致“现在的特委，实难健全东北的工作”，要求“最近无论如何，至少要派负主要责任的五、六个同志”到赣东北工作。在报告第二部分“目前苏区恢复和发展情形”中，逐次汇报了随着第二次反“围剿”的胜利进行，德兴、万年、贵溪、弋阳、上饶、玉山、铅山等县及闽北苏区的恢复与发展情况，提出加强信江南岸苏区的工作，以打通闽北苏区和中央苏区的联系。报告还着重提到赣东北苏区财政恐慌，认为“专靠红军筹款是不能解决这个问题的”。〔1〕

6月 主持召开省财经委员会会议，指出“不能做好财政工作，就不能保证战斗的胜利”，“要多想办法，广开财源”。会议就打破敌人经济封锁通过多项措施。

上半年 领导各级苏维埃政府加强拥护红军、支援前线的工作，充分发挥妇女群众在这方面的作用。六月下旬在给中央的报告中写道：“最近一二月内，妇女群众慰劳帮助红军的工作做得较好，红军一开到那里，附近十余里的慰劳队都一齐赶来替红军洗衣补衣，并赠送各种物品（暑天到了，各地慰劳队赠送红军的扇子及草鞋在万数以上），给红军以很好的影响。”〔2〕

7月1日 蒋介石调集国民党军三十万兵力，并亲任总司令，坐镇南昌，对中央革命根据地发动第三次反革命“围剿”，同时纠结国民党军第四师、第九师、第五十五师和第五十二旅等三万余兵力，“围剿”赣东北革命根据地。

7月上旬 在赣东北特委举办的干部学校作时事报告《最近

---

〔1〕〔2〕《中共赣东北特委向中央的报告》，1931年6月22日。

红军的胜利》[1]，向学员们介绍红军近期在中央苏区和闽北取得的军事胜利，指出：红军这些光荣的胜利，是我们打退敌人二次围攻的先声，战胜国民党的第一步！用这些胜利做基础，我们可以料定，不久一定要更得到大胜利！

7月中旬 为避国民党军第三次“围剿”的锋芒，与苏区党政军领导机关人员主动撤离葛源，并指挥根据地军民“空室清野”，开展游击战、地雷战，不断袭扰敌军。七月十九日，敌五十五师被迫从葛源撤退。

7月20日 在葛源会见中共中央代表曾洪易以及同来的关英[2]等。曾洪易带来中央给赣东北特委的指示信[3]。信中强调曾洪易为中央驻在赣东北的代表，全权代表中央。曾洪易的到来，使赣东北苏区有了一个凌驾于特委（后为省委）之上的“钦差大臣”。

7月22日 在葛源出席中共赣东北特委常委会会议，会议由中央代表曾洪易主持。他到赣东北不到一周，未作任何调查研究，就把赣东北苏区各方面的工作说得一无是处。在他主导下通过的《中共赣东北特委关于目前政治形势与党的任务的决议案》称：“赣东北方面，正因为执行国际路线的不坚决，党和苏维埃工作没有彻底的转变，所以红军和苏维埃运动亦没有获得很大的

〔1〕 方志敏题为《最近红军的胜利》的时事报告，录自当时某学员的课堂笔记。根据报告内容，报告时间约为1931年7月上旬。横峰县博物馆馆藏。

〔2〕 关英（1906—1938），江苏无锡人。大革命时期在上海从事工人运动时加入中国共产党。1934年10月代理中共闽浙赣省委书记，后为中共皖浙赣省委书记，领导坚持3年游击战争。1938年5月为说服一支红军游击队接受改编而被误杀。

〔3〕 即《中央给赣东北特委的信》，1931年5月6日。

发展。”提出“改造党的问题已成为目前一切工作的中心”“东北党应该从今天起，动员全党积极做反富农路线的斗争”“尤其要集中火力反对右倾”“目前对于苏维埃必须来一个彻底的改造”“赣东北苏大会[1]所通过的施政大纲，对革命的根本问题土地问题解决的不正确，应立即停止执行”“为使十军与游击队能充分的完成其任务起见，红十军必须有一次很好改编与补充”；还提出要“加紧反AB团、改组派、取消派、第三党的斗争”。这项决议，是曾洪易在赣东北推行王明“左”倾教条主义错误的行动纲领。

会议改组中共赣东北特委和共青团特委，中央派来的万永诚任特委书记，方志敏仍任中共赣东北特委常委，聂洪钧任组织部部长，涂振农任宣传部部长，另由关英任团特委书记。唐在刚、黄道、吴先民、方志纯等，或被排挤，或被降职使用。

7月28日 妻子缪敏在葛源生第二个孩子，取名方荣竹(男)，乳名竹崽。新中国成立后，改名方明。

7月下旬 中共赣东北特委在葛源的干部学校，更名为赣东北特委党校。一个多月后，赣东北省委成立，再次更名为赣东北省委党校。方志敏高度重视党校教育和干部培养，长期在该校兼课。

7月 指示赣东北特区贫民银行发行纸币三万余元。该项资金大部分借给财政委员会，用以开支七、八两月苏维埃政府和红军的各项费用，平衡财政赤字。

△ 黄道调任中共闽北分区区委书记兼军分区政委。

8月14日 在曾洪易以中央代表身份给中央的报告中，对方志敏主持的赣东北特区苏维埃政府的工作，几乎全面否定。报

[1] 指赣东北特区苏维埃代表大会。

告称，“此间苏维埃工作中的官僚主义、形式主义是很浓厚的”，“苏维埃政府工作中的富农路线和富农影响特别厉害”，“对目前赣东北的苏维埃政府必须厉行一次从下而上，从上而下的彻底的改造”。[1] 同时，对赣东北特区苏维埃军委会主席邵式平也进行无端指责，两个月后，邵式平被撤职。

8月中旬 红十军在余江县境内击溃国民党军第五十五师第三二六团。接着又在贵溪县境内痛击敌第五十二旅。两次战斗共缴枪三百余支，机关枪三挺，迫击炮一门。此后，在曾洪易“左”倾错误的军事路线影响下，红十军逐渐陷入被动，很少再打胜仗。

8月中下旬 与邵式平等长期在赣东北坚持反“围剿”实际斗争的干部，与曾洪易就如何打破敌人的堡垒主义，发生严重分歧。方志敏、邵式平主张，红十军“向皖浙赣发展的方向，采取游击战争，主动打击敌人。以巩固和扩大苏区来打通中央苏区……必须以少打堡垒，多占地方，粉碎敌人堡垒政策，战胜敌人”[2]。曾洪易认为这一主张是“在敌堡政策面前退却逃跑的右倾机会主义”，并以中央代表的身份压制不同意见，声称“红军是中央的，应直属中央代表指挥”。为此，他“对军委会的主要工作都参加”。[3] 在曾洪易的粗暴干预下，红军采用持久围攻堡垒的方针，“敌人在那里筑堡垒，红军就开到那里去，处处被动，消耗实力，致使国民党的第三次‘围剿’，在赣东北苏区未能被粉碎。”[4]

---

〔1〕《曾洪易向中央的报告》，1931年8月14日。

〔2〕〔4〕 邵式平、汪金祥、胡德兰、缪敏等：《闽浙皖赣（赣东北）党史》，《回忆闽浙皖赣苏区》第31、32页。

〔3〕《曾洪易致中央的信》，1931年8月30日。

8月22日 在曾洪易的主持下，中共赣东北特委通过《关于反富农斗争的决议》。否定年初在方志敏主导下赣东北特委通过的《关于反富农的问题》决议。指责以前“东北的反富农斗争，还是空喊口号的，并没有从经济上政治上组织上实际的来执行反富农斗争的工作”。《决议》中强调，“富农的反动实是目前革命的主要危险”，要“一方面用苏维埃政府的法律严厉裁判富农的反动”，“另一方面要在党内和苏维埃以及一切领导机关来反对和肃清富农路线的领导，在政治上和富农路线作坚决的斗争”。《决议》中还说要“反对新兴富农”，“不只是老的富农应该反对，现在以及将来的富农都是应该反对的”。

此后，由于强调“在反富农斗争中，特别要注意与AB团改组派等反动阴谋活动，要与党与苏维埃改造及肃反等工作联系起来”，殃及了一批富农家庭出身的革命干部及其家属，也侵害了中农的利益，“于是使地主更加反动，富农不满，中农动摇，雇农、贫农陷于孤立。”〔1〕方志敏等在实践中建立起来的农村革命秩序和农村统一战线政策，被曾洪易完全破坏。

8月 主持筹办对外贸易处，决定苏区各县都要成立这一机构，以开展和国民党统治区的贸易。对外贸易处是管理、实施并监管苏区与非苏区贸易的机构，并且通过秘密工作，建立多条赤色贸易路线，到白区采购或交换货物。把苏区生产的米谷、油脂、茶叶、竹木等卖出，购买或换回食盐、布匹、医药器械等，保障了苏区群众的生产和生活，有力地支援了红军的反“围剿”斗争。在方志敏的努力下，至年底根据地共建立十八个对外贸易处。这在全国红色根据地中是一个创举，比中央苏区早了一年

〔1〕 邵式平、汪金祥、胡德兰、缪敏等：《闽浙皖赣（赣东北）党史》，《回忆闽浙皖赣苏区》第32页。

半。一九三四年一月，毛泽东在第二次全国苏维埃代表大会总结苏维埃经济建设经验时说，对外贸易“这一工作，闽浙赣边区方面实行得较早，中央区则开始于一九三三年的春季”[1]。

△ 主持在流经赣东北的两条主要河流信江、乐安河沿岸全面建立船舶检查局，对过往货船征税。这成为增加苏区财政收入的一个重要途径，同时也为活跃苏区商贸、打破敌人经济封锁发挥了积极作用。赣东北苏区一般按货物总值的百分之一到百分之五征税，对进入苏区的群众生活必需品和紧缺物资，如食盐、布匹、棉花、火柴、煤油、肥皂、西药等则减征或免征税收。

增配船舶检查局武装力量，从直属的特务营调拨一个连，还配备了机枪。省财政部给船舶检查所规定的任务是：对来往船只进行检查和收税；查处违禁品，主要有军火、粮食、迷信品、鸦片，一经查出，全部没收；查坏人，保护水上交通秩序，向过往船只的船工宣传革命道理，扩大革命影响；协助对外贸易处将苏区的农副土特产运往白区去换取苏区紧缺物资。

船舶检查所和对外贸易处两个机构的设立，对于打破国民党当局对苏区的经济封锁起到了重要作用。然而，同年十一月二十一日中共临时中央给赣东北省委的信中却指出：“你们所设立的对外贸易局与船舶检查所，我们认为是税务局的变相，我们以为没有设立两个机关的必要。”方志敏等从赣东北革命根据地的实际出发，抵制了这种脱离实际的指示。

△ 倡导并主持设计的列宁公园在赣东北苏区首府葛源落成。公园紧依葛溪河，四周环以夯土围墙，占地面积近万平方米。园内有小山、六角亭、荷花池、枣林等，在六角亭旁有棵梭椤树，枝繁叶茂，是方志敏亲手栽种的。园内还建有一座带跳台

[1] 毛泽东：《我们的经济政策》，《毛泽东选集》第1卷第133页。

的游泳池，赣东北苏区全民体育运动会的游泳比赛项目就是在这里进行的。列宁公园是中国共产党领导的革命根据地内修建的第一座公园。它的建成，改善和丰富了当地群众的文化生活，也是方志敏克服种种困难，进行红色政权建设的一部分。

△　主持赣东北苏区首届全民体育运动会开幕式。运动会的项目除有赛跑等田径项目之外，还有民间广为流行的武术、挤棍等，参赛运动员达千余人。此后还举办了全军运动会、儿童运动会，每年春季或秋季开一次。随着从上海等城市来的干部不断增多，苏区党政军机关人员共组织有四支足球队，后来在比赛项目中还增加了足球。每次体育运动大会，都有数百上千人参赛。“体育运动的工作已引起了群众的注意，在两年来开了两次运动大会，都还热闹。”[1]

9月1日—5日　在葛源出席中共赣东北省第一次代表大会。会议代表七十四人，代表苏区党员一万二千余人。会议通过政治、组织、苏维埃工作、军事工作、职工运动、宣传鼓动工作、共青团工作等七个决议。大会根据中央的决定，将赣东北特委改称赣东北省委，选举产生中共赣东北省委第一届执行委员会，选出执行委员二十一人，候补执委二人；常委六人：万永诚任书记，方志敏负责苏维埃政府方面的工作，聂洪钧任组织部部长，涂振农任宣传部部长，邵式平任军委书记，关英任共青团省委书记。

主导代表大会的中央代表曾洪易，提出必须在执行国际路线的基础上实行实际工作中的转变，旨在否定以方志敏为代表的赣东北共产党人在长期斗争实践中形成的路线和策略，彻底贯彻王明“左”倾教条主义。为此，他强调要“坚决执行肃清立三路线富农路线的领导斗争，特别要加紧反对目前最主要的危险右倾”。

〔1〕《共青团赣东北省委向中央的报告》，1932年5月17日。

在"左"倾错误的高压下，方志敏坚持从实际出发，对苏维埃政权的性质、工作的原则，在主持起草的《苏维埃工作决议案》中正确表述为："使整个苏维埃不仅是处理一切日常事务及镇压反革命的政权机关，而且是发动群众斗争改善群众生活的组织者。"针对苏区面临的财政困难，决议案指出："苏维埃财政问题的解决，应从正确的整治各种税收，发展新的苏区，增进财源，以及尽量节省各项开支去着手……同时应加强各级苏维埃财政委员会的工作，不要使财政委员会仅仅完成金库或保管处的任务，应成为财政的设计和管理机关。"后来在回忆这次党代会时作了中肯的分析，指出大会最大的缺点是"没有十分抓紧最中心的红军问题"，"对于赣东北过去工作的优点，如团结群众的工作，艰苦奋斗的精神，从前好几次反不良倾向的斗争等，都没有特地提出来，以作今后工作的教训，这未免有一概抹杀之处。"〔1〕

10月7日 以赣东北特区苏维埃政府主席名义，给德兴县一区邱家乡苏维埃政府写去指示信。信中触及当时十分敏感而又棘手的问题：邱家乡乡民邱正杉，既是富农成分，又是红军烈属，他儿子邱灵通原是红十军营长，一年前红军攻打彭泽县城时英勇牺牲。方志敏到他家慰问过。可此时正值中央代表曾洪易大反"富农路线"，苏区的土地重新分配。邱家乡苏维埃干部顾忌邱正杉的成分，不敢让他与普通农民一样参与分田。方志敏得知情况后，立即写信明确指示："他〔2〕这个儿子——邱灵通这样勇敢为革命而牺牲的精神，是很值得我们钦佩和纪念的。同时他自己对革命也很好，现已年老——五十九岁……又发生老病——积

〔1〕 方志敏：《我从事革命斗争的略述》，《可爱的中国——方志敏狱中手稿》（贰）第241—242页。

〔2〕 指邱正杉。

气。因此我们纪念他的儿子——邱灵通为革命而牺牲，和他自己年老有病，站在优待红军家属和救济老弱的观点上，在这次土地分配中，你们应该分给土地——四亩给他。不要把他当做富农看待，因为他有以上两点——邱灵通为革命牺牲及他自己年老有病——特别情况，你们可以向群众解释，特此训令你们，当在土地分配时，分配较好的田地给他们耕种”〔1〕。方志敏的这封信，使邱家在分田中得到公平合理的待遇。

10月13日 出席中共赣东北省委第五次常委会会议。会议通过《关于游击工作决议》。决定将赣东北苏区周围的各个县划分为五大游击区，目的是“打破敌人围攻策略”，“目前游击工作的加紧与创造新的游击区域，是我们击破敌人围攻中最主要的工作，必须动员全党全团有计划的来建立这一工作”。

此前，方志敏已派出方志纯等一批干部，去开辟金资贵余〔2〕游击区，并在资溪县高田村建立了中共信河南岸分区委(简称河南分区委)，方志纯任书记。

10月18日 出席在葛源召开的中共赣东北省委主席团会议。会议在曾洪易的主导下，通过《关于防止敌人造炮台与打炮台的计划》。根据曾洪易提出的“持久围攻堡垒”的方针，决议提出开展十个方面的工作，包括党的秘密工作、改变红军游击队的战略战术、堡垒周围的群众工作、白军士兵运动等。后来的事实证明，这一计划的实施，不仅半年来红十军没有获得一次较大的胜利，革命根据地也失去了向外发展的时遇。

10月31日 以中共赣东北省委名义，向中共临时中央书面

〔1〕 方志敏：《给德兴县一区邱家乡苏维埃政府的信》，《方志敏全集》第346页。

〔2〕 即金溪、资溪、贵溪、余江游击区。

报告近期赣东北苏维埃政府的工作。其中，关于苏区财政经济政策的转变，指出："过去财政的来源是靠红军去打，没收反动派财产及捕捉土劣筹款。现在转到从苏维埃经济的发展及整顿税收来发掘财源，并极力节省开支……十月份财政收入，已经表现由没收财产为主要收入转入以税收为主要收入的趋势。"〔1〕这是赣东北苏区财经政策的标志性转变，后来得到毛泽东的高度评价："……我们财政政策的基本方针，明显的效验已在闽浙赣边区表现出来"〔2〕。

10月 指示赣东北特区贫民银行退还全部群众股金，将该行改制为赣东北省苏维埃银行，并先后在各地增设分行和兑换所。赣东北省苏维埃银行的行址由横峰上坑源迁到葛源。

△ 批准赣东北省苏维埃银行发行兑换券。兑换券是为了方便苏区与白区进行贸易而发行的一种有价证券。白区商人出售货物收到兑换券后，即可持券到赣东北苏区各对外贸易处购买苏区物资及纳税，但不能兑换银元，不进入赣东北苏区市场流通。兑换券的发行减少了银元外流，便利了赤白贸易的结算，对打破国民党对苏区的经济封锁起到了积极作用。

11月3日 出席在葛源召开的中共赣东北省委第九次常委会会议。会议在曾洪易的主导下，通过《关于坚决反对右倾彻底肃清实际工作机会主义斗争的决议》。决议认为，在赣东北苏区"立三路线和富农路线右倾的实质还没有受到致命的打击"，"所以目前党内的右倾倾向以及实际工作中的机会主义，便成了目前党内以及一切革命工作异常严重的问题"。决议强调："加强两条路线的斗争，集中火力反对右倾，肃清实际工作中机会主义……

〔1〕《中共赣东北省委关于苏维埃工作的报告》，1931年10月31日。
〔2〕毛泽东：《我们的经济政策》，《毛泽东选集》第1卷第134页。

的确是赣东北党当前迫切的工作。”

11月7日　在曾洪易的高压下，中共赣东北省委通过《关于军事工作的决议》。以“十军最高指导机关负责同志对客观政治形势的了解和军事政治的领导是不够且薄弱，省军委会对十军的领导亦甚缺乏和无办法”为借口，撤掉邵式平军委书记、吴先民红十军政治部主任的职务。

11月7日—14日　在葛源主持召开赣东北省第一次工农兵代表大会，作特区政府工作报告。会议讨论并通过政治、军事、经济、文化等多项决议，赣东北特区苏维埃政府改称赣东北省苏维埃政府。会议选举产生由五十一人组成的省苏维埃执行委员会，并在此基础上选举产生执行委员会主席团：方志敏任主席兼财政委员会主席，唐在刚任革命军事委员会主席，邵式平任工农检查委员会主席，洪修椿任人民委员会主席，余金德任土地委员会主席，柳真吾任文化委员会主席，汪金祥任肃反委员会主席，张天松任经济委员会主席。

11月7日—20日　中华工农兵苏维埃第一次全国代表大会在江西瑞金召开，选举产生中华苏维埃共和国中央执行委员会。方志敏未出席会议，当选为中央政府执行委员会委员，并被大会授予红旗勋章一枚，以嘉奖方志敏为建设苏维埃政权立下的功勋。

11月21日　在中共临时中央向赣东北省委发出的指示信中，所领导的苏维埃政府工作受到严厉指责。指示信称：“目前赣东北最严重的现象，便是苏维埃政权还没有成为真正的劳苦群众的政权。苏维埃政权中充满了富农和阶级异己的分子，充满了官僚主义与形式主义，对于党和苏维埃政权的一切急切执行的决定与法令怠工或曲解，将工农群众自己的政权机关变成了反革命的富农的窝巢，变成了富农压迫群众的敲诈群众的工具；将工人与雇农贫农中农的利益的拥护者，变成为富农路线的执行者。对于这种假的苏维埃机关，不能有一分钟的忍耐，立刻必须从下而上的全部彻底的重新改造。”

11月27日 在中华苏维埃共和国中央执行委员会第一次会议上，毛泽东当选为主席，方志敏当选为执委会主席团成员。

12月10日 出席中共赣东北省委第十二次常委会会议。会议通过《关于接受中央九月二十二日政治决议的决议》。决议认为：赣东北苏区对国民党军队的“第三次围攻未打破”，并“根据中央的决议所指出的紧急任务”布置了十个方面的工作。

年底 以赣东北省苏维埃政府主席名义，批准成立赣东北省苏维埃银行闽北分行，同时批准闽北分行招募银行股金、发行纸币。

1932年　三十三岁

1月11日　以中共赣东北省委的名义，向中共临时中央报告赣东北苏区的财政情况。报告陈述了苏区一九三一年的财政情况：全年支出大于收入，动用结存银元六万六千五百一十一元，黄金一千零二十五两（含解临时中央六百五十两）。年终省银行实有基金仅三千银元。省苏财委会仅存黄金一千零一十余两，保证纸币兑现，购买军需品、西药等物资都靠这批黄金。“我们每月……极节省的支用，须要三万余元。”现在的财政收入，一是土地税金，但去年税金已经收到并用完；二是船舶检查局每月可收入六七千元；三是对外贸易处每月可收三四千元；四是罚款万余元。“但亦仅够支发火食费及各种必要的费用，红军的零用钱及工作人员还是没款发给。”特别指出，如果二月份以后，在军事上得不到较大胜利和苏区的扩大，苏区财政会更加困难。〔1〕

△　尽管赣东北省苏维埃政府财政十分困难，仍决定再向临时中央输送黄金一百两。赣东北苏区支援中央经费始于一九三〇年八月，仅一年多输送中央的黄金，就超过二千两。

1月18日　在方志敏为主席的省苏维埃政府的领导下，赣东北苏区在经济建设、人民生活等方面发生了巨大变化。本日出版的《红旗周报》第二十八期发表署名“望晨”的长篇通讯《赣东北苏区的印象》。作者去年冬天到苏区“只住了四天”，但感觉

〔1〕《赣东北省委财政问题报告》，1932年1月11日。

“实在是进了一个梦境，走进了一个别样的世界”。他沿途接触了茶馆女老板、乡苏维埃干部、年轻妇女、守夜的农民、少年儿童等，在省会葛源还与省苏维埃领导人作了交谈。他深切感受到土地革命之后，有了土地的群众的幸福与快乐；感受到苏区“妇女的权利实际上有了认真的保障。劳动妇女同样分得田地，享受种种特别保护。结婚离婚有绝对的自由”；感受到“交通方面倒是流通无比。邮政局到处有，寄信非常之快，比在白区要快得多。只要贴上两分苏维埃邮票，任凭你从前没人知道的村头山角，都能够直接寄到”；感受到“在苏区，已经造就了便利于提高农民文化的客观条件”，“学校有党校，军校，青年团校，妇女职业学校，红色教员养成所等等”。

1月24日 主持制定的《关于避匪革命群众处理问题的决议》在赣东北省苏维埃人民委员会会议上通过，并下发各级苏维埃组织实施。

国民党的军事进攻，经常造成被进攻区域的群众退避到中心苏区而流离失所。为切实解决这个问题，决议指出，要改变过去单纯设招待所，仅解决吃饭问题的消极做法。今后要采取积极的措施：挑选积极勇敢分子参加红军或游击队；种田务工，各尽所能，生产自救；以及分散安置，政府救济，银行贷款，群众援助等，尽一切可能保障和改善避匪群众的生活。

2月25日 出席中共赣东北省委常委会会议。会议通过关于贯彻中共临时中央《关于争取革命在一省与数省首先胜利的决议》等文件的决议。

随着第三次反“围剿”的展开，此时，赣东北革命根据地恢复了万年、乐平两县苏区，曾洪易盲目乐观起来，在决议中提出：“赣东北党的当前任务是积极的发展红军胜利的进攻，加强党对群众斗争的领导，积极的开展苏维埃运动，造成包围河口、上饶、弋阳、德兴等重要城市，以至占领这些城市”，甚至在决议中写入：“我们必须执行中央代表[1]最近战略战术转变的训令，积极的坚决的围攻敌人，打破敌人一个两个炮台，必然的要使敌炮台政策受到严重打击以致完全失败。”对这些“左”倾错误的主张，方志敏等予以抵制，但遭到曾洪易的压制。

2月28日　出席中共赣东北省委第二十二次常委会会议。会议通过《关于恢复乐平、万年已失苏区的工作决议》。

2月　主持赣东北省苏维埃第十二次人民委员会会议，通过《关于发展耕种运动的决议》。决议把发展农业生产与改善群众生活、支援革命战争联系起来，以此“去提高农民群众耕种的积极情绪”。为此，提出十四项具体措施，主要有：从政治上向广大劳苦群众解释耕种的重要意义；奖勤罚懒，勤劳者给予精神物质奖励，不劳动不得分土地；各革命团体必须动员自己组织的群众去积极生产；妇女队必须担负种地种园的责任，协助男子生产；各乡、村要普遍组织生产冲锋队和生产模范队，并经常举行生产革命竞赛；鼓励群众购买耕牛、耕具，没有钱可向工农银行去借；鼓动群众开垦荒田荒地及荒山，谁开垦归谁，三年免收土地税；有计划地种植棉麻、茶叶、豆类等农副产品；兴修水利等。决议强调，各级苏维埃政权必须坚决执行这个奖励耕种的决议，今年农业收成一定要达到比去年增长百分之五十的目标。

△　出席在葛源举行的赣东北省妇女代表大会。这次大会将赣东北省妇女解放运动委员会更名为妇女生活改善委员会，凸显妇女在政治、经济、文化及至婚姻各个方面地位与生活的改善，切实保障妇女的权益。时任省妇女生活改善委员会主任徐大妹回忆：“当时妇女工作都是在方志敏亲自领导下进行的。他对妇女

---

〔1〕中央代表，指曾洪易。

干部的培养很重视，妇女干部不识字，他布置工作的时候一点一滴都交待清楚。”

3月4日 出席中共赣东北省委常委会会议。在中央代表曾洪易的高压下，会议作出《关于反对小组织倾向的斗争的决议》。决议说，省委发现从上海派来做文化和互济会工作的“潘务行、罗子华两同志居然瞒着党与苏维埃私自组织一种健康会，起草健康条例十条，并规定十天开会一次”，加入的有姜志尚等近十人。“省委立即加以制裁，指出潘务行、罗子华等这种行动是一种违反组织原则的小组织活动”。不久，随着肃反运动的升温，很快又被重新定性为反革命组织，开了从苏维埃机关和红军中破获“反革命组织”的先例。从这个月开始，曾洪易提出“肃反是一切工作的中心”，使赣东北苏区的肃反以运动的方式迅速扩大化。

3月8日 出席赣东北妇女生活改善委员会在葛源举行的庆祝“三八”妇女节大会，对参加集会的四千多名群众发表讲话，并向在会上宣布被吸收入党的五十多名妇女表示祝贺。

3月8日—10日 出席在葛源举行的赣东北省春季体育运动大会，给获胜者颁发苏维埃政府的奖旗。亲自担任足球比赛裁判。运动员每进一球，军乐队就奏乐一次。这次体育运动会参赛的选手有六百余人，场边还安排有保健医生，吸引众多群众前来观看。

3月 指示赣东北省文委会在葛源开办文化训练班，培养劳动小学教员。虽然苏区的小学教员“都是经过苏维埃文委会审查的，受过训练的，但教授方法还是像以前老先生教私塾的方法一样，只有少数的采用了新的教授法”。此时，尽管开办了红色教员养成学校，后改名列宁师范学校，但仍然难以满足快速发展的教育事业。

△ 以赣东北省苏维埃政府名义，指示闽北分区苏维埃政府人民经济委员会在闽北分区各县成立对外贸易处，设立船舶检查

局，颁布《货物税征收法》《出口税征收法》《营业税征收法》。批准赣东北省苏维埃银行闽北分行发行兑换券，鼓励白区商人到闽北苏区进行贸易。

4月5日 出席中共赣东北省委常委会会议。会议通过《中共赣东北省委关于红色五月工作的决议》。决议中提出赣东北苏区在红色五月的任务，“是必须十百倍的紧张起来，发展红军胜利的进攻，开展环绕苏区周围群众反帝反国民党的斗争，创造河南（即信江南部的金溪、资溪、余江、贵溪四县边界区域）新根据地，打通闽北苏区，打通中央苏区，以争取革命在一省数省首先胜利”。决议还布置了五月份的具体工作，提出“在红色五月中，必须加紧肃反工作，要喊出‘用破获反动组织的胜利来做红色五月工作’……动员广大群众进行一个广泛的肃反运动”。

4月8日 撰就《对于今年土地税征收法的解释》，以省苏维埃人民委员会主席的名义，与《赣东北省苏维埃政府土地税法》同时颁布施行。新土地税法是在一九三一年赣东北特区苏维埃政府公布的土地税法的基础上修订而成的，其指导思想是减轻税率，减轻劳苦农民群众的负担。在《对于今年土地税征收法的解释》中，提出六个方面的减税措施：继续实行“工人、雇农、红军兵士都得到免税，贫农得到减税”的原则；当年土地税的征收比上年“每石都减少了一升”；调低上田、中田、下田所定收获量的基准数，把部分上田变中田，中田变下田；改变“十分之二收苏维埃银行钞票或现洋”的规定，今年土地税一律收谷，以减少群众缴纳税金的困难；红军家属享受免税，工人、雇农的家属照贫农一样减税百分之五，中农今年也可减税百分之二；凡被白军扰乱致田地荒废或田禾受残害者以及因水旱等原因，以致收成减少或完全无收者，均可请求政府财委会调查核准，准予免税或减税。

4月11日 出席中共赣东北省委第三十三次常委会会议。会议通过《关于青黄不接斗争的决议》，要求苏区各县利用青黄不接的时机，积极推进苏区向周边发展，并对此作了具体部署。

4月15日 出席中共赣东北省委常委会会议，通过省委组织部拟定的《中共赣东北省委巡视葛源小组工作的总结》。此前，邵式平在担任省委组织部部长后，遵循方志敏的一贯思想，尝试将对党的基层组织工作的巡视形成制度，并以省会葛源特区的各个党支部、党小组为试点，“特指定几个负责同志组织了一个巡视葛源支部小组工作委员会”。“主要任务是：考察和了解下层支部小组的生活；从实际工作中得出新的办法，转变和加强支部小组工作，以巩固党的基础，实现党在群众中的斗争领导。”这次巡视工作完成之后，省委召开会议专门进行总结，得出的经验成为“各级党部进行这一工作的榜样”。

4月17日 出席中共赣东北省委第三十六次常委会会议。会议讨论了赣东北苏区与闽北苏区打通的相关问题，形成给闽北分区委的指示，并就赣东北苏区与闽北分区打通作出具体布置。

5月1日 在省会葛源主持赣东北苏区军民庆祝五一劳动节大会并讲话，随后检阅红军、地方武装和群众武装举行的军事演习，并接见白区参观团。

5月29日 主持制定的《赣东北省苏维埃政府优待红军家属条例》和《赣东北苏区生产冲锋队组织条例》颁布实施。

《赣东北省苏维埃政府优待红军家属条例》由原苏区相关条例修订而成，主要内容是：红军家属一律分配土地，并有分得好地的优先权；减免土地税；由乡村苏维埃代替或帮助耕种；有进工厂和受教育的优先权；红军家属如住在白区不能分配土地的，则由苏维埃优待红军家属委员会设法寄款给其家属；因伤残退伍的红军其家属享受同样的优待，并规定残废军人可入红军残废院休养。

《赣东北苏区生产冲锋队组织条例》规定，生产冲锋队组织以工厂或村为单位，集中一批工农积极分子，特别努力地工作，以影响和鼓励其他群众努力生产，增加产品总量，并经常性地开展班与班、队与队之间的生产竞赛，能完成各冲锋队生产计划的百分之百或超过的，即得生产模范队的名誉奖。各级苏维埃政府对评获模范队、区、县给予一定的物质奖励。条例颁布之后，赣东北苏区不断掀起生产竞赛热潮。

△　主持拟定《赣东北苏区文化教育概况》，以赣东北省苏维埃政府名义向中央汇报。

教育方面：省苏维埃政府开办了一所红色教育养成学校和一所妇女职业学校。红校有学生八十余人，妇校有学生六十余人，红校与妇校毕业期限均定为十八个月。红校设立附属列宁小学一所，属高等小学。另在整个苏区共有劳动小学一百五十余所，各劳动小学学生都在三十人以上。还要求各乡村普遍开办工农补习夜校和识字班。省苏维埃政府并颁布了《成年补习夜校具体实施办法》，规定由各村苏维埃主席担任补习夜校筹备委员会主任，原则上一村办一校，大村可办数校。到九月一日要一律正式开学。整个苏区全民性的普及教育和义务教育已日趋完善。

文化方面：省苏维埃政府创办了一个红色新戏团，现有团员四十余人。所演戏剧，内容大都含有政治宣传鼓动的意义，现正在预备增编卫生宣传等类的戏剧。此外，苏区各村普遍设立农村俱乐部，办了壁报，成立了读报会。省苏维埃政府为此还重新颁布了《指导群众读报条例》（一九三一年一月七日曾颁布过），要求将苏区内各种报纸（《红旗报》《列宁青年报》《工农报》《红军报》等），所载的消息传达到广大工农群众中去，使他们完全了解，以加强对苏区内工农群众的政治教育，提高群众的政治水平。

△ 主持拟定《赣东北苏区交通概况》：苏区于一九三〇年十月创办了赤色邮务局，后因国民党发动第一次“围剿”而停办。一九三一年九月恢复，省设赤色邮务总局，各县设县局，重要乡镇设邮务代办所，邮费比国统区的邮务局低。苏区各村还普遍设立桥路委员会，修桥铺路的资金由基金、拨款、募捐三个方面解决。全赣东北苏区各地的桥路，大部分已修整完好。此外，还设了二十处白区秘密交通站，并筹备开设各县至赣东北省会的长途电话。

5月31日 在葛源主持赣东北苏区军民五卅惨案纪念大会并讲话，检阅红十军、地方红军和群众武装举行的军事演习，并接见第二批白区参观团。白区参观团在苏区的参观活动，“对于参观团得到很好的政治影响，提高白区群众的斗争情绪，更实际的打破了赤白对立的界限，对于巩固扩大苏区的作用上是很大的意义”〔1〕。何应钦据报派出航空队，当日，多架敌机投掷炸弹二十余枚轰炸葛源。

5月 主持召开省苏维埃第二次执委会会议，修改通过《赣东北省苏维埃政府土地分配法》。新土地法明确了土地的没收、分配标准。最大的修改是不再提一切土地归苏维埃所有，“苏维埃政府现在还不禁止土地的租借和买卖”，并规定“土地分配之后，如因人的生产和死亡的关系，苏维埃政府得按照情形将死亡者土地转与生产者”。对于因怠工而荒废的田地山场，苏维埃人民委员会有权全部或部分收回，另行分配给他人耕种，把农民土地所有权用法律形式固定下来。

△ 指示并指导各级苏维埃政府，在苏区建立作战队〔2〕。

---

〔1〕《赣东北省委关于红色五月工作的总结》，1932年6月18日。

〔2〕《涂振农向中央的报告》，1932年11月20日。

作战队是继赤卫队、少年先锋队等群众武装之后，范围更为广泛的群众参战的组织，设军师团营连，平均每月举行一次军事实地演习。红军到某地作战，就由当地的苏维埃政府临时调集作战队的人员配合作战。苏区群众参加各种作战组织的有弋阳、横峰、德兴、贵溪、上饶、葛源、余江等七县共四万八千一百余名〔1〕群众。

△ 红军赤色警卫师在苏区群众的配合下，第六次围攻贵溪夏家岭炮台。围攻十多天未克，红军团长龙志光、中共贵溪县委书记花春山在战斗中牺牲。不久，方志敏以省苏维埃政府的名义将夏家岭所在的贵溪县第七区，命名为“志光区”，以纪念为保卫苏区而捐躯的烈士。

6月初 与周建屏等率红十军主力，在上饶独立营和农民赤卫军万余人的配合下，围困驻扎在上饶县城北面吉阳山的敌第四六九团多日。嗣后，红军占领罗家桥殷家坊后，将上饶至河口之间电话线割断，以断敌军联络及接济，同时分三路由龙潭、株溪桥等处猛扑上饶。六月六日、七日，红十军与敌第三十六军第七十九师恶战两日。八日，敌数架飞机对红军进行轰炸，敌我激战四五小时后，红军撤出战斗。《申报》在十五日报道称，方志敏率部“围犯上饶，企图打通铅山广丰与闽北交通，扩大赤色区域”。

△ 国民党军分别在三日、七日等派飞机掷炸弹，轰炸赣东北省会葛源，不久，苏区党政军领导机关从葛源镇迁移到离镇约三华里的枫树坞。

6月9日 蒋介石在庐山召开军事会议，部署对各革命根据地发动第四次军事“围剿”。六月上旬，国民党军以五个师以上的兵力进攻赣东北苏区及闽北分区，进一步实行构筑堡垒，修建

〔1〕《赣东北省委关于红色五月工作的总结》，1932年6月18日。

公路，进行分割的堡垒战术。

6月19日　出席中共赣东北省委常委会会议。会议通过《中共赣东北省委紧急通知（新编第一号）》，为打破敌人第四次“围剿”进行紧急部署。《通知》首先指出，国民党军队新的进攻的策略主要是“开始增派大批的飞机来配合他的军事行动”，“总的战略仍是运用稳扎稳打步步为营的办法”和实行“宣传欺骗群众”等。《通知》提出应对的主要策略是：主力红军实行主动进攻，“使敌人疲于应付”；要宣传教育群众，“揭破反革命的欺骗阴谋”；加强党在白区的秘密工作和白军士兵运动工作；“群众武装要很好的认真整顿”，运用一切武器，在巩固苏区的斗争中给敌人以迎头痛击。

紧急通知中第一次肯定了地雷和地雷战的作用，要求迅速普遍地建立硝厂，立即选出人来制造地雷，“并应训练大批人材出来”开展地雷战。人民战争中的地雷战，是方志敏领导闽浙赣苏区军民对抗国民党军队的一个创举。

6月24日　以中共赣东北省委的名义，就闽北分区财政困难问题作出指示，要求闽北分区委积极维护赣东北省苏维埃银行闽北分行发行的纸币信誉，杜绝“纸票跌价”现象。并强调严格执行赣东北省苏维埃的各项经济政策，加强对外贸易局与船舶检查局的工作，以增加财政收入。

6月　以赣东北省苏维埃政府主席名义批准赣东北省苏维埃银行发行纸币。

△　为解决因敌人经济封锁造成印钞用纸短缺的困难，指示赣东北省苏维埃银行自力更生，克服困难，研制出适合印钞的纸张。

7月10日　参加中共赣东北省委会议。在中央代表曾洪易的高压下，会议通过《关于肃反工作的决议》。

8月3日　曾洪易与中共赣东北省委向中共临时中央报告，

要求将赣东北省委改名为闽浙赣省委："我们的苏区，事实上已不止赣东北，除闽北崇安浦城建阳等处苏区和邵武的秘密组织外，浙江之开化和江山也已有苏区的建立。"〔1〕

8月 就吴先民是否反革命问题，与曾洪易发生争论。事情的起因是，红十军与赤色警卫师在本月贵溪的周坊夜战中，"一枪不响的摸进敌人的阵地，杀死敌人三四百……本可把敌人完全消灭，但在黑夜中，隐藏在红军中的AB团分子打起谣风来了，说敌人包来了，以致动摇了阵线，结果又退出"〔2〕。红十军"原定作为一个营的预备队不见了，吹号也调不来。到战斗结束后才在一个很远的山沟找到这个营"，于是营长被撤职，送到葛源审理。"在讯问中，他承认自己是个反革命，并供说吴先民（赤警师政治委员）也是反革命。"〔3〕曾洪易要逮捕吴先民，遭到方志敏、邵式平等人的坚决反对。随后，吴先民被降职为上饶县委书记。方志敏曾到上饶看望过吴先民，被曾洪易扣上对"肃反动摇"的帽子。

9月7日 签发《省苏第一七五号通令》："中华全国第一次苏维埃代表大会通过的《中国工农红军优待条例》已颁发到赣东北来了。兹决定自即日起执行。以前省苏规定的《红军家属优待条例》废止不用，特此通令周知。"

9月8日 中共赣东北省委发出《关于肃反问题给各县的指示信》。从而把肃反运动从党内扩大到党外。

9月10日 受中共赣东北省委委托，与周建屏、聂洪钧等

〔1〕《中央代表曾洪易、中共赣东北省委向中央的报告》，1932年8月3日。
〔2〕《涂振农向中央的报告》，1932年11月20日。
〔3〕聂洪钧：《关于闽浙赣红军和地方武装的几个问题》，《回忆闽浙皖赣苏区》第349页。

率红十军主力从葛源出发，第二次进军闽北。方志敏随军“负领导军事行动的责任”[1]。这次军事行动的目的是扩大闽北苏区，并打通闽北与赣东北两个苏区。

9月11日 组织部队在横峰县境内秘密横渡信江，至傍晚渡江完毕，立刻率部队，经一晚行军，次日到达铅山杨村[2]。

9月13日 率部到达闽北苏区辖地铅山紫溪镇。在这里召集团以上干部会议，决定这次闽北行动的作战计划：第一步，以红十军大部攻赤石，另派一小部配合闽北独立团同日攻打星村，将这两个镇占领，完成崇安全县苏维埃化；第二步，红十军与闽北独立团攻占浦城县城，获取一批军事给养；第三步，红十军从浦城撤出后，在铅山县境内活动一个时期，争取打通赣东北苏区和闽北苏区。

9月15日 由分水关进入闽北苏区首府大安，与黄道等闽北分区党政军领导人会合。按照紫溪会议部署，军事行动由红十军统一指挥，闽北独立团配合行动。当晚，红十军进驻赤石镇北面的新阳。

9月16日 凌晨三点，指挥红十军第八十二、八十三团攻打赤石镇，周建屏率八十四团和闽北独立团对星村镇敌军发起进攻。下午五时，赤石守敌大部投降，星村同时被攻占。[3]两处共消灭国民党军第五十六师（刘和鼎部）三个营，缴获枪支及军用物资一批，首次缴获一部完好无损的无线电台。

9月19日 红十军抵浦城，途中在洋溪村附近击溃敌军一个连。该连残兵逃入浦城，守敌急闭城门，红军只能改突袭为强攻。

---

〔1〕 方志敏：《我从事革命斗争的略述》，《可爱的中国——方志敏狱中手稿》（贰）第256页。

〔2〕〔3〕 中国第二历史档案馆编：《中华民国史档案资料汇编 第5辑 第1编 军事》（三），凤凰出版社1994年版，第133页。

9月20日　与周建屏等指挥红十军和闽北独立团，击溃守城之敌，攻占浦城县城，缴获无线电台一部。

9月21日—22日　在浦城主持召开红军团以上干部会议，指示组织宣传队，到全城群众中去宣传，完成扩大红军的任务。亲自带领大家在浦城街头宣讲，听讲群众很多，气氛非常热烈。还会见一名留学日本的学生，谈话中驳斥了国民党“红军烧杀淫掠”的恶意宣传。

△　红军没收十余家地主豪绅的粮食和衣物分给平民。通过商会和自愿捐助等方式向城内工商业主筹款二十余万银元。红军采取公买公卖的政策，让全城裁缝赶制军服，解决部队急需的冬衣。

9月22日　趁方志敏率红十军出击闽北之机，曾洪易“指导苏维埃颁布了自首条例”〔1〕（即赣东北省苏维埃人民委员会颁布的《反革命改组派AB团取消派等自首条例》），为进一步推行肃反扩大化制造法律依据。方志敏后回忆：当时“我也常到保卫局审问捉来的反动派。在审问中，我感觉到当时的肃反工作，有些地方是错误的，极不满意”〔2〕。

9月23日　率部撤出浦城，进入崇安县大安地区休整至二十七日。

9月25日　中共临时中央发出给曾洪易并转向赣东北省委的指示信，称：“我们认为在赣东北苏区反革命组织的总的领导机关，还是没有破获。”〔3〕其后，曾洪易下令政治保卫局将上饶

〔1〕《涂振农向中央的报告》，1932年11月20日。

〔2〕方志敏：《我从事革命斗争的略述》，《可爱的中国——方志敏狱中手稿》（贰）第251页。

〔3〕《中共中央给曾洪易并转赣东北省委的信》，1932年9月25日。

县委书记吴先民抓到葛源，单独关押在省军委会机关，严刑逼供。最终制造了所谓“反革命总的领导机关”——以吴先民为首的“改组派省党部”大冤案。

9月28日 率红十军北出分水关，向铅山车盘方向行动，回师赣东北苏区。

9月29日 上午，率领红十军行军至紫溪附近五里峰一带，与国民党军第七十九师（王锦文部）遭遇。红军凭险扼守，顽强战斗。下午，敌师第四七〇、四七四团等陆续增援，战事极为激烈。敌机也两度前来对红军进行轰炸。至晚，双方撤出战斗。其后两日，红军在车盘一带与敌周旋并多次激战。〔1〕

10月2日 红十军与敌七十九师在车盘附近的港口再次激战，至天黑方志敏率红十军主动撤出战斗。后回忆：“时白军七十九师，已全师开来铅山，要来阻止红军的转回赣东北。在铅山的车盘地方，我们与该师作了两天的激战，曾击退它几次，给了它重大的打击。我们因与强大敌人作正面的战争，是无利益的，遂于晚间让出车盘，另由一条路折回赣东北苏区。”〔2〕

10月3日 率红十军经铅山境内杨村，由小道至信江岸边，先头部队和主力顺利渡江抵达北岸的横峰青沙湾，正在渡河的后卫第八十四团遭敌第五师拦截，发生激烈战斗。方志敏后来回忆：“因为一天一晚行军的过度疲劳与事先没有渡河的准备，到横峰渡河时，被白军五师截击，损失了一百多支枪，这是红十军第一次受到的损失。”〔3〕

---

〔1〕 中国第二历史档案馆编：《中华民国史档案资料汇编　第5辑　第1编　军事》（三），第134、154、156页；另见1932年10月7日江西《民国日报》。

〔2〕〔3〕 方志敏：《我从事革命斗争的略述》，《可爱的中国——方志敏狱中手稿》（贰）第265—266页。

10月4日 率领出击闽北的红十军返回葛源。子弟兵的胜利归来受到苏区群众的盛大欢迎，送来大批拥军慰劳品，计猪共三百余头，鸡七百余只，鸡蛋数千个，还有布鞋、草鞋一万双以上。

方志敏领导的红十军二进闽北，历时二十二天，军事上取得了第四次反“围剿”第一阶段的胜利。共消灭敌军两个团以上兵力，击溃四个团，俘虏数百人，缴获机关枪三挺，迫击炮三门，步枪四百八十余支及大批军用物资，尤其是缴获了无线电台，解决了与中共临时中央、苏区中央局直接通讯的问题。只是第三步作战计划没有实现——未能打通赣东北苏区与闽北苏区。

10月上旬 部署横峰县等地各级苏维埃组织，发动赤卫队、作战队等地方武装，配合红十军和赤警师围攻横峰县城，在周坊、富林、界田桥等敌驻军周围及交通要道设置各种障碍物，埋设地雷，参加的群众达一二万人。次月上旬，横峰县城被苏区军民收复。

△ 在葛源会见中共党员罗英、彭友仁以及在他们率领下起义的国民党余干县警察大队一百七十余名起义官兵，并在欢迎大会上讲话。此前，任余干县警察大队副大队长的罗英与彭友仁等，根据方志敏的指示，筹备近一个月，于九月十五日在余干县锅秃山率部起义。起义后部队进入苏区，被编入红十军。罗英先后任红军营长、团长等，彭友仁到赣东北省委宣传部工作。

10月上中旬 与邵式平等多次在赣东北省委常委会上就所谓吴先民反革命一案，同曾洪易发生激烈争论。曾洪易给吴先民扣上改组派反革命首领的罪名，方志敏等对此质疑，吴先民“过去是参加革命斗争很久的，恐怕不会走到反革命的路上去吧”[1]，甚至认为，这“难免不是反革命的诬陷”。然而，曾洪

---

〔1〕《中共赣东北省委关于肃反胜利中的经验教训》，1932年10月23日。

易以中央代表的身份和临时中央九月二十五日来信这柄“尚方宝剑”，方志敏、邵式平等再据理力争，也无济于事。他们还为此“受到党的处分”[1]。

10月23日 出席中共赣东北省委常委会会议，在会上成为曾洪易攻击和批判的对象。会议通过《关于肃反胜利中的经验教训》的决议。这是中央代表曾洪易把赣东北苏区错误的肃反运动推向顶峰的一份总结性文件。文件总结曾洪易通过破获所谓“反革命总的领导机关”——以吴先民为首的“改组派省党部”得出所谓经验教训，并指名道姓地严厉指责方志敏“组织薄弱与非组织的行动，以致被反革命利用来破坏党破坏革命”[2]。

对于赣东北苏区的肃反错误，方志敏后来在狱中的沉重回忆中作了系统而深刻的总结：

“不容讳言的，这些严重错误是明显地表现在：

“㈠、肃反中心论的错误，就是认为一切工作的毛病，都是反革命在其中捣鬼，肃清了反革命，一切工作自然都会好了；所以肃反是一切工作的中心，我们主要的力量，都要放在肃反工作上。当时党的主要领导同志，就是肃反中心论者，他在保卫局帮助审问案情，差不多待了两个多月，其他工作，无形地放松下去。因为肃反中心论的错误，大家都集中精神，埋头去做肃反工作，而对于最中心的战争任务，反没有怎样注意了。

“㈡、肃反工作的扩大化，就是认为反革命在苏区已经有了庞大的组织，雄厚的力量，到处都有了反革命派的混入活动，到

〔1〕 方志敏：《我从事革命斗争的略述》，《可爱的中国——方志敏狱中手稿》（贰）第254页。

〔2〕 《中共赣东北省委关于肃反胜利中的经验教训》。“组织薄弱”应为“组织观念薄弱”，原文如此。

处疑神疑鬼！这是夸大反革命的力量，过低估计党和苏维埃的政治力量。因为党和苏维埃的领导威信，群众的阶级性及其组织力量，以及反革命派不能和共产党员一样不畏艰苦危险地深入群众工作的关系，在苏区内，反革命派决不能很容易的大规模发展起来，这是极显明的道理。当时肃反工作就忽视了这一点，将肃反工作扩大化，没有指示全党要清楚地分出哪些是政治上或行动上的错误，哪些才真是反革命的阴谋……我们固然要反对缺乏无产阶级的警觉性，使反革命派能藏在苏区活动，同时，也要反对小资产阶级的张惶失措，疑忌过多，这不但不能团结干部，而且会引起‘人人自危’的恐慌。

“㊂、肃反工作的简单化，就是不注意侦察技术，搜集确证，而只凭口控〔1〕捉人，这往往会乱控乱捉，牵连无辜！这次肃反，不能说没有乱捉了人，而且还有错办了人的。放走一个反革命派，固然是革命的损失，错办了一个革命同志，又何尝不是革命的损失！

“当时，我说不出这些理由来，只是感觉得不对。党的主要负责同志，个人独裁欲和领袖欲太重，不容易接受同志们的意见，尽说肃反要慎重，还说你对肃反不坚决。”

“肃反工作，不是一切问题的中心，革命战争才是目前中心的中心，肃反工作只是帮助达到战争胜利的一种重要工作。绝不能使肃反工作扩大化、简单化，错办革命群众和同志。我现在肯定地说，赣东北和闽北的肃反工作，是有错误的，无形中使革命受了不少的损失！”〔2〕

〔1〕 控，方言，即“供”。

〔2〕 方志敏：《我从事革命斗争的略述》，《可爱的中国——方志敏狱中手稿》（贰）第251—255页。

10月29日 国民党军第五师以整师兵力进占赣东北省会葛源。此前，方志敏与苏区党政军领导机关已主动撤离，并领导苏区军民以游击战、地雷战反击敌军的进犯。

国民党军队在沿途处处遇到地雷和陷阱，从县城"到葛源只有五十里路，就足足走了五天。同时前面还要赶几条牛先走，或拿几丈长竹子在前面乱打乱扎，才敢可怜的走动"〔1〕。到了葛源，遇到的也是苏区军民早就布下的地雷阵，房屋前、门框下、米缸里、炉灶内、菜地里，以至墙上、树上张贴的标语后面都安装了挨丝炮，敌人扯一张标语或摘一个南瓜，就往往引爆地雷或炸弹，造成伤亡。加上空室清野，铁锅、水碓等均被拆卸，敌后勤部队也遭到红军游击队的截击，造成敌军的给养困难。

方志敏高度重视地雷战这种独特的武装斗争形式，号召县、区、乡、村普遍成立地雷队，还在各级苏维埃政府设立了地雷部，将地雷战置于苏维埃的领导之下。除兵工厂制造地雷外，苏区人人动手动脑，就连妇女、儿童也会造雷和用雷。地雷的种类越来越多，有挨丝雷、踏发雷、连环雷、子母雷、铁雷、石雷、罐雷等等。埋雷用雷的方法也越来越巧妙。据统计，当年下半年仅用地雷就炸死炸伤敌军三千多人。

11月2日 国民党军第五师占领葛源第五天，因受到红十军和武装群众沉重打击，被迫撤离，途中，在水岭畈又遭到红军伏击。随即，方志敏与苏区党政军领导机关重返葛源。

11月11日 出席中共赣东北省委常委会会议。为进一步贯彻临时中央"以堡垒对堡垒"的"左"倾冒险主义军事路线，会议在曾洪易的高压下通过《中共赣东北省委关于消灭进攻苏区的

---

〔1〕 东亮：《闽浙赣省苏区群众的光荣斗争》，《青年实话》第2卷第16号，1933年5月21日。

白军的布置》的决议。决议称“敌人来苏区利用坚固工事和炮台稳扎稳打，最怕我们动员广大群众武装起来，配合坚固巨大的工事和红军主力，持久围困”，“用我们的工事来围困敌人，把敌人出来打枪周围道路，统统一律断绝，断绝得越厉害越好”。

11月12日 出席中共赣东北省委主席团会议。会议通过《关于葛源区对敌斗争工作的检阅》的决议，总结葛源区广大群众配合主力红军，痛击并驱逐进占葛源的国民党军队的斗争经验，号召苏区各地学习与推广。

11月19日 签署并发布赣东北省苏维埃政府主席团《布告第三号——关于省苏维埃组织变更的问题》。变更主要涉及政府机构设置、名称及人员调整。

赣东北省苏维埃政府执行委员会未变动，常委会改为主席团，成员为方志敏、杨树兰、余金德、汪金祥、洪修椿、唐在刚、柳真吾、邵式平、张天松、钱定梓、余汉朝。主席方志敏，增设副主席余金德、汪金祥。政府下设机构各委员会改称为部，方志敏兼财政部部长。

11月20日 出席中共赣东北省委常委会会议。会议对共青团赣东北省委提交的《冬季冲锋季计划》形成决议。决议指出：共青团冬季冲锋季计划最中心的任务，是加紧动员青年群众武装起来，围困与消灭到苏区的敌军，彻底打破敌人第四次“围剿”；加紧发动白区青年工农开展年关斗争等。

△ 涂振农代表中共赣东北省委，在上海向中共临时中央汇报赣东北苏区基本情况。报告分六个部分：赣东北苏区目前一般的政治社会状况；党的工作；苏维埃工作；红军工作；工会工作；团的工作。

关于苏维埃工作，报告从十二个方面进行了汇报。土地和农业方面，提到土地进行了重新分配，荒田荒地差不多都已开垦，预计全年可增产二十万担谷子，可收到土地税十二万担谷子。经济财政方面，设立了对外贸易处十六个，与白区贸易每月可赢利一万二千至一万八千元；船舶检查处三个，每月可收税一万五千至一万八千元；办了纸厂三个，煤厂二个，锅炉厂五个，纺织厂一个等；普遍建立了消费合作社和生产合作社等；赣东北省苏维埃银行（恢复到）准备金十八万元，发行纸币七万元，信用非常好；省苏银行给贫苦群众贷款二万元。文化教育方面，劳动小学已增加到二百所，就学的儿童约六千名。今年增加了有二万能识字看报的工农群众。群众的疾病今年减少了百分之九十等。

11月22日 决定派省苏维埃政府文化部部长、裁判部部长柳真吾赴中央苏区，报告赣东北苏区党政军各方面的工作。同时从红军部队中挑选七十人到中央苏区接受军事训练。另外组织五十人的军事参观团到中央苏区去参观学习。

11月26日 出席闽浙赣省委第二十六次常委会会议。此前，经中共临时中央批准，赣东北省委已更名为闽浙赣省委。会议通过《中共闽浙赣省委关于接受中央指示信的决议》。决议称："要从肃反斗争中去实行改造党改造苏维埃的组织"，"我们现在肃反的中心口号应该是坚决把隐藏的反动分子斩草除根的一个不留的彻底肃清，一时一刻都不能放松这一工作"。

11月28日 主持制定《关于雇用辅助劳动临时条例》，并以赣东北省苏维埃政府劳动部的名义发布布告。条例共二十七条。其中规定凡雇主雇用工人须经过劳动介绍所或当地工会；双方须订立书面的劳动合同；各种雇工都必须实行最低工资限额；雇主不得拖欠工资；雇工每日工作以八小时为限，每月有四个星期日的休息；雇工工伤，雇主须供给医药费；女工产前产后，应有六个星期以上的休养，工资照发等。条例的制定与颁布，是为了"改善工人生活，提高工人阶级的积极性，加强苏维埃革命发展的力量”。条例第二十七条规定：“本条例经赣东北省苏维埃政府执行委员会以命令颁布后执行”。

△ 妻子缪敏在葛源生第三个孩子（女），取名方梅姘。新中国成立后，改名方梅。

11月30日 在《工农报》发表社论《加紧一切斗争迎接中央红军》，预告中央红军参观团[1]即将来赣东北苏区参观，要求苏区军民以更加光荣的业绩迎接中央红军参观团的到来。

12月初 接见即将出发的闽浙赣军事学习参观团全体成员，并说：你们到中央苏区后，要努力学习中央红军支部建在连上，做好政治教育工作的经验，培养出我们赣东北和闽北红军的骨干。你们要虚心学习，把经验学到手，带回来生根、开花、结果。参观团从葛源出发，取道闽北苏区，十二月底抵达黎川县城，受到朱德、周恩来的接见。

12月10日 所撰《坚决执行中央政府战争紧急动员命令——用实际行动纪念广州暴动》在《工农报》第六十二期发表，这是为本期《工农报》撰写的社论。

文章指出，国民党发动的第四次“围剿”，先是集中兵力进攻鄂豫皖苏区，现在又重新布置重兵大举进攻中央苏区及其左右两翼——湘鄂赣与赣东北苏区。为了粉碎敌人的“围剿”，赣东北苏区军民必须坚决执行中央政府十月十三日颁布的战争紧急动员命令，尤其是“建立上（饶）、横（峰）、弋阳、贵溪南岸地苏区，以便迅速地与闽北、中央苏区打成一片”，任何“忽视敌人的进攻”，“放松一切战争准备，这无疑是完全错误的”。“我们应该以一切的力量，一切的经济，一切的牺牲去准备战争”。文章从十二个方面号召苏区广大军民全身心地投入革命战争，用实际

〔1〕 即红一方面军参观团。

行动来纪念广州暴动五周年，完成广州暴动未完成的革命任务。方志敏在文章中强调革命战争才是党的工作中心。

12月11日 任闽浙赣省苏维埃政府主席。经中华苏维埃共和国临时中央政府批准，赣东北省苏维埃政府更名为闽浙赣省苏维埃政府。从此，这块革命根据地由赣东北时期进入闽浙赣时期。

△ 出席闽浙赣苏区军民在葛源举行的广州暴动纪念大会。会上，赣东北革命根据地的创始人之一吴先民，以所谓改组派首领和反革命的罪名，在会场大樟树边被杀。大会未结束方志敏便回到枫树坞省委机关内的卧室，默默地哀悼这位并肩作战多年的战友。〔1〕一九四五年在党的七大上，中共中央为吴先民平反昭雪，并追认为革命烈士。

12月15日 出席中共闽浙赣省委常委会会议。会议通过《关于扩大红军的决议》，决定在次年列李卢〔2〕纪念节（一月二十一日）之前，"全省最低限度须要动员三千五百名勇敢积极强壮的工农群众自动踊跃报名到红军去"。

12月17日 出席中共闽浙赣省委常委会会议。会议审查了各县共青团中心支部及有关县委转来的白区共青团组织的冬季冲锋季计划，通过中共闽浙赣省委《关于冬季冲锋季计划给各级团部的一封信》，希望各级团组织吸取经验和教训，做好冬季冲锋季的工作。

12月19日 出席中共闽浙赣省委常委会会议。会议通过

---

〔1〕原闽浙赣省苏维埃政府副主席徐大妹1986年4月18日在"学习《方志敏文集》座谈会"上的发言记录；原闽浙赣省苏维埃政府主席团成员杨树兰也有相同回忆。

〔2〕指列宁及国际共产主义运动中有影响的活动家李卜克内西、卢森堡。

《关于赤卫队工作的决议》。半个月前，苏区的群众武装组织赤卫队改名为赤卫军。会议为加强对赤卫军的领导，决定各县军事部长兼任赤卫军军长，县委书记兼任政治委员，还决定本月二十六日成立直属省军区领导的省赤卫军总指挥部。决议要求“每个党员应参加赤卫军和领导赤卫军的工作”，实行全党军事化；要求“各机关工作人员，应同样的军事化起来，学习军事参加赤卫军工作。在闽浙赣省各机关应编制一营——各机关的赤卫营，使每个同志真能实际的执行‘环绕着战争参加战争’”。

12月20日　主持省苏维埃政府第三次执委会会议。会议重点讨论筹备召开闽浙赣省第二次工农兵代表大会事宜，听取自省苏维埃政府第二次执委会以来“执行中央政府各种指示——尤其是对于战争的动员和领导”的各项工作的汇报，并讨论通过《闽浙赣省苏维埃选举细则》。还就关于乡苏代表的选举问题，电报请示中华苏维埃临时中央政府。次年一月二日收到中央政府复电。

12月26日　以省苏维埃政府主席兼财政部部长身份主持苏区各县、区财政部长联席会议，到会四十余人。会议就节省经费、整顿税收、开发财源等问题形成相关决议。会后，苏区广大群众积极响应省苏号召，掀起节省运动的热潮，仅一个多月，第一批通过各种不同方式捐出并送交省财政部的大洋就有一千二百多元。

12月29日　主持省苏维埃政府财政部召开的苏区各县对外贸易处主任联席会议，检查对外贸易处的工作。会议通过决议，对外贸易处工作的重心是到白区购买食盐、布匹，以打破敌人的经济封锁。

赣东北及闽浙赣苏区自开展对白区贸易一年半以来，已形成几条相对稳定的赤色贸易路线，主要有：从德兴县经婺源通向安徽南部的屯溪（徽州）；从玉山县经浙西的开化县华埠镇通向杭州、上海等。此外，与河口、上饶、景德镇等城市的贸易活动也比较活跃。

△ 出席省苏维埃政府粮食部召开的苏区各县粮食部长联席会议，讨论贮藏米谷及建立贮粮合作社问题，决定各乡成立贮粮合作社及征求社员委员会，广泛开展贮粮合作运动的宣传与征求社员的工作。

12月30日 主持省苏维埃政府财政部召开的苏区各纸厂主任联席会。会议“决定改良纸的制造，扩大纸槽，增加纸的生产，以充裕各机关、各学校、各地群众的应用”〔1〕。

随着苏区的扩大和各项事业的发展，对纸张的需求量越来越大，质量要求也越来越高。为此，方志敏指示财政部采取多种措施解决，主要是增开苏维埃经营的纸厂，同时鼓励私人贷款组织生产合作社或开办私营纸厂。此后，纸厂利用收缴或购买的机器设备，通过改进生产工艺，实现了印刷纸币的道林纸和水印纸的自产，普通用纸还可部分进行赤白贸易。

12月 经中共临时中央批准，皖南的中共徽州工委正式划归中共闽浙赣省委。中共闽浙赣省委派宁月生等人赴皖南歙县小练村整顿党的组织。不久，中共徽州工委撤销，改建中共皖南特委，宁月生任书记。

〔1〕《省苏维埃政府各部积极进行工作》，《工农报》第65期，1933年1月10日。

1933年 三十四岁

1月1日 出席在葛源举行的闽浙赣省苏维埃国营商店开业典礼。是时，乐平、德兴、贵溪、余江四县的苏维埃商店均已开始营业，其余各县的商店正在积极筹备中。在此情况下，开办省苏维埃国营商店，是“为了要流通苏区的经济，免除奸商的剥削，限制私人资本的发展，便利群众日常用品的购买”〔1〕。

1月5日 签署并颁布《闽浙赣省苏维埃执委会通令——关于建立贮粮合作社组织问题》：建立贮粮合作社，贮积大批粮食，必要时借给或捐助红军，以保障革命战争的胜利进行；遇灾荒之年，可使灾民免受饥荒之苦。此外，还可调剂米谷出口，贱时不卖，贵时多卖，帮助苏区农民增加收入，改善生活。通令要求，按照贮粮合作社的暂行组织条例，以乡为单位组织贮粮合作社，实行股份制，群众自愿入社，自愿入股，股东发给社员证，年终按股分红。这一举措不仅深受苏区广大农民群众的欢迎，连苏区周边的白区农民也加入了不少股份。贮粮合作社是闽浙赣苏区继消费合作社、生产合作社和苏维埃银行之后，在经济生活中发挥股份制积极作用的又一创举。

△ 签署并颁布《闽浙赣省苏维埃执委会通令》（第二十号）：进一步做好优待红军及其家属的工作。将以往属于苏维埃

---

〔1〕《省苏维埃政府经济部设立苏维埃商店》，《工农报》第64期，1932年12月30日。

内务部管理的优待红军家属委员会，变更为优待红军委员会，划归各级苏维埃政府直接管理。还规定，将各乡村桥路会的公田一律改为红军公田，所收稻谷等送交优待红军委员会使用。

1月6日 周恩来、朱德致电曾洪易并闽浙赣省委、省军区，告以中共临时中央来电指示，红一方面军应迅速冲破抚河敌军包围线，为配合作战，令红十军开至信江南岸配合行动。现红一方面军已集结兵力，准备在金溪县左坊一带消灭来犯之国民党军一部，为此，拟令红十军立刻转移至贵溪附近，并准备渡江策应红一方面军。并询“你们依此布置如何，速电复”。

次日，闽浙赣军区唐在刚、曾洪易复电，称如为钳制敌人，配合红一方面军行动，红十军留在信江北岸的作用更大。由于敌第五师、第五十三师集结在余江、贵溪一线，红十军南渡信江，无胜利把握，在此情况下，红十军不宜集结前进（即南渡信江）。

1月8日 所撰《坚决与不求识字的文盲斗争!》，以社论形式在闽浙赣省苏维埃文化部编印的《文化导报》第一期上发表。

文章指出：“在苏维埃政权建立以后，革命的工农分子，努力识字读书，提高自己的文化政治水平，这不但可能，而且是必需了。有许多革命工作人员，工作没什么成绩，一个重要原因，就是文化程度太低，所以不识字的人对于整个革命工作是有损失的。”

文章呼吁：“我热烈地希望全体工农群众、妇女群众、尤其是青年群众一律加入工农补习夜学，及识字班，并下决心不间断地实行每日认字五个的口号，不要懒惰，不要怕难，不要有始无终，用拼命竞赛的精神，去进行识字的比赛，不要说我们工农群众愚蠢，我们里面是有许多杰出的天才。”

1月10日 以闽浙赣省苏维埃政府主席的名义发布《闽浙

赣省苏维埃执行委员会对全省选民工作报告书》，为即将在两个月后召开的全省第二次工农兵代表大会，广泛征求苏区选民对政府工作的意见。报告主要从十个方面，阐述了一九三一年十一月全省第一次工农兵代表大会以来省苏维埃政府所做的工作，表示“热烈的希望全省选民群众注意倾听省苏的工作报告，并提出许多批评的或建议的意见”，“省苏当虚心诚意的考虑群众的意见或要求，更积极地改善全省工农兵劳苦群众的生活，领导并发展全省群众的革命战争，争取苏维埃革命的胜利”。

△ 所撰《庆祝消灭九林炮台的胜利，要积极准备消灭一切炮台》，作为社论在《工农报》第六十五期上发表。

文章赞扬十几天前，即上年十二月二十七日，红军赤色警卫师在苏区群众的配合下，攻克乐平县境内的九林炮台，取得俘敌五十余人，缴枪三十余支和子弹万余发的战绩。“这一胜利的确是个伟大胜利，值得我们热烈庆贺的”，“我们是有力量消灭炮台的！不说是石头砌的，就是铜铸铁打的炮台，我们工农群众革命的火焰，也可以把他们熔化！”

△ 出席闽浙赣省直机关在红色公共俱乐部联合举办的新年晚会。省苏维埃领导邵式平、柳真吾与机关工作人员一起，在晚会上演出新编话剧《战争开始了》。

1月12日 收到中革军委给闽浙赣省苏维埃政府的电报，指示：“你们应将作战重心转到信江南岸，以威胁抚州，来吸引并钳制抚河敌军的左侧背，以便我方面军尽全力消灭抚河之敌，冲破两南崇宜〔1〕之线，然后协同攻取抚州、樟树，逼近南昌。”〔2〕

---

〔1〕 即南城、南丰、崇仁、宜黄。

〔2〕《周恩来朱德王稼祥致闽浙赣省委省苏电》，1933年1月12日。

△ 到贵溪县徐村出席中共闽浙赣省委执委会扩大会议。省委执委会委员及各县选出的代表四十人参会。会议决议指出，闽浙赣省“党的中心任务，应该以战争为中心，实际的执行一切工作环绕着战争，坚决执行中央苏维埃的紧急动员令，动员与集中我们的一切力量，坚决向敌人进攻，消灭敌人主力，积极加强和扩大红军，迅速的与中央苏区闽北苏区打成一片”。会议还就苏区近期工作，作了具体布置。

1月14日 发布《闽浙赣省苏维埃执委会通令——关于扩大红军工作问题》(第二十五号)，指示各县区乡苏维埃政府，认真总结以往扩大红军工作中的优点与缺点，并在列李卢纪念节前，务必动员两千人参加红军。

1月15日 签发《闽浙赣省苏维埃执行委员会给各县苏的一封信》，指示各县县苏执行委员会，要以上饶游击队为榜样，以千百倍的努力去进行游击战争，将游击队主力集中，鼓励战斗员必胜的决心，务必在列李卢纪念节前，完成缴枪三十支的任务，以战争的胜利来实际地纪念列李卢。

1月17日 中华苏维埃共和国临时中央政府主席毛泽东，副主席项英、张国焘，中国工农红军革命军事委员会主席朱德，联名发表《为反对日本帝国主义侵入华北，愿在三条件下与全国各军队共同抗日宣言》。三个条件是：立即停止进攻苏维埃区域；立即保证民众的民主权利；立即武装民众，创立武装的义勇军，以保卫中国及争取中国的独立统一与领土的完整。

1月18日 唐在刚、曾洪易致电朱德、周恩来、王稼祥，表示：“十军决全部渡河，编为两师”〔1〕。

---

〔1〕《唐在刚曾洪毅（易）致朱德周恩来王稼祥电——关于十军编制及行动的请示》，1933年1月18日。

1月19日　唐在刚、曾洪易、邵式平致电朱德、周恩来、王稼祥："为迷惑敌人计，我们同意十军改十一军，今明两日需补充整理，至快二十二日渡河"；并提出红十军改编后的统属关系仍归闽浙赣省军区，省军区有权指挥红十军；并且红十军的活动仍然以闽浙赣区域为依托。

1月中旬　以大局为重，坚决拥护中共临时中央和中革军委调红十军南渡信江作战的决定。当时，闽浙赣省委、省军区一些同志，担心红十军南渡后会被划归中央红军建制。曾洪易甚至说："如果中央把红十军调出金、资、余、贵地区以外行动，我们都开小差回来！"针对干部和红十军指战员的思想波动，方志敏在省委、省军区及各种场合，努力做各方面的工作。他说："我们一切都该听中央指挥，尤其是军事，更要集中与统一。"〔1〕

1月20日　任红十一军政治委员。红十军是日在贵溪县神前村改编为红十一军，周建屏任军长。由于部分指战员对离开根据地，南渡信江作战，思想情绪出现波动，方志敏深入部队，做细致的思想说服工作，要求大家从革命大局出发，坚决服从命令。方志敏临时兼任红十一军政治委员，虽只三四天时间，但稳定了部队，保证了渡江的顺利实施。

1月22日　随红十一军行动数日后，在信江北岸送别这支亲手参与缔造的红军部队，以及并肩战斗多年的战友邵式平、周建屏和堂弟方志纯等，再三嘱咐，"一切都该听中央指挥！"〔2〕

△　在红三军团的接应下，红十一军开始次第渡河，次日渡河完毕。白区工作团也随军过河。

---

〔1〕〔2〕　邵式平：《纪念我们的领袖民族英雄方志敏同志》，《斗争》第122期（纪念民族英雄方志敏专号），1937年1月24日。

1月25日 是日除夕。红十一军在贵溪县上清镇“与三十一师合编为新十一军”[1]。两支军队集合在上清镇卢溪河畔的桂洲沙滩上，接受“中央军委主席朱德、副主席彭德怀、总政治部主任王稼祥三同志阅兵并训话”[2]。上清会师后，红十一军由中革军委直接指挥。

1月26日 主持闽浙赣省苏维埃政府各区选举委员会主席联席会，在讲话时着重阐述全省各级苏维埃代表改选的意义，并就省苏维埃选举法作了详细说明。

△ 收到邵式平电报“红十一军今日已到达金溪之黄通，与中央红军会合，大战即要开”。指示《工农报》以《闽浙赣红军与中央红军会合》为题在第六十七期刊登了邵式平来电。

1月下旬 中共临时中央负责人秦邦宪（博古）抵达中央根据地首府瑞金，同先期到达的张闻天等会合，标志中共临时中央政治局迁到中央革命根据地。后来中共苏区中央局与中共临时中央合并，改称中共中央局。从此，中共临时中央直接领导中央苏区的工作。

△ 闽浙赣红军赤色警卫师经不断补充，“很快在一个月内扩大成为第十军”（即新红十军），匡龙海代理军长，聂洪钧任政治委员。下辖第二十八、二十九两个师。

△ 奉中革军委命令，闽浙赣彭杨军事政治学校更名为中国工农红军学校第五分校，校址设在葛源镇杨家祠堂。校长由省委宣传部部长涂振农兼任，政治委员舒翼，教育长彭干臣，大队长宣毅。方志敏兼任该校政治教员，长期坚持亲自到校授课。

△ 在葛源接见吴先民的妻子周嫦娥。吴先民遇害时已有两

---

〔1〕《周恩来致中革军委电》，1933年1月25日。

〔2〕《邵式平关于红十一军与中央红军会合的报告》，1933年1月26日。

个儿子，方志敏曾对她说：孩子你要养好，他们是革命的根子，吴先民的问题今后会搞清楚的，你在生活上有什么困难就告诉我。这次见面，方志敏专门送了些布料给周嫦娥，让她给孩子们做衣服。

1月 先后会见受中共中央派遣前来闽浙赣苏区工作的中华全国总工会原秘书长王奇岳、中国左翼作家联盟原党团书记叶林等同志。王奇岳任中共闽浙赣省委秘书长，叶林后任闽浙赣省苏维埃教育部部长。

2月1日 出席中共闽浙赣省委第二次常委会会议。鉴于红十一军南渡后，新组建的红十军亟待补充兵源，会议通过《省委紧急通知（第三号）——紧急动员一千二百名到红军中去》：“我们的任务是执行战争紧急动员令，一切工作服从战争，来争取战争的胜利。红十一军的南渡与中央红军的会合，红十军的成立，无疑的是担负了这一使命的。”“省委认为各级团部〔1〕还不能很好的了解目前扩大红军的空前严重性。所以，现在省委要求各级团部必须充分了解扩大红军工作，是目前战斗工作的第一位。现在事实的问题，我们红军缴了许多枪来没有人背，中央红军送了许多枪来也没有人背，所以红军十军的成立，还少一千二百多人”，“各县必须在二月十五日动员来省集中”。

2月4日 亲自过问、安排中央红军参观团的接待工作。是日，该团一行二十六人在朱少谅的带领下抵达葛源，受到苏区军民的热烈欢迎。《红色中华》第五十二期以《中央红军参观团在闽浙赣受群众欢迎》为题，对当日欢迎现场作了报道：“四日上午已有成千群众整列队伍，高举红旗，齐赴离葛源四里之青湖村等候……忽闻远处传来锣鼓声与欢呼声，群众知道

〔1〕 指共青团领导机构。

参观团已到，即派代表赶赴大桥边迎接。各代表与参观团握手致敬后，即引导前进，将到青湖两旁群众欢呼迎接，一时锣鼓喧天，热闹无比。”

中央红军参观团在葛源、弋阳访问期间，闽浙赣省委、省苏、总工会，红军学校等连续四晚举行游艺大会，颇极一时之盛。[1] 各地群众还不断送慰劳品，计有肥猪一百余头，鸡鸭五百余只，鸡蛋一万五千六百个，草鞋、布鞋、小菜不计其数，掀起了慰问红军的热潮。

2月5日 发布《闽浙赣省苏维埃执委会训令（第十八号）》。训令对苏维埃代表的选举作了明确规定：“以村为单位，选举代表，由这些代表来组织全乡代表会议”，“出席区苏大会的代表，就由乡苏代表会议选出”。训令还规定，“专靠做道士为生者，是没有选举权及被选举权，并且不能分得土地”。

△ 收到周恩来、朱德致闽浙赣省苏维埃政府征求成立闽赣边省意见的电报。

2月10日 参加中共闽浙赣省委执委会扩大会议。会议决定最近三个月内，最低限度必须扩大二万红军，并着重指出，在这次扩大红军中，须注重白区，争取与征调广大的白区工农劳苦群众热烈地来参加红军。为此必须组织“白区征调红军委员会”，以便有力地进行扩大红军工作。

2月上中旬 撰写《为全部实现省苏维埃农业生产计划而斗争》，后作为社论在《工农报》七十二期上发表。文章要求各级苏维埃组织要充分重视发动春耕运动，把党、团、苏维埃关于开展春耕运动的决议、训令，清楚明白地去告诉群众，传达到每个

---

〔1〕《全省工农群众热烈欢迎中央红军参观团》，《工农报》第67期，1933年2月6日。

群众，激发他们的战争热情，来完成今年的生产计划，这是目前最迫切最紧要的事情！

文章指出：如果哪一级苏维埃政府不重视春耕的发动，不从各个方面解决群众春耕中的困难，不领导群众热烈进行春耕，今年生产计划不去完全实现，那不但是错误，而是革命的罪恶！

2月12日 发布《闽浙赣第一届省苏执委会第三号训令》，指出要从政治上，从群众生活上，广泛地发展春耕运动。训令责成各级苏维埃，普遍召集贫农团会议及群众会议，解释并讨论省苏的第三号布告及本训令，以求春耕动员深入群众。今年省苏还准备了大批款项奖励积极生产者。

训令要求，立刻恢复各村生产冲锋队，制定生产计划和竞赛条件，加紧生产，今年全省要达到增产谷粮七十万石；春耕期间减少一切群众会议，并尽量移到夜晚开，时间不能超过两小时；要用极大力量发动全体劳动妇女参加耕种生产，在群众中发动广泛的反懒惰的斗争；要鼓动群众尽量开垦荒田荒地，为“实现苏区内不留一亩荒地的口号”，以三年免收农业税的政策，鼓励开荒，甚至可到劳动感化院雇请犯人有偿帮工。训令还就春耕中有关耕牛、农具、水利、种子、肥料等问题，提出了具体解决办法。

2月17日—18日 分别签署《给横峰县苏执委会的信》《给弋阳县苏执委会的信》，就两县在区、县苏维埃代表选举上的错误认识和做法，进行了指正。后两信及归纳出的七种主要错误，以《闽浙赣省苏维埃执委会关于横峰、弋阳县对于选举问题的错误的指正》为题，发表在第六十八期《工农报》上。

2月24日 发布《闽浙赣省苏维埃执委会训令（第二十五号）》。训令指出各级苏维埃政府要切实解决已报名参加红军的工人和失业工人的分田问题。规定区苏维埃的工作人员，三十村以上大区，区苏维埃主席团可用七人，三十村以下的小区，区苏维埃主席团只可用五人，政治保卫局、区特派员及区苏裁判部长，都应兼任其他工作。

2月28日 发布《闽浙赣省苏维埃执委会训令（第二十六号）——春耕的再一次动员》。训令指出，自本月十二日关于春耕运动的第三号训令发出之后，经过详细检查，在实际成绩上，远远地落在去年春耕成绩的后边，群众的春耕精神，也没有去年紧张，因此有必要再来一次春耕大动员。同时规定：各级苏维埃及贫农团对第三号训令，应再讨论一次，让第三号训令的精神，广泛地散布到群众中去；各级苏维埃，立即讨论苏维埃及群众团体的工作人员，实行礼拜六工作，且在不妨害本职工作的条件下，一律帮助农民春耕；各级苏维埃应立即注意检查督促土地部的工作。训令强调：努力春耕，是争取当前的革命战争完全胜利的主要工作之一。

2月 重新颁布《闽浙赣全省总工会暂行组织条例》，修订后的组织条例共五章三十三条。重点在健全各级工会组织，切实执行《苏维埃劳动法》，改善工人生活，保障工人的权益。

3月3日 代表闽浙赣省苏维埃政府，出席葛源（特）区苏维埃代表大会，作《目前政治形势与大会当前的政治任务》报告。大会围绕报告重点讨论“战争问题”，“当即通过《在三一八前全区扩大红军一百八十人》等决议”〔1〕。

---

〔1〕《葛源区苏维埃代表大会纪盛》，《工农报》第70期，1933年3月10日。

3月上中旬 先后会见中央派来的王如痴〔1〕和刘畴西〔2〕。不久，刘畴西接替唐在刚任闽浙赣省军区总指挥，王如痴任红十军军长兼政治委员。

3月10日 指示《工农报》第七十期发布通告：闽浙赣省第二次工农兵代表大会将于三月十八日召开，并刊登《闽浙赣省苏维埃政府执委候选名单》，“号召全省工农兵劳苦群众一致起来，拥护这个名单，用战争的胜利，来拥护全省苏维埃大会!”

△ 与中央代表兼省军区总政委曾洪易、省军区总指挥唐在刚、省军区政治部主任邵式平，红十一军、红十军负责人周建屏、王如痴、匡龙海，省苏维埃副主席兼政治保卫局局长汪金祥、省苏维埃副主席兼土地部部长余金德、省苏维埃工农检查部部长周成龙、省苏维埃妇女生活改善委员会主任徐大妹、中国工农红军学校第五分校校长涂振农、中共闽北分区区委书记兼军分区政治委员黄道等四十余人，被推举为闽浙赣省苏维埃政府执委候选人。

3月11日 指示召集各县苏维埃裁判部长举行第二次联席会，通过《检阅各县裁判部工作决议》《关于举行公审与组织巡

---

〔1〕 王如痴（1903—1935），湖南祁东人。1926年加入中国共产党。曾任红3军第8师政治委员，1933年3月任（新）红10军军长兼政治委员。1934年11月，任红10军团第19师参谋长。1935年1月25日在怀玉山被俘，同年夏在南昌就义。

〔2〕 刘畴西（1898—1935），湖南望城人。1924年加入中国共产党，同年考入黄埔军校。毕业后，任黄埔军校军官教导团连党代表，参加第一次“东征”时，因伤重割去左臂。后在叶挺领导的第24师任营长、团参谋长，参加了八一起义。1929年派赴苏联学习，回国后，任红3军第8师师长。1933年3月，调任闽浙赣军区司令。1934年11月，任红10军团军团长。1935年1月29日在怀玉山被俘，同年夏在南昌就义。

回法庭决议》和《关于劳动感化院工作决议》。三个决议的要旨在于，把各县的苏维埃裁判部、苏维埃法庭和劳动感化院充实和健全起来；完备法律手段，组织巡回法庭，形成公审制度；对待犯人，要重证据，重在感化教育，注意改善他们的生活，组织他们读报、演新剧和办壁报；在生产劳动中发挥他们的特长；通过感化教育，使他们“坚决回到苏维埃政权之下，出院后成为苏维埃良好的公民”。

3月18日 出席在葛源举行的闽浙赣省第二次工农兵代表大会开幕式。到会代表一百零七人，参观团二百余人，其他来宾一百余人。以大会临时主席身份主持会议并致开幕词，强调：大会要检阅过去工作的优点和缺点，讨论革命战争与本身的各种根本问题，作成决议，交新省苏去执行，以加强革命战争的领导力量，并选举强有力的新省苏执委，建立坚强而有工作能力的苏维埃政府以领导革命战争。

中央代表曾洪易致辞后，大会继由闽浙赣省委及省直各单位、团体代表讲话。中央红军、中央苏区参观团的两位代表介绍中央苏区的情况。鸣山矿工人代表也发了言。在选举大会主席团及决议草案审查委员会后，方志敏报告“最近红军胜利消息，全场鼓掌如雷”。

3月19日 出席闽浙赣省第二次工农兵代表大会。上午，听取曾洪易的《政治工作报告》和中共闽浙赣省委给大会的贺信。下午，代表第一届省苏维埃政府执委会作《政府工作报告》。主要讲了十一个问题：（一）一年来政治形势的变迁，（二）省苏对于革命战争的领导；（三）对于劳动保护法的执行；（四）土地问题的解决；（五）肃反的空前胜利；（六）苏区的巩固与扩大；（七）省苏对各部的领导；（八）省苏对各县的领导；（九）省苏对闽北分区苏维埃的领导；（十）省苏对妇女工作的领导；（十一）对今后工作的意见。

△ 收到中华苏维埃共和国临时中央政府主席团对大会的贺电，称赞“闽浙赣省过去的斗争，在打击进攻苏区的敌人方面，在深入土地革命方面，在苏维埃建设方面，在白区工作方面，都有了极伟大的成绩。中央对于你们的这些成绩，是非常满意的”。并指示“大会要着重讨论扩大红军，扩大苏区的问题，要第十第十一军两军扩张成为新的军团的主力”〔1〕等。

3月20日 出席闽浙赣省第二次工农兵代表大会全体会议。在上午和下午的会议上，分别就会议代表讨论《政治报告》和《政府工作报告》的意见作总结。

3月21日 出席闽浙赣省第二次工农兵代表大会会议。与参会代表一起，上午听取涂振农作《军事工作报告》，下午听取省总工会秘书长李杰三作《执行劳动法令报告》，并参加讨论。

3月22日 出席闽浙赣省第二次工农兵代表大会全体会议。

上午，听取省苏维埃副主席兼土地部部长余金德作《土地工作报告》，在作讨论结论时，提议增加条款：妇女离婚带田走时，不一定限于原来她个人分得的人口田，应依照全家人口平均分给，但她带田走时不再分过。此议经大会表决，一致通过。

下午，代表省苏维埃财政部作《财政经济工作报告》，内容分三部分：一、财政经济工作的重要；二、一年来财政经济工作的成绩与缺点；三、今后财政经济工作的方针。

代表们还请中央苏区参观团代表王孚善介绍中央苏区财政经济工作的经验。方志敏最后在作会议结论时指出：目前财政经济问题，主要是发展苏区生产；并就奖励出口、发展合作社运动、坚决执行苏维埃经济政策和抑制投机奸商抬高物价等问题，作了

〔1〕《临时中央政府给代表大会的来电》，1933年3月19日。

详细说明。

3月23日 出席闽浙赣省第二次工农兵代表大会全体会议。上午听取省苏维埃文化部部长柳真吾作《文化工作报告》，并参加讨论。接着，全体会议原则通过《听了省苏执委工作报告的决议》《军事工作决议》《土地问题决议》《执行劳动法令决议》《财政经济工作决议》和《文化工作决议》。大会还通过闽浙赣省第二次工农兵代表大会庆贺红一方面军、红四方面军胜利通电，告白区工农劳苦群众书、告白军士兵书，慰劳全体红色战士书及《闽浙赣省第二次工农兵代表大会宣言》等。

大会选出方志敏等五十一人为闽浙赣省苏维埃政府第二届执行委员，柯勤发等五人为候补执委，产生闽浙赣省苏维埃政府第二届执行委员会。

下午，参加闽浙赣省第二次工农兵代表大会闭幕典礼。涂振农致闭幕词，刘畴西宣读中央政府来信，代表中华苏维埃全国第一次代表大会授予方志敏红旗勋章一枚。在军乐与全场鼓掌声中，方志敏接受勋章，并致答词："全国苏维埃第一次代表大会授给我的勋章，不仅是奖励我个人，而且是奖励全省工农群众与红色战士的光荣斗争。我接受勋章以后，更加坚决地在中央政府领导之下，与帝国主义国民党及一切反革命派做坚决的斗争，在目前我更要尽我个人所有的力量，努力工作，尤其是对于这次大会决议要特别尽力执行，并号召广大工农群众一致武装起来，粉碎敌人的大举进攻，为建立苏维埃的新中国而斗争到底！"〔1〕

△ 代表闽浙赣省苏维埃第二届全体执行委员宣誓就职："新省苏执委自就职之日起，誓以全部力量在中央政府与中共闽

〔1〕 方志敏：《在授予方志敏红旗勋章仪式上致的答词》，《方志敏全集》第412—413页。

浙赣省委领导之下，坚决执行中央政府法令与一切决议案，完成大会给予我们的委托，抓紧对革命战争的领导，猛烈扩大红军，巩固扩大苏区”。“坚决为改善工农群众与红色战士的生活而斗争，积极改善苏维埃一切的工作，建立全省各级坚强而有工作能力的苏维埃政府。我们要以最大的速度和努力，来完成我们应有的历史任务”[1]。

3月31日 签发闽浙赣省第二次工农兵代表大会《嘉奖红十一军全体红色战士电》。

3月下旬 红一方面军主力在宜黄县草台岗、东陂地区歼灭国民党军第十一师大部及第九师一部。东陂战斗连同不久前的黄陂战斗，红军取得空前胜利。在此前后，“围剿”闽浙赣苏区的国民党军队，一部分被调出，参加对中央苏区的“围剿”，余下的部队，也在根据地军民的打击下，遭到重创，被迫撤退。至此，中央苏区和闽浙赣苏区先后粉碎了国民党的第四次“围剿”。

△ 出席闽浙赣省春季体育运动大会开幕式。

4月1日 分别签发闽浙赣省第二次工农兵代表大会《庆贺红一方面军胜利电》《庆贺红四方面军胜利电》《嘉奖红十军全体红色战士电》《嘉奖闽北红军独立师全体红色战士电》。

△ 中共闽浙赣省委发出《给邵式平及信抚分区委的信》，对新苏区——信抚分区的各项工作作出全面部署，并决定建立中共信抚分区委。

4月3日 中共闽浙赣省委作出《关于红色五月工作的决议——决定红色五月为突击月》。决议提出红五月中心任务：红十军、红十一军、闽北独立师须布置与取得几个最有意义的大胜利

---

〔1〕 方志敏：《闽浙赣省苏维埃第二届执委就职誓词》，《方志敏全集》第414页。

仗；到五月底的两个月内扩大红军六千人；打通赣东北与闽北苏区，巩固、扩大信抚苏区，建立开化新苏区，创造浙西新苏区；开展反帝拥苏运动；督促劳动法彻底执行；在党政军机关干部中举行政治、军事技能和执行三大纪律八项注意的检查与测验；推动省苏维埃第二次代表大会各项决议的传达与执行；组织二百名白区参观团来苏区参观；分区举行纪念“五一”“五卅”群众大会等。

4月上旬 毛泽东在瑞金接见前来汇报工作的邵式平和方志纯时，对闽浙赣根据地的斗争和建设给予充分肯定，并说：方志敏是好同志，他创造根据地的方法是正确的。有机会我是要为你们宣传的。〔1〕

4月14日 发布《闽浙赣省苏执行委员会训令——关于发动群众帮助政府工作人员耕田的执行办法》。根据中华苏维埃临时中央政府颁发的第十八号命令，为解决在各级党政机关工作的工农分子的后顾之忧，规定凡需帮助耕种的政府工作人员，都要经本级政府调查后发给帮助耕种证。并强调：“各级政府调查工作人员的家庭是否缺乏劳动力，要特别严格，必须是真正没有劳动力或劳动力确实不够而又无法可想的，才能报告县苏政府。”“绝对不能浪费群众的劳动力”。

△ 签发闽浙赣省苏维埃政府《关于动员群众栽种棉花的布告》。规定：全省工农群众每人要种一片净棉花；“种棉花的地，一律免收土地税”；“各贸易处、合作社、商店，都要赶快向白区购办棉花籽”，免费发给群众栽种。采取一切措施实现省苏维埃政府“种出棉花四十万斤的计划”。

4月25日 出席闽浙赣省第一次贮粮合作社代表大会，作

---

〔1〕 方志纯：《回首当年——方志纯革命回忆录》，第466页。

《目前政治形势与贮粮合作社的任务》报告。大会通过贮粮合作社章程，选举产生方远辉等十五名执行委员、二名候补执委，史家仙任主任，闽浙赣省贮粮合作社正式成立。次日，贮粮合作社召开第一次执委会，“决定了建筑公仓，切实建立各级贮粮合作社组织，在秋收后要发展社员二十万人”〔1〕。

4月26日 中华苏维埃共和国中央人民委员会举行第四十次常会，决定划中央苏区的建宁、黎川、泰宁县和闽浙赣苏区的闽北、信抚两个分区（共十几个县），组成中央苏区闽赣省。这一决定，将闽浙赣革命根据地一分为二。闽浙赣军区的红十一军、闽北红军独立师、信抚红军独立团划归红一方面军序列，闽浙赣苏区只剩下一个战斗力相对较弱的新编红十军，闽浙赣省委和省苏维埃多次决定要组建军团的计划也暂时难以实现。

4月30日 撰写《怎样做乡苏维埃工作》，作为指导乡苏维埃建设的文件，以闽浙赣省苏维埃主席的名义，下达各地执行。

文章就如何做好乡苏维埃工作，从六个方面进行详细论述和具体指导：怎样建立乡苏代表制度；怎样开乡苏代表会议；怎样执行一切工作；怎样开群众会；怎样领导贫农团。接着，文章又强调了目前乡苏维埃的中心工作：扩大红军工作，要加紧政治动员，把这一工作列为乡苏最中心的工作；优待红军工作；加紧赤卫军、少先队的军事政治训练；继续不断地发动耕种运动；加紧领导群众努力发展生产，节省经济，帮助战费等。文章最后特别指出做好乡苏维埃工作要注意的几个问题：乡苏主席改选或调动时，应将工作及所有文件、表册、账簿等，与继任者交接清楚；上级发下的口令和密码，绝对不能遗失……上级发下的命令、训令和决议，绝对不能放在一边，应立即召集会议，讨论执行。

---

〔1〕《省贮粮合作社成立》，《工农报》第76期，1933年4月30日。

△ 指示《工农报》第七十六期以《贪污分子展览会》为题，将省苏维埃工农检查部审查出的贪污分子的姓名与劣迹，公之于众。其中有：横峰县一名村干部贪污村里入社金与银行招股金共大洋十元；横峰县三名乡干部瞒田四十二亩五分，分赃土地税谷六十八石五斗；葛源区四名村干部瓜分土地税谷三十余石；上饶县两名乡干部贪污大洋四十七元；一名消费合作社采办员贪污四两食盐等。《贪污分子展览会》发挥舆论监督作用，教育、警戒苏维埃干部要保持清正廉洁。

5月1日 出席闽浙赣省苏维埃政府举办的纪念“五一”群众大会与游艺大会。

△ 闽浙赣省苏维埃政府组织省直机关干部举行隆重仪式，欢送由工人、雇农组成的无产阶级团三百余人参加红军。〔1〕

5月21日 中央苏区赣东北参观团在《青年实话》上发表《闽浙赣苏区群众的光荣斗争》一文，对以方志敏为主席的闽浙赣苏区人民的创造精神、吃苦精神和牺牲精神，加以热情赞扬，还详细介绍了闽浙赣苏区开展地雷战的情况。

△ 国民政府军事委员会委员长南昌行营再次成立，这是蒋介石准备发动对红军第五次“围剿”的总指挥机构。

5月 签署并颁布闽浙赣省苏维埃政府《反封建反迷信运动宣传大纲》，指出：“在苏维埃运动向前推进的当中，我们为了要提高群众的文化水平，加强群众的政治坚定，造成千百万为苏维埃政权而斗争的积极战士，以担负着目前紧急斗争的任务，建设苏维埃的文化教育，确实是刻不容缓的工作。”

6月17日 根据方志敏“坚决与不求识字的文盲斗争”的

〔1〕《工人雇农组织无产阶级团到红军中纪念光荣的五一节》，《工农报》第76期，1933年4月30日。

精神，闽浙赣省苏维埃文化部下发文件《关于识字班工作》。年初方志敏在《工农报》上发表专文，号召在苏区开办识字班、开展全民扫盲运动，在前段工作的基础上，闽浙赣省苏维埃文化部本日发布此文件，再次强调扫除文盲对于根据地发展和革命战争的胜利的重要性，并就在苏区举办识字班，推进全民扫盲运动，进行详细布置和具体指导。文件中就方志敏提出的每个文盲群众每天识五个字的要求，规定每个识字班主任应有计划地在本村周围每一个路口、检查路票的地方，设立一块横的可以写五个字长的木板，依照工农读本的次序和看图识字的次序，每天在识字板上写三个字，并注明日期。除了利用识字板外，识字班主任还要利用其他的方法，保证在一天内把这三个字教给全村的人，让全体村民识得出、讲得出、写得出，并且由守路的人负责去问每一个过路的人，进行检查督促。

6月24日　出席闽浙赣省苏维埃政府教育部召开的第二次县教育部长及葛源直属区教育部长联席会。会议通过《七八两月文化教育工作的突击计划》，指出："深入思想斗争，扫除旧社会思想习惯的传统，宣传战争的胜利，坚定群众对革命战争的胜利信心，广泛的、有力的动员群众，积极而坚定的加入战争，这是目前文化教育的重大任务。"并强调，不理解文化教育工作的重要作用，把文化教育工作和战争对立起来，"对于文化教育的怠工，简直是革命的罪人"。正因为革命战争的紧迫，文化教育工作必须加倍的积极化，奋起突击精神，为完成乃至超过七、八两个月文化教育工作的突击计划而斗争。"计划"要求通过两个月的努力，在赣东北中心苏区达到：建立乡俱乐部三百五十七所；参加工农补习夜校二万人；列宁小学学生一万零一百零五人；参加识字班四万人；固定读报者十万人。在措施方面，一是把目标数落实到各县；二是开展竞赛、进行检查评比；三是坚决执行儿童免费的强迫教育的命令，做到在每个列宁小学的周围没有一个失学儿童；四是规定七月五日前各地要建立乡教育委员会和识字运动委员会。

6月 在葛源接见中共化婺德中心县委宣传部部长黄礼华，对建立和发展开化新苏区作出指示。黄礼华等在中共化玉特区委、开化一区委的基础上，于本月成立了中共开化特区委。同时，组建开化特区游击队，保证玉山县至开化县的赤色贸易路线畅通。

△ 领导闽浙赣苏区军民开展反国民党军“进剿”斗争。本月，国民党军某部一度进占省会葛源，苏区军民齐心协力，充分发挥游击战、地雷战的作用，予以痛击，敌军数日后溃逃。

7月1日 所撰《加紧白区工作来开展大块的新苏区》，在闽浙赣省委机关刊物《突击》创刊号上发表。文章就加紧白区工作与开辟大块新苏区的关系，进行了全面的论述。指出：积极地开展白区工作是巩固和扩大苏区的先决条件，其中最主要的方法，是从政治上宣传说服白区群众，组织上团结白区群众，发动与领导白区群众进行斗争。但是检查一年来白区工作的成绩，的确还很不够，不能令人满意。白区工作没有猛烈开展的主要原因，是由于各县的党对白区群众斗争的积极性估计不足，是因为偏安一隅不积极向前发展的保守主义倾向的存在，以致形成对白区工作的消极。

文章就广泛地开展白区群众反对反动统治的斗争，去进行白区工作，提出：一、我们要严厉打击对白区工作的消极。要利用一切的方法与一切社会关系，选派得力的干部去白区进行工作，特别是苏区四周的据点和炮台里面的难民与守兵的运动。二、城市的工人运动必须克服一切困难去进行。三、我们要开展白区工作，一定要坚决打击官僚主义的工作方式。我们在白区发动群众斗争，应该经常随着斗争的开展，具体活泼地提出各种斗争的口号，但这一定要深入白区群众，深刻了解白区群众的要求与情绪，才能有效地开展工作。

文章特别强调在白区开展农民运动的重要性：“在苏区四周城市的周围，我们必须开展农民运动，要将广大农民群众争取过来像一个箍样去完全包围城市，这样我们才能有把握地去攻取这些城市。”

△ 签署并颁布本年《闽浙赣省苏维埃政府土地税征收法》，并附《对于今年土地税征收法的解释》。“解释”指出：“今年的土地税法，是根据革命战争经费的需要和劳苦群众的利益来规定的。税率比去年每石多收了半升谷，比前年的税率仍然是大大减轻的。”“政府坚决相信全省劳苦群众，为粉碎敌人进攻，保障已得到的土地革命利益，增加半升谷的税率，是完全愿意的。”

本年土地税法作了较大的调整：去年的税法，“规定以土地税中抽十分之二，以区为单位，分给各村做斗争经费”，今年则“土地税全部归省财政部，各乡斗争经费由省苏财政部详细规定发给，这对于过去有些乡村浪费土地税谷的毛病就免除了”；今年的土地税法扩大了免税和减税的范围，“红军除本人及其父母妻子免税外，红军的无劳动力的弟妹一样免税”，“关于垦出的荒田，免土地税三年，富农垦出的荒田，也免税一年，或斟酌减税”；“去年的土地税法，规定贫农减税百分之五”，“今年的土地税法，为要更进一步的巩固与中农密切的联盟，规定贫农、中农一样的减税谷百分之三，即是每石税谷减少税谷三升，中农与贫农得到同等减税的利益”。

7月19日 为加强苏区的文化建设，促成闽浙赣省工农剧团扩大规模，经抽调卢森堡团的学员充实剧团后，原一个团扩建成两个团。工农剧团不仅自编自演宣传根据地新气象和革命战争胜利的节目和戏剧，还请省苏维埃画室的画家们（本年一月成立，部分人员系来自上海的左翼美术界人士），用白竹布画了三四百幅革命内容的画幕。剧团每到一地，演出之前，先把画幕挂起，由演员讲解。工农剧团的演出与画展，深受到苏区群众的欢迎。

7月 唯一的胞弟、红十军第八十七团团长方志慧，在指挥攻打弋阳县琬港桥的战斗中牺牲。方志慧，原名方远沛，一九〇七年生。一九二七年加入中国共产党，在赣东北苏区先后从事贸易和军械等工作，担任红八十七团团长后，该团屡建功勋，荣获“战斗模范团”称号，牺牲时年仅二十六岁。

△ 中共闽浙赣省委、闽浙赣省苏维埃政府、闽浙赣省总工会联合主办的刊物《红色东北》发行。方志敏是该刊社论的主要撰写者之一。

8月29日 被国民政府军事委员会委员长南昌行营悬赏捕杀，赏格为生擒赏洋八万元，献首级者赏洋六万元。同时被悬赏捕杀的还有毛泽东、朱德、林彪、邵式平、肖劲光、唐在刚等。

8月—9月初 参与筹备即将召开的全省党的支部书记联席会议，并指示省财政部成立招股委员会，为向会议提出扩大银行股金、推销银行股票的议案进行准备。

9月8日—10日 中共闽浙赣省委召开全省支部书记联席大会，着重讨论党在粉碎敌人五次“围剿”中的紧急任务，通过相关的六个决议。其中《经济动员工作决议》把发展苏区经济、扩大银行股金作为当前党组织的中心工作之一。决议通过当日，与会的党支部承销省苏维埃银行股票四万股左右。

这次银行扩股，由省苏维埃政府领导下的招股委员会具体实施，得到苏区广大工农群众拥护和支持，认购股票十分积极；同时扩股工作也在白区进行，对象主要是站在中间立场的富裕农民和小商小贩。整个扩股工作为期三个月，仅“群众节省经济集股的计十几万元，有每家三十股至五十股者”[1]，超额完成了增资扩股计划。

9月下旬　蒋介石调集一百万军队，准备对中国共产党领导下的革命根据地发动第五次军事“围剿”。其中，“围剿”闽浙赣苏区的国民党部队约十万人。

10月4日　中共中央局致信闽浙赣省委，赞扬闽浙赣苏区军民“在极端艰苦的环境中，在与敌人的军事进攻、经济封锁及组织与苏区内部的反革命阴谋的坚强不挠的斗争中，胜利地保护了苏区的根据地”。指出，“在经济建设或其他方面，闽浙赣的成绩不容忽视的”。来信点名批评曾洪易“对于我们工作之自我批评是缺乏的”。同时，指责方志敏倡导下举办的工人休养所是“奢华的举动”，“反罗明路线[2]的斗争在闽浙赣党内是若无其事的过去了”。这封来信在中共中央机关刊物《斗争》第三十、三十一期上连载。

10月初　任中共闽浙赣省委代理书记[3]。

10月17日　蒋介石下令开始实行对苏区第五次“围剿”。在军事上，除继续构筑碉堡封锁线外，改变以往长驱直入的打法，

---

〔1〕《闽浙赣省的苏区建设》，《红色中华》第145期，1934年1月19日。

〔2〕1933年初，中共福建省委代理书记罗明认为，闽西根据地边缘地区条件困难，党的政策应不同于巩固地区。当时党的领导人坚持“左”倾错误，把这说成是“机会主义的、取消主义的逃跑退却路线”，从而在各革命根据地推行所谓反“罗明路线”的斗争，实际上是反对毛泽东在苏区的正确路线和作风。

〔3〕方志敏代理中共闽浙赣省委书记具体任职日期不详。方志敏：“一九三三年十月间，我们接到中央的指示信，将我们右倾保守主义的错误，尽情的详细的揭露出来，给了右倾保守主义第一次的痛击。那时，我代理了赣东北党的省委书记”，《可爱的中国——方志敏狱中手稿》（贰）第243页。

采取稳扎稳打，逐步推进的作战策略。

10月25日 中革军委负责人项英致电闽浙赣军区，抽调红十军“有五百枪的一团”，南渡信江，策应中央红军作战，并“接受闽赣军区指挥”。十月二十七日，红一方面军司令部致电闽浙赣军区，重申项英二十五日命令。十一月一日，项英再次来电催促。

11月初 决定从红十军抽调原无产阶级团（又称工人团）战士千余人，由团政治委员李素园带队，开赴中央苏区，编入红七军团。

11月上中旬 筹备召开闽浙赣省第三次工农兵代表大会。

11月19日 参观闽浙赣省苏维埃政府在葛源枫树坞举办的“全省群众武装展览会”。红军广场上，摆满了各县群众自制的各种武器及省苏兵工厂制造、修理的各种枪械、迫击炮、地雷等，并进行了武装演示和武术比赛。〔1〕

11月20日 以临时主席身份主持闽浙赣省第三次工农兵代表大会开幕典礼。大会正式代表一百二十六人，列席来宾数百人。以闽浙赣第三次苏维埃大会的意义为题致开幕词，指出“召集这次大会的主要的意义是要在党中央政治决议与中央政府紧急战争动员令指示之下，讨论目前政治形势，确定中心的政治任务——扩大红军，创造红十军团，巩固扩大苏区，以粉碎敌人五次‘围剿’”，并号召“粉碎敌人五次‘围剿’大规模的战争，已经开始了，我们一定要集中一切力量，争取这次战争的全部胜利，来争取苏维埃道路——苏维埃的新中国的实现，大会的胜利，就是争取这次伟大胜利铁的保证”。

大会在听取各方面负责人的讲话和代表发言后，通过有关苏

---

〔1〕《群众武装展览会之盛况》，《红色东北》第35期，1933年11月25日。

维埃工作、军事建设、经济建设、文化建设等多项决议，并选举出新一届闽浙赣省苏维埃执行委员会，方志敏续任政府主席。

11月末 任中共闽浙赣省委书记，继续担任闽浙赣省苏维埃主席，不再兼任闽浙赣省苏维埃财政部部长。后来回忆这段主持根据地经济工作的经历时写道："我一向是过着朴素的生活，从没有奢侈过。经手的款项，总在数百万元，但为革命而筹集的金钱，是一点一滴的用之于革命事业。这在国方的伟人们看来，颇似奇绩，或认为夸张，而矜持不苟，舍己为公，却是每个共产党员具备的美德。"〔1〕

△ 中央代表曾洪易奉调前往瑞金出席中共六届五中全会，聂洪钧接任闽浙赣省军区政治委员。在曾洪易离开前的省委常委会上，方志敏等对曾洪易的错误进行了严肃批评，指出其将红军局限在苏区内与敌人进行堡垒战，而不向敌人兵力空虚的浙西、皖南发展的战略错误。

△ 为粉碎国民党的第五次"围剿"，争取革命战争的胜利，闽浙赣省委制定了"保卫基本苏区""创造新的苏区"的战略方针。

12月初 签署闽浙赣省苏维埃政府嘉奖红十军全体红色战士命令。嘉奖令写道：英勇的红十军全体红色战士们，你们最近在罗桥、杨家门连续获得两次伟大胜利，消灭敌人三团之众，俘获敌人枪支用品甚多，捷报传来，至致欣慰，正在粉碎敌人五次"围剿"的残酷战争当中，紧接着三次省苏大会胜利的闭幕以后，你们获得这样光荣的胜利，战绩不仅给敌人的大举进攻，以迎头痛击，而且是对大会号召反对保守主义开展胜利进攻的一个响亮的回答。

---

〔1〕 方志敏：《清贫》，《可爱的中国——方志敏狱中手稿》（壹）第67页。

12月30日 签发中共闽浙赣省委、省政府、军区、红十军及有关群众团体联名致中华苏维埃共和国第二次全国代表大会主席团及全体代表的贺电。[1]

12月 在军事斗争和苏区各项工作中全面纠正曾洪易的“左”倾错误，从而使闽浙赣苏区“与以前截然不同地划出了一个新的时期”[2]。

加强了对战争的领导。各县都能“积极领导独立营、团、游击队经常向外出击——出击的次数都比以前增加（最多的，如上饶超过四十余次），取得了战争中的光荣胜利”，“在白区能进行较长时间的游击，相当地转变了怕到敌人后方行动而晚出早归的现象”。扩大红军工作取得了突出成绩，“提前地完成了动员二千五百人到红军中去的计划，创造了红军四个团”。[3]

经济方面，各县“在省苏国民经济部整个计划之下动员起来，逐步地按照执行，在十二月份中也获得一些不可否认的成绩，最主要的如对外贸战线上的活跃，河道上又开始活动起来，给了敌人经济封锁以有力的回答”[4]。

巩固、扩大苏区方面。“各县边区都较前大大地巩固。在扩大苏区方面，更获得光荣的成绩”。一个月中“发展苏区差不多等于一九三三年的一年”[5]。同时，派选干部去白区工作，以开创皖赣边和皖南新苏区。本月，先后派省苏维埃工农检查部部长周成龙等去浮梁、景德镇一带发展党的组织。派省总工会秘书长李杰三到皖南屯溪，担任皖南特委书记，领导当地的斗争。同

〔1〕《两个热烈的贺电　闽浙赣省各机关团体》，《红色中华》第140期，1934年1月4日。

〔2〕〔3〕〔4〕〔5〕 方志敏：《各县苏维埃十二月份工作总结》，《方志敏全集》第437、438页。

时，在葛源开办白区工作训练班，抽调一批县级苏维埃干部参加培训，制定在三月内要建立一百五十个新的秘密区委和一个特支的秘密工作的计划，伺机创造“大块的新苏区”。

△ 红十军攻占玉山县临江湖镇。在上饶县苏维埃政府的帮助下，中共玉山县委、县苏维埃政府本月成立。方志敏说：“上饶县苏创造了一个光荣的例子：它在开辟玉山苏区以后，还动员了上饶全县群众的力量帮助玉山苏区（如组织工作团，帮助玉山群众进行分配土地，输送大批地雷到玉山苏区去打击敌人）。这一宝贵的经验，当然是更值得各县苏学习的。”〔1〕

〔1〕 方志敏：《各县苏维埃十二月份工作总结》，《方志敏全集》第438页。

1934年 三十五岁

1月1日 中华苏维埃共和国临时中央政府机关报《红色中华》第一百三十九期，新年伊始刊登专访《闽浙赣苏区的近况》，就闽浙赣省苏维埃政府成立两年多来，在政权建设、经济建设、战争动员、文化教育和群众生活等方面，取得的成绩和新的创造，予以详细报道：

苏区生产得到较大发展，消灭了荒田，秋收收成非常好，妇女都已参加劳动。多种形式的经济组织，如消费合作社、生产合作社、贮粮合作社普遍建立起来。贮粮合作社，吸收了很广大的群众，共有二十余万股，年年分红利给社员。国家企业主要是商店，共有六十余家。对白区的贸易早在一九三〇年就开始了，虽然敌人加紧经济封锁，但仍然是出超。战争动员工作做得很充分，今年扩大的新战士中，有工人团、无产阶级团、少共国际团、反帝拥苏团及赤卫团，整连整排地加入红军。工作人员全体都军事化了，一般的群众也都受军事训练。群众生活在革命后大大提高了，一般农民每人都分了五六亩田，每亩有四五石谷子的收成。米一块钱可以买到二斗八升，猪肉一块钱也有八斤多，棉花及布是不缺乏了。盐比较贵，但现在大家都能制硝盐。工人的工资增加了一二倍，失业工人都分了田。苏区的教育普及工作，也取得进展，群众文化水平比较革命前提高了许多，根据地现在有列宁小学二百八十所，学生九千多人，还有一所列宁师范学校。消灭文盲运动也在进行。

1月5日 在《工农报》上发表《对一九三四年的展望》。文章简要回顾苏区一年来的工作与斗争后，提出了一九三四年七个方面的战略任务：一是猛烈扩大红军，要成立新的师、新的军以及新的军团；二是红军要经常地不断地向白区出击，要有决心到白区调动敌人，还要组织远征的游击队深入敌人后方，广泛地深入白区开展游击战争，以牵制消灭敌人对苏区的进攻；三是要用极大的力量去创造赣北苏区，同时发展皖南大块苏区，使苏区发展出去接近和威胁中国反革命势力的中心——南京；四是在经济建设方面，要积极开发财源与动员广大群众从生产中节省经济，帮助战费，以求战费的充裕；五是在肃反战线上，要做到不使一个革命分子受反革命的诬陷，更不要有一个反革命分子被疏忽放走；六是在文化教育战线上，要开展马克思列宁主义教育，做到扫除十万个文盲，使苏区大部分儿童进入学校；七是工会工作应该更进一步转变，加强工人阶级的教育，保护工人阶级的利益。文章最后强调，要完成一九三四年光荣的任务，闽浙赣的党必须更进一步的布尔什维克化。要积极地发展党的组织，加强党内教育，严格检查党的工作，纠正一切缺点与错误。尽量改善党的领导方法，使党更能深入群众，灵活地具体地有力地领导革命战争及群众斗争，提高同志与群众的革命积极性和创造性，为党提出的任务和政治主张而斗争。

△ 主持闽浙赣省第二次各县苏维埃主席联席会。代表省苏维埃执委会起草的《各县苏维埃十二月份工作总结》在会上通过。文件在充分肯定成绩之后，指出苏区的发展还极不平衡，经济建设工作执行迟缓，对《劳动保护法》的执行有所放松，对文化教育工作有所忽视等。特别提出要改进“对苏维埃领导方式”，指出：“在每一次会议决议中，什么问题都谈到，什么问题都解决得不具体，特别是决议都显得非常笼统、空洞、缺乏实际工作

的布置，甚至全部的或大部分的照抄上级决议的原文”，“不去思索问题，计划工作，而专是忙于事务方面的事情”等问题。希望各县苏维埃纠正缺点，发扬经验，争取一九三四年取得更光荣的成绩。

1月6日 主持起草中共闽浙赣省委文件《为接受“中央局关于健全赤少队与今年举行野营演习的决议”的工作布置》，并于八日以《通知》形式下发。决定在一个月之内，全省扩大赤卫军一万人和少年先锋队一万二千人。每个县的赤卫军都要抽调骨干，成立一个不脱产的模范连。省委原来决定成立的二十四个赤卫军模范连，三月十八日巴黎公社纪念日前全部加入红军。同时要求加强赤卫军、少年先锋队的政治工作和实际的军事训练。并责成军区政治部负责计划今年春初举行的野营演习。

1月11日 为落实省委一月八日《通知》和方志敏的指示，闽浙赣军区召开各县军事部长、赤卫军军长会议，决定全省成立三四十个脱产的赤模连，在“三一八”前全部加入红军。

1月15日—18日 中共六届五中全会在瑞金召开。方志敏没有参加会议，与王稼祥、凯丰（何克全）、顾作霖等被增选为中共中央委员。会议全面肯定了四中全会以来的“左”倾路线。

1月19日 第二次全国苏维埃代表大会召开前夕，方志敏委派的闽浙赣省代表汪金祥在瑞金下州区举行的欢迎会上演讲，介绍苏区在一九三三年取得的经济建设成就。本日出版的《红色中华》第一百四十五期以《闽浙赣的经济建设》为题，作了全面报道。农业方面：平均每亩收谷子四担，比去年多收一担，增长百分之二十五；每家群众种棉花一二亩，收成大增，全省不需要从白区买棉花；全年开荒地三万多亩，增加几十万担谷子的收获；全年共兴修水利一千六百处等。工业方面：开办织袜厂一家，产品可供全省之用；织布厂一家，准备招收十万女工；兵工厂不仅生产地雷、炸弹，还可以制造快枪、机关枪等武器；开办制硝厂一千三百三十五家，半年制硝盐七万多斤，硝可以制造火药，同时也解决了苏区部分食盐供应。其他小工厂也很多。合作社运动：消费合作社，群众入股共计八万三千股（每股面值为一元），现在有六十多万元现洋在经营；生产合作社，共有五十多家，资金是由工人集资的。对外贸易方面：开展对白区的贸易后，解决了许多问题，现有资金现洋三万八千三百元，年内从白区进口货物总额为十二万四千二百六十六元，出口货物总额为十九万八千七百五十五元，出超七万四千四百八十九元。国家商店，除三十多个国家药店外，还有数十家其他国家商店。金融方面：省苏维埃银行发行的股票（每股面值为一元），除省苏维埃购入十万元外，在七、八、九三个月内群众集资认购十余万元，每户持有三十股至五十股。省苏维埃银行发行的纸币信用极高。

1月中旬 出席在葛源举行的闽浙赣军区体育运动大会。比赛项目有军体、田径。还附设了时事政治测验、问答等。工农剧团在开幕式上表演了歌舞、活报剧等文艺节目。

1月22日—2月1日 中华苏维埃共和国第二次全国代表大会在瑞金举行。方志敏没有出席会议，与毛泽东等一百七十五人被选为中华苏维埃共和国第二届中央执行委员会委员。

毛泽东在向大会作的《中央政府工作报告》中，高度评价闽浙赣苏区创造性的财政、经济政策，指出："从发展国民经济来增加我们财政的收入，是我们财政政策的基本方针，明显的效验已在闽浙赣边区表现出来"〔1〕。并赞扬闽浙赣苏区的农业、工业、对外贸易等经济建设，都取得了光荣的成就。在大会的结论中，毛泽东还表彰"赣东北的同志们也有很好的创造，他们同样

〔1〕 毛泽东：《我们的经济政策》，《毛泽东选集》第1卷第134页。

是模范工作者。像兴国和赣东北的同志们，他们把群众生活和革命战争联系起来了，他们把革命的工作方法问题和革命的工作任务问题同时解决了”。“他们是革命战争的良好的组织者和领导者，他们又是群众生活的良好的组织者和领导者”。〔1〕

方志敏后来写道：“在第二次全国苏维埃大会上，毛主席称许赣东北苏维埃的工作说：‘赣东北省和兴国县的苏维埃工作，都是苏维埃工作的模范，主要的是因为他们能将战争动员与改善群众生活两下密切地联系起来。’（大意如此）毛主席的评语，是正确的。这段评语，更加提醒我们对苏维埃工作主要的注意点，使我们更加兴奋地去加紧工作。”“‘苏维埃模范省’这是一个难得的荣誉，赣东北的同志们，要努力工作，保持这个可宝贵的荣誉呵！”〔2〕

历经信江、赣东北至闽浙赣各个历史时期，除临时负责重大军事任务的短暂时间外，方志敏一直担任这块根据地的苏维埃政府主席。后在狱中回忆：“我自一九三〇年〔3〕当任苏维埃工作，直到一九三四年都未有更换过，足足做了四年之久，自然做了不少的工作。”〔4〕并将根据地建设取得的成就和荣誉，归结为苏维埃制度，以及在这一制度下人民群众迸发出的革命精神：苏维埃的民主精神、创造精神、进步精神、刻苦精神和自我批评精神。“苏维埃政府时时刻刻都在想着如何去改善群众的生活，使群众生活日渐向上”，“因为如此，群众对苏维埃的信仰和拥护，日益增高”，“他们宁愿牺牲一切，帮助苏维埃，他们爱护苏维埃，比

〔1〕 毛泽东：《关心群众生活，注意工作方法》，《毛泽东选集》第1卷第140页。

〔2〕〔4〕 方志敏：《我从事革命斗争的略述》，《可爱的中国——方志敏狱中手稿》（贰）第276、267页。

〔3〕 应为1929年。1929年10月，方志敏担任信江特区苏维埃政府主席。

爱护他们的家庭还更恳切!"〔1〕

1月24日 主持中共闽浙赣省各县县委书记、特委书记联席会议，通过《关于开展白区工作发展苏区的决议案》，指出“猛烈的开展白区工作是巩固和扩大苏区的先决条件”。决定三个月内，在白区发展一百五十个新的秘密区委和一个特支，其中皖南特委和赣东北特委各四十个。

1月25日—28日 在葛源主持召开“全省中心区域乡苏维埃主席大会”，重点讨论扩大红军、优待红军家属、发展经济、文化教育和乡级苏维埃建设等工作，形成相关决议。尤其是扩大红军方面，作出了“在二、三、四、五四个月中为完成动员工农群众六千人加入红军，扩大红军三个团而斗争”的决议。会议期间，有五十七位乡苏维埃主席报名参加红军，二十余位乡苏维埃主席报名去白区工作。

1月下旬 就红十军军长王如痴，在敌堡垒主义的“围剿”方针面前，不敢指挥红军去白区作战，甚至认为红十军不能打仗等错误，与闽浙赣省委与红十军有关领导一起，对其进行严肃批评。同时，报请中革军委重新任命红十军军长。二月初，朱德电令闽浙赣军区司令员刘畴西任红十军代军长，后又批准王如痴转任军区参谋长。

△ 为打破敌人的堡垒政策和反革命“围剿”，指示红十军、红军独立第一团、怀玉及化婺德两个红军独立营到上饶至浙赣边的外线活动，调动国民党军队，寻机予以打击，发展新的游击区。本月，红十军袭击玉山临江湖之敌，逼近玉山县城。二十一日，与敌第十二师第三十五旅战于郑家坊、台湖一带，国民党

---

〔1〕 方志敏：《我从事革命斗争的略述》，《可爱的中国——方志敏狱中手稿》(贰) 第275页。

《中央日报》报载“是役激战之烈……为玉山□□以来所未有”。二十九日，红军又从玉山紫湖口，奔袭浙江常山县大桥头。

2月1日 在省委机关刊物《突击》第六期上发表《在四个月内动员一万新战士到红军中去》，得到苏区干部群众的热烈响应，仅二十五天，就有二千三百余人入伍，提前完成原定需两个月完成的扩红任务。《红色中华》第一百五十四期以《闽浙赣猛烈扩大红军》为题作了报道：弋阳县党、团县委书记及政府土地部长等一起报名参加红军。在领导干部的带动下，九区赤卫军一百一十人及四区五个党支部全体成员加入红军……妻子动员丈夫，父母动员儿子当红军的“像雨后春笋一样多”。

2月2日 制定《苏维埃工作教授纲目》，由中共闽浙赣省委印制。该纲目包括七个方面内容：苏维埃政权的性质、苏维埃的组织、苏维埃的基本政策、苏维埃各部工作、苏维埃的领导方式、革命战争与群众生活问题、乡苏维埃的工作。

2月3日 中华苏维埃共和国第二届中央执行委员会举行第一次会议。方志敏没有出席会议，与毛泽东、项英、张国焘、朱德、张闻天、博古、周恩来、瞿秋白、刘少奇、陈云、林伯渠、邓振询、朱地元、邓发、罗迈、周月林等十七人被选为中央执行委员会主席团成员。主席团为中央执行委员会闭幕期间的全国最高权力机关，毛泽东被选为中央执行委员会主席。

2月4日 出席中国工农红军学校第五分校第七期开学典礼。在致辞中指出：在现在中国正处在两条道路斗争决定胜利的关头，只有坚决执行中央的号召，创造百万铁的红军，才能担负光荣的历史任务，胜利的前进。[1] 闽浙赣军区政委聂洪钧及省

---

〔1〕《中国工农红军学校第五分校第七期开学典礼》，《红色赣东北》1934年2月4日。

委各机关代表、第七期全体学生参加了开学典礼。

2月10日 主持闽浙赣省苏维埃政府第八次主席团会议，通过《关于二、三、四、五四个月内扩大红军一万人的决议》。通过关于文化工作的决议：扩大与加强省工农剧团，准备举行体育运动大会以及各县建立工农剧社等，要求各级教育部门努力执行。

△ 出席在葛源召开的闽浙赣省消费合作社社员代表大会，会议决定三月十五日前发展新社员，入金八万股。

2月16日 《红色中华》第一百五十期以《积极发展合作运动》为题，再次报道闽浙赣苏区一九三三年经济建设成就：（一）商店资金三万四千元，营业四十一万余元，纯利一万四千五百余元；（二）工农药店资金九千五百余元，营业十一万五千余元，纯利一万九千余元；（三）消费合作社资金九万元，营业七十六万七千余元，纯利极微。发展九千余名新社员，建立了十一种工业生产部门。

2月18日 主持闽浙赣省一级积极分子大会，代表省委作《关于开展反右倾机会主义斗争的报告》。苏区各县县委书记、军事部部长及政治部主任参加大会，会议通过《省一级积极分子会听了省委关于开展反右倾机会主义斗争报告的决议》。

报告和大会的决议强调：要在党的进攻路线的指导下，红军要到白区去开展游击战争，干部要到白区去工作，积极创造新的苏区，“这是争取五次战争全部胜利的必要条件”。要坚决反对不求发展的右倾机会主义，“严厉打击与肃清一切动摇、悲观、消极等现象”，并发出“好的干部到红军中去”，“每个同志都要准备随时到红军中去”的号召。

2月中旬 在省委机关刊物《突击》第七期上发表《建设我们铁的红军》。

文章从“粉碎敌人五次‘围剿’的决战中第一等的中心任

务”高度，强调“扩大与加强我们的红军，使之成为百战百胜的铁的红军”的重要性。

文章在肯定成绩的基础上，指出红军建设中存在的几种错误：认为闽浙赣苏区红军太弱，只看到缺点，看不到优点；在实际工作中，不积极努力、刻苦耐劳和深入地去进行各种政治的军事的训练工作；游击主义的残余，什么事都随便马虎，不认真，以军事为儿戏。

文章认为，要切实地抓紧几个方面的中心工作，用最大速度来建设铁的红军：一是十百倍的加强政治工作；二是加强军事训练，不断提高指战员的军事技术水平；三是形成铁的纪律并自觉遵守；四是艰苦地细心地从斗争中去培养坚强的军事和政治干部；五是抓紧军队中的卫生管理工作；六是每次决定战斗之前，必须在对敌情、我情、地形等情况充分了解后，进行精密的布置，然后以最大决心进行战斗，以达到每战必胜，建立雄壮的军威。这样，我们红军就可以很快地成为所向无敌的常胜红军了。

△ 主持各县县委书记联席会议。会议对省委一月中旬提出的白区工作计划的执行情况进行检查。根据各县报告，一个月内发展了一百八十几个新的支部。对此，方志敏指出：“虽然比去年的发展速度快好几倍，然而对于我们总的计划，还只是完成十分之一，这是非常令人不满意的。”〔1〕

△ 指示红十军再次向浙西出动。二月十九日，红军在浙江常山县大桥头，袭击当地保安队约一个营，不到一小时，即结束战斗，缴获轻机枪两挺，步枪二十余支，拆毁数个敌人修建的堡垒。〔2〕

---

〔1〕 方志敏：《关于白区乡村工作的几个问题》，《方志敏全集》第449页。

〔2〕 《闽浙赣红军进攻浙江》，《红色中华》第154期，1934年2月24日。

2月24日 签署《闽浙赣省苏维埃政府命令（第三号）》，颁布《区乡春耕运动委员会组织与工作条例》。条例规定区、乡两级苏维埃政府之下，都要成立春耕运动委员会，并“限三月一律组织完毕”。其工作是制定春耕生产计划，广泛动员群众，尤其动员妇女参加春耕，激发群众的劳动热情，组织生产竞赛。同时要做好棉花、杂粮生产和垦荒贮积肥料等有关农业的各方面工作。

2月 发布《闽浙赣省苏维埃政府训令（第三十三号）——关于发动妇女参加生产问题》。训令指出：“大批健壮的工农群众涌入红军的时候，发动广大劳动妇女参加生产补助男子劳动力，来巩固发展苏区经济，这是目前妇女中心工作之一。”要求各级苏维埃政府及妇女生活改善委员会重视这项工作。并决定动员和组织九万妇女到生产战线上去。

3月初 撰写的《关于白区乡村工作的几个问题》，在省委机关刊物《突击》第八期上发表。文章指出：开展反动统治区域的工作，在敌人后方组织与发动工农群众的斗争，这对于打破敌人封锁，帮助红军胜利进攻，粉碎敌人的五次“围剿”，具有极重大的意义。省委根据这种意义，制定了白区发展党组织的工作计划，省委绝不允许这一个可能实现的白区工作计划，变为空谈。文章指出：作风上的官僚主义与消极怠工阻碍了白区工作的开展。只有克服了上述错误，才能猛烈地发展党的组织。党的干部要不怕危险、不怕牺牲去猛烈开展白区工作；要充分发挥白区每个支部、每个党员的作用，要紧紧依靠群众，发展和扩大群众组织，反对代替群众斗争的“驳壳”主义〔1〕；通过组织群众与武装群众，准备夺取武装暴动的胜利，农民武装暴动一旦起来，

〔1〕 白区工作中，一种认为对付敌人，只有用驳壳和手枪，群众的力量无足轻重的错误观点。

要广泛地开展游击战争，建立苏维埃政权，创造新的革命根据地。文章最后强调：用发展白区群众的斗争配合红军胜利的进攻，以粉碎敌人的五次“围剿”，这是白区党目前最主要的战斗任务。

3月2日 闽浙赣军区致电中革军委，报告三月份的军事部署，以及组织规模较大的红军挺进队，挺进到玉山、常山、开化之间及浙皖边；同时报告“关于建筑红色支点，我们觉得完备兵力关系，拟建筑碉楼”，首先在贵（溪）余（江）万（年）和横峰、上饶构筑碉堡。

当时方志敏和闽浙赣省委从斗争的实际出发，“都不主张这样的堡垒战术，而提出出击怀玉山及浙江开化一带，乘敌纵深堡垒网尚未形成的时机，调动部队到广大的敌后去打运动战来保卫苏区。”〔1〕但在主张“御敌于国门之外”和“以堡垒对堡垒”的“左”倾冒险主义在中央占统治地位的情况下，闽浙赣省委和军区，只能执行这一错误的军事策略。

3月4日—5日 红十军一部再次挺进玉山、常山、开化地区。四日，红军乘国民党军第十二师第二团从玉山换防去河口之机，星夜赶到玉山县仓坞尖。次日拂晓，对国民党军临江湖工事实施攻击。下午，红军由藻溪村撤出战斗。

3月6日 《红色中华》第一百五十八期以《在猛烈发展中的闽浙赣苏区》为题，报道了赣北新苏区（纵横三百余里）的开辟。还报道了红十军、省军区独立三团和怀玉独立营连续挺进浙赣边，取得多次胜利。

3月17日 闽浙赣军区为构筑、守备赤色堡垒发布训令。

〔1〕 聂洪钧：《关于闽浙赣红军和地方武装的几个问题》，《回忆闽浙皖赣苏区》第349页。

要求苏区各县“用充分的动员准备与精密的布置来迅速完成我们应筑的各个支撑点”。

方志敏后来不无疑虑地写道：“红军本长于运动战，很少打过堡垒战”[1]。然而在“左”倾冒险主义的影响下，训令发布后的一二个月内，“构筑据点，以赤色堡垒抵抗敌堡，进行短距离突击的战术原则（军委指示），在赣东北更是风行一时，各处大举土木，纷纷构造碉堡……几乎使人误会认为造碉堡为巩固苏区的唯一手段”[2]。

3月中旬 出席闽浙赣省活动分子大会，代表省委作《战争紧急总动员报告》。

3月18日—23日 率红十军主力，从弋阳县中畈开赴贵（溪）余（江）万（年）地区，对进犯苏区的国民党第五十七师进行连续攻击和袭扰。为了进一步调动敌人，派出部分兵力突然向东，二十二日午后攻占浙江常山县球川镇，该部与前来救援的敌人激战后，二十三日凌晨撤出。方志敏在率主力回师途中，红军又给进攻中心苏区的国民党军以痛击。

3月 调红军第五分校政委刘鼎[3]（化名戴良）任闽浙赣省兵工厂政委，并指示：敌人碉堡一步步向苏区境内推进。他们

---

〔1〕方志敏：《我从事革命斗争的略述》，《可爱的中国——方志敏狱中手稿》（贰）第281页。

〔2〕涂振农：《关于闽浙赣苏区反抗敌人五次“围剿”的报告》，1936年8月21日。

〔3〕刘鼎（1903—1986），四川南溪人。1924年加入中国共产党。1929年从苏联回国后，在上海中央特科工作。1933年初，从上海赴中央苏区时，经方志敏挽留在闽浙皖赣苏区工作。曾任闽浙赣军区政治部组织部长、红军学校第五分校政委等职。新中国成立后，历任重工业部副部长，第一、第二、第三机械工业部副部长。1986年在北京病逝。

的碉堡很多，建筑并不坚固，但我们用步枪，要消灭碉堡又不行；因此请你去兵工厂，制造小钢炮，专攻堡垒。[1] 省兵工厂试制出三门三十五毫米的小迫击炮及铸铁炮弹，这是人民军队兵工史上最早的自制火炮。后调红五分校一个班学生到兵工厂培训为炮兵。红十军团北上皖南时，其中两门迫击炮配给了部队迫炮营。

在回忆文章中盛赞兵工厂工人："在五次战役中，他们加紧地工作，子弹比较从前多造出百分之三百，榴弹多造出百分之五百，迫击炮弹改良了，而且多造出百分之四百。他们用少的可怜的机器（只有一架车床），居然造出了花机关和轻机关枪，更居然造出了好几门小钢炮来。""他们的热诚、努力和创造性，完全表现出革命先锋队的精神和榜样来！"[2]

4月2日 中革军委致电闽浙赣军区并转方志敏，电报中指示："派遣得力的地方独立部队，挺进敌人近的与远的后方，发展游击战争，创造新苏区，以牵制和调动敌"；"派遣得力的独立部队伸入到浙西活动"；"将现在你们准备好的一个连扩大为独立营，到浮梁、婺源、祁门、秋浦地域去发展扩大游击战争，争取赤化、创造新的苏区，以威胁德兴、乐平敌人后方"等。

此前，根据方志敏的意见和闽浙赣省委的决定，军区曾抽调了一部分地方武装组成挺进游击支队，深入皖南开展游击战争。中革军委得知这一情况，认为是削弱保卫苏区力量的"分散主义"。后方志敏和闽浙赣省委根据斗争形势需要，又向中革军委提出组织第二批挺进游击支队到皖南和浙皖边地带去活动。经过很长时间的电报往返和争执之后，中革军委才于本日来电同意闽

〔1〕 刘鼎回忆手稿《闽浙赣》。

〔2〕 方志敏：《我从事革命斗争的略述》，《可爱的中国——方志敏狱中手稿》（贰）第287—288页。

浙赣军区派出部分部队去浙西等敌后，开展游击战争，以牵制和调动敌人。

4月5日 为落实中革军委来电指示，与刘畴西、聂洪钧等研究决定，从红十军抽调两个独立团与地方武装组成红三十师，匡龙海兼师长，依托余（江）万（年）乐（平）以西以北地区，开展游击战争，发展新的游击区；抽调红十军特务连与省军区独立团，拟编为红十三师，由原红十军第二十九师政治委员倪宝树任师长，原红十军第二十八师政治委员李伯钧任政治委员，以该师远征浙西，达到破坏杭（州）江（山）铁路的目的。本日，将上述情况电告中革军委。

4月中旬 闽浙赣省委任命柳真吾为赣北特委书记，派出省苏维埃内务部部长饶玉鸾等一批干部，随同匡龙海率领的赣北远征游击大队，进驻浮梁县小源石里村。在新的赣北特委领导下，很快就开辟了以浮梁县程家山为中心，包括赣北的浮梁、鄱阳、彭泽和皖南的秋浦、东流数县边区的赣北新苏区。

4月24日 中共中央、中华苏维埃共和国中央人民委员会发出《给战地党和苏维埃的指示信》。信中号召："利用赣东北苏区的经验，充分使用挨丝炮、拉丝炮等各种各式的地雷，轰炸进攻的敌军。"

方志敏回忆："为打破敌人五次'围剿'，上万的工农群众，被动员上火线了。他们组织起工农游击队，他们没有快枪，只有以地雷为杀敌的主要武器。在党的领导督促之下，地雷杀敌，发扬了极大的威力，每天要打死打伤敌人两三百，打得敌人只得躲在乌龟壳〔1〕内，不敢出外一步。"还说："我想，假使我们与帝国主义开战，我们有了新式的地雷，全国工农群众都发动起来埋

〔1〕 乌龟壳，指碉堡。

地雷杀敌，定可以打得帝国主义的军队无办法。”〔1〕后来，在抗日战争中地雷战所发挥的作用，实现了方志敏的预言。

4月29日 以闽浙赣省委名义，就中共弋阳县委、县苏维埃政府机关驻地中畈乡桥头詹家遭国民党军队偷袭一事，指示苏区各县加强严密防守与情报工作。

4月 选派刘毓标、陈直斋等一批经中共闽浙赣省委白区工作训练班培训的干部赴皖南。这批干部抵达皖南之后，逐步建立了中共歙县中心县委、太平中心县委等党组织。

5月初 红军守备队三十多人，凭险扼守上饶老鸦尖碉堡，顽强狙击国民党军第二十一师某部的进攻〔2〕，“敌人攻我这个赤堡，打了一千余炮。我十五支枪的守备队，竟坚持抵抗了五天，最后以身殉堡”〔3〕。在“以赤色堡垒反对白色堡垒”的“左”倾军事方针指导下，闽浙赣苏区日趋缩小，堡垒战的危害日益显现出来。尽管如此，红军指战员为保卫苏区不畏牺牲的精神，依然使方志敏“至死不能忘记”，后来在文章中特意举出“几个模范的赤堡守备队英勇作战的事迹来，以表示我对他们的纪念和敬意！”〔4〕

5月12日 率红十军第八十五团抵达弋阳芳家墩，与红三十师会合，决于次日赴贵（溪）余（江）万（年）地区打击进犯苏区的敌人。当时，国民党军第五十七师已完成西起贵溪三丫桥，东南经库桥至花屋的碉堡封锁线，并占领了贵余万苏区的中心——周坊村。在这一地区形势严重恶化的情况下，亲自率部队

〔1〕〔3〕〔4〕 方志敏：《我从事革命斗争的略述》，《可爱的中国——方志敏狱中手稿》（贰）第285—287、282页。

〔2〕 据1934年5月8日江西《民国日报》及5月12日《申报》报道，老鸦尖碉堡保卫战发生在是年5月初。

出击，旨在遏制敌人“围剿”苏区的进攻势头，稳定局势。

5月13日 晨，率部队到达贵溪小田村附近，侦知有敌在周围活动，即指挥红军向小田村方向运动。六时许，与敌五十七师第三四一团第二营相遇，“战斗极烈”“继以肉搏”，激战至天黑，在大量杀伤敌人后，红军在小田村我方碉堡的掩护下撤出战斗。〔1〕

5月18日—19日 率红军和地方部队在贵溪裴源村，打退国民党军第五十七师三个团的多次进攻。

5月30日 出席闽浙赣省反帝拥苏大同盟在葛源枫树坞红军广场举办的“五卅”纪念大会。参加大会的有省委、省苏维埃直属机关，各县及葛源直属区的代表团等，共五千余人。广场四周挂满了各种宣传画。省工农剧团一、二团分别演歌舞和反帝活报剧。省苏维埃内务部还举办游艺晚会，为红军募集医药费等。

5月 妻子缪敏在葛源生下第四个孩子，取名方荣兰〔2〕(男)，乳名兰崽。

6月1日 在第五次反“围剿”形势日趋严峻的情况下，发布《闽浙赣省苏维埃政府训令（第六十三号）》。责成苏区各级政府、各红军部队、各群众团体，一致拿出最高度的突击精神与全部力量，开展极广泛而深入的战争紧急动员。苏区各级党政军机关、群众团体的工作人员，要全部实行军事化，大家都必须拿出一九二七年至一九二八年的斗争精神，领导群众在敌人驻扎地方的周围与敌人拼命斗争；各红军部队要以十百倍的紧张战斗的精神，坚决执行党的进攻路线，严重地打击与消灭敌人的主力。必须猛烈扩大红军，准备建立红十军团；各个乡村都要组织工农游

〔1〕 1934年5月30日天津《大公报》；《陆军第五十七师战斗详报》（1934年3月至12月），江西省档案馆馆藏。

〔2〕 方荣兰于次年1月在横峰县金龙山因病夭折。

击队，尤其要进一步开展地雷战，利用地雷武装村坊、武装山头。要进一步发动群众，使每个工农劳苦群众都以一切力量一切牺牲，来争取决战的胜利。同时要严厉反对与打击逃跑反水现象。

6月8日 以中共闽浙赣省委名义发出给中共赣北特委的指示信，要求加快创造新的苏区，做好党组织的发展工作；收缴各地反动武装的枪支来武装自己；争取大规模、大范围的武装暴动，红军游击大队要向多方面出击，务求在最短时间内将皖赣边五百里区域打成一片；加速建立苏维埃政权和进行土地革命等。指示信中还把景德镇的工作划给赣北特委领导。

按照指示信的部署，中共赣北特委领导当地军民创造新苏区的工作大有起色。发展党组织方面，建立中共浮（梁）乐（平）婺（源）中心县委、彭泽中心县委、中共景德镇市委，在浮梁县境内建立中共河东、河西两个县委和皖南的中共祁门县委。红色政权建设方面，建立浮乐婺、彭泽两个中心县的革命委员会以及彭泽、鄱阳、浮梁、河东、河西、秋浦、东流等县级政权。革命武装方面，赣北红军游击大队扩编为赣北红军独立团，各个县都成立游击队，贫农团、妇女会等群众组织也纷纷建立。土地分配也在稳步进行。

6月16日 闽浙赣军区致电中革军委，主要汇报：国民党军队通过修公路、建碉堡，在苏区内部已形成多条封锁线，筑成的堡垒、工事都配备交叉火力；堡垒的建筑，每次推进必是在工事内的炮火能够到达的阵地为准则，至多推进三千米远，有时甚至只数百米；苏区方面，红军在敌人碉堡面前实施“短促突击”战术，伤亡甚大，在最近的半月，红十军伤亡了八百多人。此外，我军不断修建堡垒，配合地雷，打击和消耗敌人。苏区各县每日用地雷杀敌二十人以上。

7月1日 根据方志敏主持召开的省苏维埃执委会第二次扩大会议的决议，闽浙赣省苏维埃政府财政部颁布《粉碎敌人五次

“围剿”决战公债条例》。决定在苏区和白区发行十万元决战公债，以省苏维埃的各种税收为担保，利率为周年一分，本息于一九三五年七月偿还。其用途以百分之八十作为决战经费，以百分之十作为开展经济建设，以百分之十用于救济避匪的革命群众。苏区人民热烈响应“节衣缩食，支援战费”的号召，七、八、九三个月超额认购决战公债达十四万元。

7月3日 刘畴西、聂洪钧致电朱德，报告近期敌情：国民党军队在闽浙赣苏区的西线、北线和东线，通过修筑公路和碉堡，已形成多条封锁线。每条封锁线上相隔十五里至二十里，筑有碉楼式的野战碉堡为支撑点，各支撑点间还有许多联络碉堡。作为支撑点的野战碉堡，守备兵力多至一营，少至一二个排；简易的联络碉堡守兵至多一个班，有的甚至两三人或没有人。

7月初 中央红军红七军团六千余人，按照中共中央、中革军委的命令，改编为“中国工农红军北上抗日先遣队”。为扩大影响，以司令员罗炳辉〔1〕、政治委员方志敏的名义对外宣传，实际均未到任。

7月6日 红军北上抗日先遣队（红七军团），由军团长寻淮洲、政治委员乐少华、参谋长粟裕、政治部主任刘英等率领，从瑞金出发，经福建向浙皖赣方向进军。中央代表曾洪易随军行动。

出征前夕，中共中央、中央政府人民委员会、中革军委下达《关于组织红军北上抗日先遣队给七军团作战任务的训令》《关于

---

〔1〕 罗炳辉（1897—1946），云南彝良人。1915年参加护国战争。1926年参加北伐战争。1929年7月加入中国共产党，同年11月率部起义，参加红军。1933年底任红9军团军团长，1934年10月参加长征。后任新四军第二师师长、第二副军长兼山东军区第二副司令员等职。1946年6月在山东病逝。

开辟浙皖闽赣苏区给七军团的政治训令》，命令“七军团应在中国工农红军抗日先遣队的旗帜之下，经过福建而到浙皖赣边行动”“到敌人的深远后方，进行广大的游击活动。在敌人最受威胁的地区，建立新的苏维埃根据地”“促使敌人进行战略与作战部署上的变更”。

7月上中旬 中共闽浙赣省委将中共赣北特委更名为中共皖赣分区委，以适应赣北新苏区发展到皖南的新形势，柳真吾任书记。在皖赣分区委的领导下，皖赣边八县工农兵代表大会在浮梁县青溪滩召开，到会代表及群众一千多人。会上正式成立皖赣分区苏维埃政府，同时成立了皖赣军分区。为加强新苏区的武装力量，闽浙赣省委和省军区派王如痴率红军独立团开赴皖赣边，与赣北红军独立团合编为皖赣红军独立师，王如痴任师长（后为匡龙海），王丰庆任政治委员。

7月15日 中华苏维埃共和国临时中央政府和中国工农红军革命军事委员会颁布《为中国工农红军北上抗日宣言》，指出：“苏维埃政府与工农红军不辞一切艰难，以最大的决心派遣抗日先遣队，北上抗日。”

7月19日 刘畴西、聂洪钧致电中革军委，报告近期战况：在苏区西北线的红三十师，本月十四日在德兴、乐平交界处击溃国民党军两个连，缴获布匹三千五百多斤；红十军一部于本月十五日攻克广丰县洋口镇，缴获布匹一千五百多斤，食盐三百余斤。两地缴获的布匹可以解决部队冬衣问题，但缴枪极少，红十军枪支缴获与损失相抵。电文还报告七月份征招新战士一千七百多人，除补充红十军五百多人，其他补入浙江挺进队及地方独立部队。

7月21日 红军北上抗日先遣队攻入福建大田县，城内的保安队闻风逃窜，红军入城后，缴获步枪十余支，无线电和电话机各一架，食盐万余斤，受到当地工农群众热烈欢迎。

7月29日 以中共闽浙赣省委名义致电中共中央，报告已在皖赣边创造大块新苏区：“皖赣边分区已于本月二日公开建立了各级革命委员会。创立了浮祁秋彭东都[1]六县长三百余里，宽约六十里以至八九十里的新苏区，现正在一方面向皖北发展……皖赣独立师连获许多胜利。”

7月下旬 写信给中共皖南特委，指示利用当前黟县农民暴动一触即发之势，在八月一日举行武装暴动，并配合省委即将派遣到皖南的红军远征队，进攻祁门和黟县县城。

8月1日 原中共皖南特委军事部部长宁月生等持方志敏的指示信赶到黟县际村，次日晚，在中共黟县县委的领导下，发动际村武装暴动。

8月21日 根据中共闽浙赣省委的指示，太平中心县委在皖南太平县的柯村（今属黟县）发起暴动。数日间，以柯村为中心，东起黟县方家岭、西至石埭县赤岭口（今属祁门县）、北到石埭县七都、南达祁门县历口，纵横百里的范围内，三千二百多农民举行暴动，为皖南新苏区的开辟奠定了基础。

8月 在边区群众大会上，发表《逃跑只有死路一条》的演说。当时，由于国民党第五次“围剿”给苏区造成的困难，苏区出现少数群众外逃的情况。为了制止这种现象的蔓延，特意召开了这次群众大会。

在演说中，对比了苏区与白区群众生活的现状，列举了外逃群众在白区的惨状，说明逃跑只有死路一条。演说中引用了毛泽东的名言“群众是真正的铜墙铁壁”，而一切乌龟壳（指敌人碉堡）并不可怕，千百万群众在共产党的领导下，一定能取得革命

---

〔1〕 分别为浮梁县、祁门县、秋浦县、彭泽县、东流县、都昌县。

的最后胜利。还列举了全国红军，包括闽浙赣红军的辉煌战绩，以及皖赣边、皖南新苏区的开辟，以坚定广大群众的斗争决心和胜利信心。

在演说中号召：“苏区内每一个革命群众，都应该有远大的眼光，有铁一般的坚决意志，有无产阶级的气节，有英勇顽强的坚决不变的精神，要革命到底，就是在某时某地受到部分挫折的时候，也不要丝毫失望，半点灰心，依然要努力向前干下去，绝对不要三反四复，跑来跑去。”演说中还宣布了苏维埃政府的政策：“苏维埃对于逃跑群众的态度是欢迎他们回来的，所以不没收他们的东西，不收回他们的土地，而替他们好好保存”。最后强调指出：“工农劳苦群众只有拥护苏维埃，为苏维埃政权斗争到底，才是唯一的出路，才能得到最后的彻底解放!”

9月2日 闽浙赣省苏维埃执行委员宁椿生等，率皖南远征队抵达太平县柯村。在太平中心县委召开的扩大会议上，宁椿生传达中共闽浙赣省委和方志敏的指示，讨论柯村暴动后建立党组织、苏维埃政权，土地分配和训练干部等问题。次月，在柯村召开各县群众代表大会，成立皖南特区苏维埃政府，宁椿生任主席。同时将皖南远征队改编为皖南红军游击大队，特区所属部分县、区、乡也纷纷建立苏维埃政权，形成了皖南新苏区。

9月5日 朱德、周恩来、王稼祥致电闽浙赣军区，告知红军北上抗日先遣队本日可达福建浦城，并将继续北上“彻底地破坏进攻红十军及闽北苏区敌人的后方”。指示红十军在广丰县洋口镇的游击队及上玉独立营等地方部队协同先遣队的行动；并且“今后应与抗日先遣队取得不断的无线电联络”。

9月上旬 指示省军区从红十军抽调一个营，于本月九日出发，赴广丰县与抗日先遣队联络并协调行动。但抗日先遣队已于九日离开该地，进入浙江境内。

△ 王如痴、王丰庆、匡龙海等指挥皖赣红军独立师，挺进到黟（县）石（埭）太（平）地区开展游击战争，一度打通过皖赣、皖南两块新苏区的联系。

9月17日 中共中央和中革军委将中央红军主力准备实行战略转移的设想，报告共产国际。本月三十日，共产国际回电同意。

这期间，中共中央和中革军委开始部署和进行一些战略转移的准备工作，包括要求周边苏区的红军作出调动或钳制敌人的军事行动。

9月18日 晚，红军北上抗日先遣队抵达白马、衍昌一带。司令部在白马镇举行纪念九一八事变三周年集会，进行抗日救亡宣传活动。

9月中旬 对红军北上抗日先遣队极为关注，打算亲自去浙西会见寻淮洲、乐少华等人，中革军委十五日回电："志敏不应出动，而应领导整个党的工作"，才未成行。

△ 遵照本月十八日中革军委的电令，指示红十军派出主力第八十七团与新组建的地方工作团一起，赴浙西遂安协同红军北上抗日先遣队行动。部队尚在去遂安途中，又接抗日先遣队来电，告知已离开遂安转向皖南。

△ 蒋介石命令赣浙闽皖边区警备司令赵观涛，统一指挥由俞济时督率的由国民党军浙江保安团和补充第一旅组成的右纵队、第四十九师组成的左纵队，对红军北上抗日先遣队实施合围夹击。抗日先遣队审时度势，放弃攻打遂安城和在这一地区开辟根据地的计划，于二十二日改向浙皖边行动。

9月下旬 以中共闽浙赣省委名义致电中共中央，提出红军北上抗日先遣队在皖南创造新苏区的主张："皖南党及群众工作都有较好的基础。先遣队在皖南群众帮助之下，坚决作战，消灭敌人，定能发动广大群众斗争，创造出五六百里的苏区，与皖赣（苏区）联成一片，直接威胁南京杭州。”“这是我们的意见，请中央审核与指示先遣队执行。”〔1〕

△ 按照中革军委的电令，闽浙赣省委将皖南的状况，特别是先遣队活动地域的党组织和群众斗争情况，电告先遣队。

9月29日 以中共闽浙赣省委名义向中共中央报告皖南的工作：决定在红军北上抗日先遣队的帮助下，组织更大规模的皖南群众武装暴动，实行土地革命，建立新苏区。同时报告闽浙赣苏区在本月突击扩红中组建了十八个新兵连，计划补充三个连给先遣队。

9月30日 红军北上抗日先遣队抵达婺源沱口、清华街一带，根据闽浙赣省委电告的情况，向中共中央和中革军委提出与皖南、皖赣两特委及地方武装配合，创造浙皖边新苏区。

10月8日 派中共闽浙赣省委交通员詹坚农去上海，向中共上海中央局汇报皖赣边、皖南两块新苏区的情况。

10月中旬 中共中央、中革军委率红一、红三、红五、红八、红九军团及中央机关、军委机关和直属部队共八万六千余人，实行战略大转移，开始了长征。

10月13日 根据中共中央决定，中共中央分局、中央军区和中华苏维埃共和国中央政府办事处在瑞金成立。项英任中央分局书记。十月下旬，又任命项英为中央军区司令员兼政治委员。

10月15日 红军北上抗日先遣队进驻皖赣苏区秋浦县黎痕地区，休整三天。在此，中共皖赣分区委动员当地红军四个连约五百人，补充到抗日先遣队。

△ 中革军委电示寻淮洲、乐少华，率部迅速转移到赣东北

〔1〕《中共闽浙赣省委致中共中央电》，1934年9月。

苏区，进行休整。二十一日，中革军委再次指示，抗日先遣队转入闽浙赣苏区。

10月30日 刘畴西、聂洪钧致电朱德、周恩来、项英，报告闽浙赣苏区面临的严峻形势："在闽浙赣苏区东线和南线，敌人均距离葛源有三十多里，西线和北线各只距离葛源六七十里。现敌人首先由南线推进，接近葛源"。"今年旱灾，复以沿信河苏区大部被敌占领，现所收集的粮食，统计只够红军（先遣队在内）三个月给养，若在敌人继续推到葛源，自更困难。"

10月 父亲方高翥去世。

11月1日 红军北上抗日先遣队（红七军团）约三千名指战员抵达德兴县的绕二地区。本日到红七军团驻地，看望指战员，并应邀出席红七军团军事委员会会议。会上，支持红七军团领导人，对随军中央代表曾洪易的右倾悲观主义进行批评。会后，曾洪易"很气的独自去了葛源"。其他领导人则发电报给中央军区，后中央军区复电指出：曾洪易"不仅仅是机会主义错误，而是形成了严重的洪易退却逃跑路线"。

红军北上抗日先遣队的到来，受到苏区群众的热烈欢迎，广大群众高兴地说，"老十军回来了"。时任军团政治委员的乐少华后来回忆："在省委领导下，发动了群众对我们进行了很大很热烈的慰劳，计猪有一千多头，草鞋五万多双，鸡鸭以及粮食糖果等慰劳品堆积如山，数也数不清。这样大这样热烈的慰劳，是我们七军团所没有碰到过的。"这次拥军热潮，出现在闽浙赣苏区日渐缩小的最困难时期，显示了广大群众对红军子弟兵的衷心拥戴。

△ 指示省苏维埃政府拨款慰问红七军团伤病人员，以及补充五百名新战士给七军团，邀请七军团的代表到各地作报告。

△ 中共闽浙赣省委组织部通过《关于战争紧急动员组织工作的决议》。决议根据"省委指出的战争重大任务，是最后的坚

决的争取粉碎敌人五次‘围剿’的全部胜利”，要求全省各级党组织“个个党员都要彻底的了解紧急战争动员的重要性与斗争的决心”。决议布置了七个方面的工作，最后指出：“这些组织上的工作完成，就是保障省委整个决议的执行，各级组织部绝对要负责执行。”

11月2日 与聂洪钧代表闽浙赣省委、省军区，致电中共中央并中革军委领导人，报告“七军团已于昨日到达德兴苏区”，“现闽浙赣环境甚严重，为保卫并开展闽浙赣皖一片苏维埃区域，七军团须依托闽浙赣苏区，向东北突击敌人德化堡垒线，开展在敌人侧后方的反攻，配合野战军粉碎敌人‘围剿’”，并建议红七军团“受闽浙赣军区统一指挥”，“军区自得保证军委命令执行”。还建议“洪易还是回省委工作，对于七军团由省委另派代表去加强领导”。电文中同时报告：“省委为加强闽赣（闽北）、皖赣、皖南、浙皖工作，已调了大批干部到这些地方去，现在还须继续派人去加强开展白区群众工作与发展游击战争。”

11月4日 闽浙赣省委、省军区致电中共中央和中革军委，询问“中央红军成立野战司令部，突破南线敌人进占到大庾、五阳后总的战略及最近行动到底怎样？盼即尽可能电告我们”。此时，方志敏等尚不明了中共中央已决定放弃中央苏区，实行战略大转移的意图。

△ 收到正在长征途中的中革军委发来的电报。令红七军团与红十军合编为红十军团，下辖两个师：红七军团编为第十九师，红十军编为第二十师。刘畴西任军团长兼第二十师师长，乐少华任军团政治委员兼第二十师政治委员，寻淮洲任第十九师师长，聂洪钧任第十九师政治委员。此电报同时发给留守中央苏区的中央分局和已在闽浙赣苏区的红七军团。

红十军团目前的任务是：“十九师于整理后，应仍出动于浙皖赣边新苏区，担任打击‘追剿’的敌人与发展新苏区的任务；廿师则仍留老苏区，执行打击‘围剿’敌人与保卫苏区的任务。”

中革军委采纳方志敏两天前的建议：调曾洪易任省委书记兼省军区政治委员，省苏维埃政府主席方志敏兼任闽浙赣军区司令员；红十军团新编的两个师，“执行各任务时，统应受军区、军团指挥并求协同动作”，把原红七军团的军事指挥权，交给了兼任军区司令员的方志敏。电报中还明确规定：“军区及新组成的十军团统受中央军区项司令员指挥，省委亦受中央分局领导。”〔1〕

11月7日 红十军团正式组建，未召开整编大会，也未向指战员公开宣布，但军团及各师指挥员均陆续就位，除军团长与军团政治委员等由中革军委指定外，另调刘英任军团政治部主任，粟裕调任闽浙赣军区参谋长。已变更番号为红十军团第二十师的原红十军仍驻守在横峰县铺前前线，严防国民党军队进攻葛源。此外，闽浙赣省军区仍保留红三十师，未编入红十军团。红十军团对外仍称红军北上抗日先遣队。

△ 出席红七军团（即红十军团第十九师）在德兴重溪举行的俄国十月革命节纪念大会并讲话，这是红七军团单独召开的最后一次大会。

11月17日 以闽浙赣军区名义致电中共中央、中革军委、中央军区，报告根据地敌情及作战计划，提出将闽浙赣苏区的中心从赣东北移到闽北武夷山：由于中央红军西征，国民党军队已加剧对闽浙赣苏区的“围剿”。“现此间环境极为严重，周围均有封锁，并在加深加防”，“部队已不能通过”，“幅员纵横只有一百

---

〔1〕《中革军委致中共中央分局、闽浙赣省委、红七军团电》，1934年11月4日。

一十余里”。敌军调集重兵分头进攻苏区的中心弋阳漆工镇、芳家墩；德兴的黄柏塘、界田桥和横峰的吴村等地，大有合围攻取葛源之势。鉴于形势极为严峻，军区决定第十九师先行出击，“挺出江山、衢州，调动敌军”；“十军〔1〕亦拟挺出闽浙赣边区域内，求得野战勇气，创造新的游击区域”；如敌不被调动，“省委准备在必要时移闽北，此间成立分区改为游击区域”。〔2〕

11月18日 收到中央军区电报，被任命为红十军团军政委员会主席，“为了领导十军团与创造新苏区，决以方志敏、刘畴西、乐少华、聂洪钧、刘英五同志组织军政委员会，并以方为主席”。电报指示，方志敏率领红十军团向皖浙边出击，威胁国民党的统治中心——南京、上海、杭州地区，继续执行红军北上抗日先遣队的使命。

后来在回顾红十军团“皖南的行动”时说：“我下了决心去完成党所给我的任务。党要我做什么事，虽死不辞。”〔3〕对于方志敏提出的闽浙赣苏区中心转移到闽北的意见，中央军区电文指出：“军区省委仍留闽浙赣苏区，不应移闽北。”

△ 红十军团第十九师二千余人在师长寻淮洲、政治委员聂洪钧和军团政治部主任刘英的率领下，从上饶县姜李村出发，经玉山县东坑突破国民党军怀玉山一带的封锁线，次日进入浙西常山县境，开始向浙皖边出击。

11月中下旬 主持中共闽浙赣省委扩大会议，批判曾洪易日益显露出来的右倾悲观、对革命信念动摇的“洪易路线”。后

---

〔1〕 已改编为红10军团第20师。

〔2〕《闽浙赣军区致朱周项并博古的电》，1934年11月17日。

〔3〕 方志敏：《我从事革命斗争的略述》，《可爱的中国——方志敏狱中手稿》（贰）第292页。

中央军区来电，对曾洪易自随先遣队出征以来的机会主义以及不执行中央决定的错误，给予警告处分。

△　在葛源枫树坞主持召开全省党的活动分子大会，部署红十军团向皖南出击后闽浙赣苏区的各项工作。

△　在枫树坞红军广场召开的群众大会上，发表告别演说，希望苏区群众无论在什么情况下，都不要忘记共产党，不要忘记苏维埃，坚信红军一定会回来，坚信共产党领导的革命一定会取得最后的胜利。

△　率军出征前夕，果断纠正苏区肃反扩大化的错误，把那些放在军区及苏维埃机关考察的所谓“反革命嫌疑分子”，以及曾经被拘释放出来的，将近千人，“除一部分编进了部队中，还有一部分任政治工作”〔1〕。还写信到苏维埃劳动感化院，将许多“反革命嫌疑犯”解除关押，宣布为他们恢复党籍、军籍，让他们回归革命队伍。曾当过红军营政治委员的宣金堂，在德兴县洋源劳动感化院被释放后，任红十军团担架排的副排长。原上（饶）横（峰）战地委员会书记李步新，因社会关系复杂被押，方志敏派人调查后，在横峰县苏源村接见了他，并说：上饶有些同志乱搞，现在部队要出发了，去开创新的苏区。〔2〕李步新、宣金堂等随红十军团行动，重新踏上了革命征程。

△　派人从德兴县张村把姐姐方荣娭接到葛源。因父亲方高翥不久前病逝，郑重把母亲金香莲托付给姐姐，三岁的儿子方荣

〔1〕聂洪钧：《关于红十军团及皖南特委工作情况给党中央的报告》，1935年2月5日。

〔2〕缪敏对李步新的采访笔录：《谈红军北上抗日先遣队》。李步新（1907—1992），江西上饶人。1929年加入中国共产党，历任中共铅山县区委书记、上饶县委副书记兼军事部部长等职。新中国成立后，曾任中共中央组织部副部长等。

竹由姐姐带回抚养。五岁的儿子方荣柏送到缪敏母亲家。已有身孕的缪敏，准备随省直机关转移。

率红十军团出征后，在途中写信给妻子缪敏："这次出发，任务是非常伟大的，将来的胜利也是伟大的，你今后将在无线电话里得到我们胜利的消息。"缪敏接到信后，强烈地感觉到："当时，志敏充满着胜利的信心和勇气，抱着伟大的志愿去完成党交给他的任务。"〔1〕

11月24日　与刘畴西、乐少华、粟裕等率领红十军团军团部及第二十师指战员，告别葛源的父老乡亲和党政军机关干部，开始了出击皖南的行动。这次行动自十八日接到中央军区电报到出发，只经过六天的准备，十分仓促。

出发前，安排闽浙赣省苏维埃副主席余金德负责政府日常工作。同时，决定唐在刚接任闽浙赣军区司令员，指挥留守的红三十师、军区独立团和各县红军独立营（团），继续反"围剿"军事斗争。

11月末　率红十军团军团部和第二十师在德兴的磨角桥、海口、婺源的江湾等地活动，寻机突破封锁，进入皖南。

△　闽浙赣苏区党政军机关和红三十师主动撤出葛源，转移到磨盘山一带，转入游击战争。

11月28日　作为闽浙赣苏区红色省会长达近四年之久的葛源，被国民党军第二十一师占领，标志闽浙赣苏区第五次反"围剿"失败。

11月30日　在德兴县重溪主持苏区军民抗日誓师大会，再次宣示红十军团作为中国工农红军北上抗日先遣队的政治主张。次日，即率红十军团向皖南方向行动。

12月初　率红十军团军团部及第二十师穿插于德兴、浙西

〔1〕 李祥贞（缪敏）：《纪念方志敏同志逝世十周年》。

开化与婺源三县边境，冲破国民党军数道封锁线，沿途拆毁敌碉堡百余座，于四日从婺源县进入皖南休宁县境。

△ 红十军团第十九师自十一月十八日先行出击以来，经浙西常山县、遂安县、淳安县，推进到昌化县湍口地区，一路征战，“共缴枪二千多支”，“断绝了杭（州）徽（州）路和芜（湖）屯（溪）路”〔1〕，并逼近临安，震动杭州。五日，红十九师接到红十军团军团部电令，部队前往黄山地区与红二十师会合。次日从浙西昌化穿过皖南绩溪，顺势攻克旌德县城。指战员驻城休息一天，继向太平县（今黄山市黄山区）推进。

12月8日 率红十军团军团部及第二十师渡过休宁县的率水河，经许村、蓝渡抵西馆一带宿营。次日，北上至儒村，途中在岩脚村附近，红二十师消灭敌“四九师一营全部，缴汽车四辆，迫击炮三门，水机关五架，弹药甚多，俘白匪百余人”〔2〕，取得开赴皖南的首战胜利。当晚，进入歙县岗村。

12月10日 红十军团第十九师、第二十师同日抵达黄山山麓的歙县汤口地区，胜利会师。

12月11日 在汤口镇召开红十军团全军誓师大会，以军政委员会主席身份，正式宣布红十军团的成立及其所属两个师的整编，再次亮出红军北上抗日先遣队的旗帜。

△ 夜，蒋介石急电浙江保安处处长俞济时，令其组织“赣浙闽皖边区追剿纵队”，任指挥官，督率国民党军第四十九师（师长伍诚仁）、补充第一旅（旅长王耀武）、第七师第二十一旅（旅长李文彬）和浙江保安团七个团（指挥蒋志英），共约三万兵力，专事“追剿”红十军团（红军北上抗日先遣队），“跟踪穷追，

〔1〕〔2〕《中共皖南特委（歙县中心县委）给中共中央局的报告（第一号）》，1934年12月12日。

务予歼灭”，“限月底全部肃清”。同时令赣浙闽皖边区警备司令赵观涛、安徽省政府主席兼保安司令刘镇华分别负责在浙西、赣东和皖南对红十军团实施堵截。所调集的军队，总数约二十万。

12月13日 率红十军团绕黄山北麓，经白马岭、沟村、辅村、罗村等地转移到谭家桥地区。

△ 俞济时率补充第一旅及浙江保安第三团第三营当晚赶至汤口。

△ 晚，主持红十军团军政委员会会议，决定乘敌孤军冒进的有利战机，伏击敌补充第一旅和浙江保安第三团第三营。

12月14日 凌晨，红十军团按既定作战部署，在谭家桥至乌泥关五公里处的公路两侧设伏。

上午九时许，敌补充第一旅前卫第二团进入红军伏击圈，因设伏部队战士不慎走火，战斗提前打响，红军迅即发起猛烈进攻，敌军顿陷混乱，团长、团副均被打伤。但由于过早暴露了作战意图，战斗中各部队未能很好协同，加之第十九师处于悬崖地段，兵力施展不开，伏击战最终打成了阵地战。激战至下午五时许，战场形势转为对红军不利，敌又援兵将至，红十军团撤出战斗。部队退至距谭家桥近三公里文雅街附近的山地休整。方志敏安排部队警戒，由军团卫生部部长张德华率医护人员对负重伤的寻淮洲、乐少华、刘英以及其他二百多名伤员进行手术和治疗，并指示地方工作团和供给部安置不能随军行动的重伤员。随后，连夜率部队向旌德县庙首方向转移。

后来在总结谭家桥战斗失利的教训时写道：“主要原因是战术上的缺点：第一、地形的选择不好，敌人占据马路，是居高临下，我们向敌冲锋，等于仰攻；第二、箝制队与突击队没有适当的配备。我们没有集中主要力量，由右手矮山头打到马路上去。第三、十九师是以有用之兵，而用于无用之地，钻入一个陡峻的山峡里，陷住不能用出来。十九师的指挥员没有十分尊重军团指挥员的意志，凭着自己的意志去作战，形成战斗指挥之未能完全一致。因此，这仗没有解决战斗任务，虽然只损失二十余支枪，但人员伤亡三百余人，尤其是干部亡伤过多。”“这不能不影响红十军团的战斗情绪。”〔1〕在这场战斗中，第八十七团团长黄英特牺牲，第十九师师长寻淮洲率先冲锋，身负重伤，军团政治委员乐少华、政治部主任刘英等均在战斗中负伤。谭家桥战斗之后，红十军团开始陷入被动。

12月17日　率红十军团途经皖南泾县茂林地区，将因伤势过重不幸牺牲的第十九师师长寻淮洲，安葬在茂林附近潘村东面的山腰上，并召开阵亡官兵追悼大会。后来在文中评价寻淮洲说：“他是红军中一个很好的指挥员，他指挥七军团，在两年之间，打了许多有名的胜仗，缴获敌枪六千余支，轻重机枪三百余架，并缴到大炮几十门。他还只有二十四岁，很细心学习军事学，曾负伤五次，这次打伤了小肚，又因担架颠簸牺牲了！当然是红军中一个重大的损失！”〔2〕

12月18日　中共中央政治局在贵州黎平召开会议，采纳毛泽东的建议，中央红军放弃北进与红二、红六军团会合的计划，改向国民党军事力量薄弱的黔西北进军。

12月中旬　率红十军团在皖南泾县、太平、青阳数县之间，与敌“追剿队”辗转周旋。其间，根据军政委员会的决定，对部队进行改编，原来两个师被整编为三个师，即第十九、二十、二十一师。第十九师因寻淮洲牺牲，改由王如痴担任师长，胡天桃任新编第二十一师师长。同时，对军团机关及直属单位进行精

---

〔1〕〔2〕　方志敏：《我从事革命斗争的略述》，《可爱的中国——方志敏狱中手稿》（贰）第293—295页。

简，部分人员被分别编入第二十、二十一师；并在沿途留下部分政工干部，加强皖南地方工作。

12月20日 率红十军团经石埭县（今池州市石台县）河口，绕行七都镇，本日进入皖南苏区的中心黟县柯村休整。

△ 参加皖南苏维埃政府组织的群众欢迎大会并讲话。

△ 召开军政委员会会议，总结谭家桥战斗的教训，研究下一步行动计划。会议决定：军团行动是以旌德为中心，“再行向宁国、宣城广泛开展游击，各个消灭敌人”〔1〕（这个行动计划后因军事形势变化没有实行）。同时决定军政委员会委员、红十九师政治委员聂洪钧调任中共皖南特委书记，红十军团侦察营、教导营及军乐队、政治工作团留在皖南。

△ 召开皖南党政军领导干部会议，对中共皖南特委书记李杰三留恋城市、不深入农村、不发展根据地的错误进行批评，决定撤销他的特委书记职务，改由聂洪钧担任。鉴于国民党重兵压境，会议决定将皖南苏区转变为皖南游击区，留下的红十军团侦察营与皖南红军独立团合并，仍称皖南红军独立团，在当地开展游击战争；决定成立中共江边特委，领导原红十军团教导营，在从皖南游击区划出部分县后形成的石埭游击区内，发动群众，开展武装斗争，争取打通皖赣苏区与皖南游击区，开辟新的根据地。

12月25日 率红十军团于二十一日离开柯村，经美坑口、碧山、蓝田等地，本日到达歙县许村。在这里，与留在皖南的聂洪钧、原军团侦察营、教导营等部指战员及伤病员道别。这近千人在三年游击战争时期，大都成为皖浙赣边坚持武装斗争的骨干。

---

〔1〕 聂洪钧：《关于红十军团及皖南特委工作情况给中央报告》。

△　敌“追剿队”连日来在俞济时的督率和指挥下，循红十军团行军路线，分左中右三路穷追、堵截，其先头部队距红十军团往往仅三四十公里。本日俞济时在屯溪召开军事会议，重新调整“追剿”部署，并严令到会的第四十九师师长伍诚仁、补充第一旅旅长王耀武、第七师第二十一旅旅长李文彬和浙江保安第一纵队指挥蒋志英等，加紧对红十军团的“追剿”行动。

12月27日　率红十军团经歙县石门村抵达汪满田，与在这里堵截的国民党军第四十九师激烈交战。红军撤出战斗后，数日间一路转移，三十日，折返至黄山汤口。次日，红十军团与国民党军补充第一旅前卫团、第四十九师、第七师第二十一旅等部，在黟县芳村、汪村一带先后交战，撤出战斗后又转移到黟县宏村。

1935年　三十六岁

1月1日—4日　为摆脱险境，率已成疲惫之师的红十军团不断转移。一日到达黟县西北的碧山等地；次日进入祁门县境，途经金字牌进抵凫溪口地区；三日经休宁县的鹤城入江西省婺源县境；四日到达婺源的裔村及溪头地区。其间，“追剿”之敌，以绝对优势兵力，分三路不顾部队疲劳，穷追不舍。

1月5日　天降大雨，红十军团驻留裔村、溪头地区。追敌冒雨出动，多路扑向红军。上午九时战斗打响，红军先后遭到敌第四十九师和补充第一旅在不同方向的攻击。在进行顽强抵抗后，为避免全军覆没，于晚间十时许撤出战斗，趁夜幕冒雨转移。此战红军损失惨重，牺牲及失散者甚多，辎重行李及文件因登山不能挑运，均在溪头焚毁。

1月6日　率红十军团主力，在雨雾的掩护下，摆脱敌第四十九师和补充第一旅等部的纠缠，抵达休宁县的璜源村一带。敌侦知这一情况，立刻命令第四十九师进行追击，补充第一旅、第七师第二十一旅第四十一团等部前往桃林地区截击。

1月7日　率红十军团主力翻越马金岭，傍晚在浙皖交界的休宁县桃林地区，与敌补充第一旅第一团发生战斗接触，敌因后续部队未到，未大举进攻，红军得以顺利撤出，经开化县境内的西坑口，到达大麦坞、龙门下、汪家一带。时值隆冬，天降雨雪，红军官兵不得不忍受寒冷和饥饿，就地宿营。

1月8日　未及天明，即率红十军团主力转移，进入遂安县

(今淳安县)境内。当日敌补充第一旅第一团即赶到龙门下、大麦坞，敌第四十九师赶到桃林，发觉红军已东去，遂继续向浙皖边境追击。红军则翻山越岭，抵达遂安县的札坑、黄林关一带，宿营于樟村。

1月9日　率红十军团主力，经茶山、汰厦等地，进入安徽省歙县，沿途都是崇山峻岭，所行多为羊肠小道，因敌第六十五师第一九三旅已在石门一线堵截，红军被迫返回汰厦、半山、茶山一带。

夜，在茶山村方氏宗祠主持召开红十军团军政委员会扩大会议，讨论红十军团的下一步行动。谭家桥战斗之后二十多天，红十军团“虽经过大小十余战，总是小战获胜，大战掩护退却，一路避战”[1]，陷入十分被动的困境。鉴此，数日前中央军区电令红十军团转向浙西南行动。会上，与刘畴西等军团领导顾虑部队疲惫不堪，亟须休整，最后决定，红十军团全部返回赣东北苏区，择机再执行中央军区的指示。会议还讨论了分兵问题。

后来写道：“红十军团在皖南行动一个多月，没有得到一天很好的休息，队伍确是疲乏不堪，战斗情绪与战斗力也降落得很。在如此情形之下，找一个地方休息整顿，当然是必需的。但赣东北苏区，自红十军[2]离开后，已被敌人造了纵横的好几条封锁线（这种情形事先未得电报，不知道），已不能再为主力红军休养整顿之所。”“当时，我却只顾到军队的急须休养，就没有严重注意上列的困难，依着从前斗争的经验，以为到了苏区总有办法可想，故决定进入赣东北暂行休整，不料这种决定，正等于老鼠钻了牛角，为这次失败的主因!”[3]“客观的

〔1〕 方志敏：《我从事革命斗争的略述》，《可爱的中国——方志敏狱中手稿》（贰）第295页。

〔2〕 指红10军团。

〔3〕 方志敏：《我从事革命斗争的略述》，《可爱的中国——方志敏狱中手稿》（叁）第297—298页。

原因，就是敌人的兵力比我们占绝对优势，而皖南党给我们的帮助是太不够了。”〔1〕

1月10日 凌晨二时，率红十军团撤离茶山，结束了为期四十余天的“皖南的行动”，踏上重返赣东北之路。

△ 红十军团南进经樟村时，后卫部队即与敌补充第一旅侦探队及一个步兵连发生战斗接触。上午十一时许，与敌第四十一团在大龙山腹地不期而遇，展开激烈战斗。至晚，红十军团撤出战斗，连夜爬山越岭向东转移，绕道南下。此役，暴露了红十军团回师闽浙赣边的战略意图，敌立刻调动各路人马，进行围追堵截，部署构筑封锁线。

1月11日 为摆脱敌追兵，率红十军团指战员冒着山洪暴发的危险和严寒，忍饥挨饿，日夜兼程，在山脊荒径间行军，午后进至马金镇西南的张村一带。

△ 敌第四十九师和补充第一旅，各以四个营以上的兵力，分别组成“追剿”支队，循迹急追。敌浙江保安第五团则已赶到红十军团返回赣东北方向的前方星口村，伺机截堵。

1月12日 率红十军团继续南下，到达开化县航头附近，与敌浙江保安第五团相遇发生小规模战斗，前进道路受阻，随即折返向西绕行，于十六时后陆续到达浙赣边境的杨林地区，拟翻过南华山，进入（开）化婺（源）德（兴）小苏区。因长途行军，部队十分疲劳，在军团长刘畴西的执意坚持下，当晚在杨林地区就地宿营。

△ 各路追敌不顾疲劳，连夜追击。敌浙江保安第五团趁夜出发，轻装向西南疾进三十五公里，赶往红十军团行进方向前方的徐家村一带，寻机堵截。敌第四十九师和补充第一旅两部均于

---

〔1〕 方志敏：《我从事革命斗争的略述》，《可爱的中国——方志敏狱中手稿》（贰）第296页。

次日凌晨二时出发，向指定位置前进，以堵截红十军团入赣。

1月13日 凌晨，率红十军团出发，翻越南华山。上午九时，先头部队第十九师刚至徐家村北端高地，即受到先期到达仅半小时的浙江保安第五团的猛烈阻击，双方激战六小时，“战斗之烈，达于极点”。此时，追敌第四十九师、补充第一旅等部已到达南华山以北之东坑口、杨林一线，致使红十军团腹背受敌，遂决定留下第十九师掩护，大部人马撤向南华山之菜刀岗，另辟山脊小径西进。是夜无光，天黑如漆，部队全凭参谋长粟裕对照指北针和地图，沿着进入赣东北的大致方向，摸黑穿行于荒山密林之中。

1月14日 晨，率军团部及先头部队抵达徐家村以西约十五公里的王山村，后续部队直到晚间始陆续赶到。由于夜间于陡峭崎岖的山间行军，行李辎重和骡马等几乎全部抛弃。数千人马在王山村及周围山沟里，冒着雨雪露营，饥寒交迫，困顿至极。

1月15日 率红十军团撤至德兴港首村附近，下午遭敌第四十九师第二九四团阻截，后回忆：当时“真是到了弹尽粮绝人疲乏的地位，队伍差不多是完全丧失了战斗力”。红军部队被切割成两段，“前一段约八百余人，由我与乐、刘、粟诸同志带到陈家湾村”〔1〕，后一段由刘畴西、王如痴所率约三千人，被阻在德兴引浆、凤阳坞一带。

1月15日—17日 中共中央政治局扩大会议在遵义召开，这次会议事实上确立了毛泽东同志在党中央和红军的领导地位，开始确立了以毛泽东同志为主要代表的马克思主义正确路线在党中央的领导地位，开始形成以毛泽东同志为核心的党的第一代中央领导集体，开启了党独立自主解决中国革命实际问题新阶段，

---

〔1〕 方志敏：《我从事革命斗争的略述》，《可爱的中国——方志敏狱中手稿》（叁）第298页。

在最危急关头挽救了党、挽救了红军、挽救了中国革命。

1月16日 率先头部队在德兴陈家湾一带，准备接应后续部队。至下午，未见刘畴西带大部队到来。

△ 红军大部队在德兴凤阳坞遇敌第七师第二十一旅阻击。部队再次被分割，撤出战斗后，刘畴西、王如痴率第十九师、第二十师向陈家湾靠拢；担任后卫的第二十一师六百多人被阻在黄土岭以北，由师长胡天桃率领，次日到达刺窝地区。

△ 傍晚，以红十军团军政委员会主席的名义，写信送刘畴西，要求刘等率大部队紧急跟上，本日务必全部通过封锁线〔1〕。刘畴西回信，称主力距先头部队仅三公里，唯“部队疲倦，本日不能继续前进”〔2〕。

△ 令粟裕、刘英率先头部队立即出发，伺机冲出封锁线。自己则不顾众人劝阻，仅带十几名警卫人员留在陈家湾，等待与大部队会合。后回忆：“我因大队伍尚在后面，在责任上我不能先走，故留下与刘王同志会齐。”〔3〕

△ 晚，找到红十军团主力。刘畴西、王如痴等仍顾虑部队太过疲劳且天降雨雪，极力坚持就地休息一夜。

△ 粟裕、刘英等率先头部队当晚冲出敌童（家坊）暖（水）封锁线，抵达德兴苏区大小坪、黄石田地区，并与当地党组织取得联系，筹集粮食，准备接应方志敏和后续部队的到来。

△ 国民党军第四十九师、第二十一旅、浙江保安第二团、浙江保安第五团、独立第四十三旅共十四个团的兵力，完成对怀玉山区的合圈。红十军团主力“已处在敌重重包围之中”〔4〕。

---

〔1〕〔2〕 刘英：《北上抗日与坚持闽浙边三年斗争的回忆》，1940年。

〔3〕〔4〕 方志敏：《我从事革命斗争的略述》，《可爱的中国——方志敏狱中手稿》（叁）第298—299页。

1月17日　率部队向玉山、德兴两县交界的金竹坑方向转移，寻机突围。

△　隐蔽在王龙山刺窝一带的红十军团第二十一师，被敌补充第一旅侦知并包围，经血战，红军近二百人牺牲。师长胡天桃身负重伤，与三百六十余名指战员一同被俘，除第五连六十余人突出重围，返回赣东北苏区外，第二十一师损失殆尽。

1月18日　夜，在金竹坑附近的树坞村，组织红十军团突围，遭敌猛烈阻击，攻击的红军随之撤退，致突围未遂（其实封锁山口的敌军仅一个排）。后来回忆："这是一个生死关头！""我们对被敌包围的危险性，估计不足，没有下最大决心，硬冲过去。"〔1〕

1月19日　与刘畴西等再谋突围。是夜，红十军团先头部队到达八礤附近，试图从此越过封锁线，但被守敌发觉，火力封住山口，附近之敌亦闻讯赶来。红十军团被迫撤退，与尾追之敌在八礤以北十余里的山地中激战多时，打退敌人多次冲锋，后退入怀玉山中。

△　国民党军根据各方情报，确定方志敏、刘畴西等人仍在怀玉山中，立即加紧部署围堵行动。

1月20日　率红军部队向马山、冷水坑方向转移，敌第四十九师第二九四团前卫营自晨起即尾随追击，与该团主力在马山一线，形成对红十军团的围堵，并将此情通报该师第二九一团，要求其迅速赶来，在南翼对红十军团进行堵截。

1月21日　与刘畴西等所率之红十军团主力，在八礤、分水关封锁线以东的玉琊山、八亩等地，先后受到敌第四十九师第二九四团和第二九一团的攻击，红军在进行了极其英勇惨烈的战

---

〔1〕 方志敏：《我从事革命斗争的略述》，《可爱的中国——方志敏狱中手稿》（叁）第299页。

斗后，被迫撤至三亩地区，又受到敌人优势火力的夹击，部队被敌反复切割、杀伤。此时红军因冻馁伤病，弹药几至耗尽，军事指挥员又未能沉着指挥应战，终至部队丧失战斗力，战士们纷纷躲进树林。当日，红军牺牲者甚众，部队建制被完全打散。

夜，“站在山头大声叫喊，并烧着两堆大火，喊藏躲着的红军出来”〔1〕，被喊出八十余人，其余，因疲劳过度又饥饿无力，都睡着起不来了。将集中起来的人员，交给第二十师参谋长乔信明〔2〕指挥，次日又被打散。

1月22日 与刘畴西等在密林中隐蔽。“敌四处搜山，所有躲在树林里的战斗员，大部分搜了出来。就在那一天被俘去八百余人，缴去枪四百余支。”看到红军“被敌一批一批的缴枪的时候，我躲在树林里，真是心痛如刀割！几次想拿起手枪向自己脑壳上放一枪自杀，但转念：自杀非共产党员应取的行动，这次遭到了失败，就悲观不干了吗？不！还是要干！……总要紧紧记起这次血的经验教训，努力的干！”〔3〕

1月23日 自本日起，与刘畴西等少数人员“冒雨冒雪，不分昼夜地爬山越岭，要偷过敌人封锁线”〔4〕。还写道：“本来我是可以到白区去暂避一下，但念着已有一部分队伍回赣东北，中央给我们的任务又刻不容缓地要执行，所以决心冒险很快转回赣东北”〔5〕。

1月24日 由王如痴率领的红十军团第十九师、第二十师各一部数百人〔6〕，向北面突至三亩与分水关之间山地，准备乘

---

〔1〕〔3〕〔4〕〔5〕 方志敏：《我从事革命斗争的略述》，《可爱的中国——方志敏狱中手稿》（叁）第300—302页。

〔2〕 乔信明（1909—1963），湖北大冶人。1930年参加中国工农红军，1932年转入中国共产党。1955年被授予空军少将军衔。曾任南京军区空军后勤部政治委员等职。

〔6〕 该部人数，国民党各部《战斗详报》记载，从百余人至近千人不等。

夜偷过封锁线，被敌补充第一旅警戒部队发觉而撤回。

1月25日 王如痴所率红十军团余部，在怀玉山深处密林内，被敌“搜剿”部队补充第一旅第二团第一营发现踪迹，遂发生战斗，该团各营闻讯前来增援。红军边抵抗边向山顶撤退，居高临下阻击敌人。由于弹药奇缺，无法抵挡敌人的进攻，又无处可退，最后大部被俘〔1〕。当晚，王如痴被敌补充第一旅第二团俘获。

1月25日—28日 继续寻求突围途径。某日，与刘畴西走散。后来回忆：“虽然七天没有吃饭，饿得两脚走不稳，打跛脚；虽然镇天冻得发抖，虽然每晚不得睡眠，人是疲劳到了万分，但我总是咬紧牙关，忍受下去！”〔2〕敌人已认定方志敏等军团领导人还在怀玉山中，加大了搜索力度。

△ 其间或在此前后，敌军在包围圈内反复搜索，因负伤、饥饿、疾病倒地不起而被俘的红军指战员超过千人。但也有一些人成功越过封锁线，返回赣东北。

1月29日 晨，两次试图越过封锁线，都没有成功。〔3〕勉强挪到怀玉山的高竹山附近时，天已大亮，发现“又钻在敌人碉堡监视之中，无法再跑，只得用烂树叶子铺在身上，睡在柴窝里”〔4〕。搜山的敌人，在周围搜了六个多小时，没有被发现，“后来却被两个白军士兵无意中发现了。我从柴窝里站起来，就被他们拉去白军营部，后押到陇首的团部”〔5〕。

---

〔1〕 一说该战的场所为怀玉山主峰之一金刚峰。

〔2〕 方志敏：《我从事革命斗争的略述》，《可爱的中国——方志敏狱中手稿》（叁）第302页。

〔3〕 两次冲封锁线的时间，亦可能是1月28日夜至29日晨。

〔4〕〔5〕 方志敏：《我从事革命斗争的略述》，《可爱的中国——方志敏狱中手稿》（叁）第304—305页。一说被俘地点是高竹山一处山凹（当地人称“铜钱坑”）的木梓树下。

上午，被押到陇首敌独立第四十三旅第七二七团团部。“才知刘畴西同志已先我被俘了”[1]。

至此红十军团（红军北上抗日先遣队）已归于失败。曾任红十军团参谋长的粟裕后来写道：“红军北上抗日先遣队的进军虽然失败了，然而由方志敏等同志领导的，广大指战员和烈士们的可歌可泣的战斗业绩，已成为红军斗争史中英勇悲壮的一页，将永垂青史！”[2]

晚，在国民党军第七二七团团部，敌团长“要求我写点文字，我就写了几百字的略述”，即《方志敏自述》：

方志敏，弋阳人，年卅六岁。智[3]识分子，于一九二三年[4]加入中国共产党。参加第一次大革命。一九二六——一九二七年，曾任江西省农民协会秘书长。大革命失败后，潜回弋阳进行土地革命运动，创造苏区和红军，经过八年的艰苦斗争，革命意志，益加坚定。这次随红十军团去皖南行动，回苏区时被俘。我对于政治上总的意见，也就是共产党所主张的意见。我已认定苏维埃可以救中国，革命必能得最后的胜利，我愿意牺牲一切，贡献于苏维埃和革命。我这几年所做的革命工作，都是公开的，差不多谁都知道，详述不必要。仅述如上。

一九三五年一月廿九日晚八时

1月30日 下午，与刘畴西一起，被国民党军队从陇首村押送至玉山县城国民党军独立第四十三旅旅部。

---

〔1〕 刘畴西于是日清晨在德兴县桂湖附近陈家湾山上被俘。

〔2〕 粟裕：《回顾红军北上抗日先遣队》，《粟裕回忆录》，解放军出版社2007年版，第110页。

〔3〕 智，同知。

〔4〕 应为1924年。

△ 在囚禁地晤来访的国民党玉山县长王镇寰，王在第一次国共合作时期，曾与方志敏在国民党江西省党部共事。交谈中，回答王镇寰：人人都有不同的观点和理论，共产党人必定会流血的。死不算什么，会有更多人前赴后继。[1]

△ 国民党赣浙闽皖边区“追剿”纵队司令俞济时、独立第四十三旅旅长刘震清等国民党军政要员纷纷前来“访谈”。“当有官员或其他人跟他说话时，方便一直重复所有的人都有权坚持自己的信仰，他的生命牺牲了微不足道”[2]。

△ 上海、杭州、南昌等地的记者纷纷赶到玉山，采访方志敏被俘和过境玉山的情况。《北华捷报》[3]记者写道：“我并不感到意外，我早已料到他会到死都保持自己的尊严和勇敢，我一直都惊奇他的才华和英勇，他的勇气和大略，并且真心愿望他选择的是另一种更有价值的事业。现在他的流血生涯已结束，并且像 Robespierre[4]那样，他只得品尝自己酿的苦酒”，“他是一位正直壮年，身材魁伟，并具有坚强个性的人”[5]。

△ 接受《东南日报》记者采访。记者问及军事失败的原因，坦诚答道：“我们战略上缺点太多”。关于国际形势，回答说：“我现在不十分明了，因为我们的收音机早失掉了。不过国际帝国主义的侵略我国，如果我们不能团结，力求民族自决，那是很危险的”。谈及对红十军团失败的感想，认为寻淮洲的牺牲

---

〔1〕〔2〕〔5〕 1935年2月13日《北华捷报》。

〔3〕《北华捷报》，即 *North-China Herald*，1850年8月在上海创刊，时为 *North-China Daily News*（《字林西报》）的副刊。

〔4〕 Robespierre，即罗伯斯庇尔（1758—1794），18世纪法国大革命时期雅各宾派领袖，革命家。

“是我们的大损失”。[1] 该记者写道，方志敏“穿灰黄色……军装，黑裤、黑袜、黑色胶皮鞋。面目黧黑，双目炯炯有光，态度自然，两手粗糙。与记者谈话时，时作笑容”。当日刘畴西也接受了记者采访。

1月31日 与刘畴西一起，被国民党军警从玉山县城押至上饶县城，关押在驻赣绥靖公署第八绥靖区司令部。

2月1日 上午，与刘畴西、王如痴和原任红军学校第五分校教育长曹仰山被驻赣绥靖公署第八绥靖区司令赵观涛审问。报载：“方刘曹，均异常倔强，只有简单供词，不愿吐露‘匪’军内情”[2]。

下午，在上饶公共体育场召开的“上饶各界庆祝生擒方志敏大会”上被“示众”，在台上昂首挺立。没多久，这场由驻赣绥靖公署第八绥靖区司令部炮制的“庆祝会”，草草收场。

坦告专程从南昌赶来的俞百庆：“我们军事是暂时失败，政治上是不会失败的。我们一定会胜利，共产主义一定要在中国实现的!”这次交谈约十分钟，俞百庆等没有达到劝降目的，“默然退出”。[3]

两个月后，方志敏回顾了自己当时的心境，“他们背我到台口站着，任众观览。我昂然的站着，睁大眼睛看台下观众，我自问是一个清白的革命家，一世没有做过一点不道德的事（这里是指无产阶级的道德），何所愧而不能见人。观众看见我虎死不倒威的雄样子，倒很惊奇起来”[4]。

2月2日 晨七时，与刘畴西、王如痴和曹仰山一起，由赵

---

〔1〕 1935年2月2日《东南日报》。

〔2〕 1935年2月3日《中央日报》。

〔3〕 俞百庆被江西省公安厅审讯时的供词。俞时任国民党江西省党部执委、书记长。

〔4〕 方志敏：《我从事革命斗争的略述》，《可爱的中国——方志敏狱中手稿》（叁）第305—306页。

观涛、俞百庆等用铁甲车从上饶押往南昌。途经弋阳县城时，地方当局召开“庆功”会。弋阳是方志敏的家乡，许多群众拿着农具、梭镖来开会，致使赵观涛等及上饶、弋阳的地方官员十分紧张，恐怕方志敏会被抢走，赶紧宣布三件事：一不准高声喊叫；二不准随便移动；三不准朝台前涌。接着由卫兵把戴着手铐脚镣的方志敏背上台。方志敏向群众望了一遍，似欲讲话，不到两分钟又押回车上，关上门窗，快速开走。

下午四时半，被押抵南昌，随即与刘畴西等被囚禁在驻赣绥靖公署军法处看守所。次日系农历年除夕，表示拒见任何人。

2月3日　下午，被驻赣绥靖公署军法处副处长钱协民等审讯。报载：“倔强犹昔，大有至死不悟之慨”〔1〕。刘畴西也一同被审。

2月7日　十二时余，被国民党军警用铁甲车押至南昌豫章公园内的中山纪念堂，江西地方当局在此举行“庆祝生擒匪首方志敏等大会”，会前，戴着手铐脚镣的方志敏，“着灰棉外套，长鬓短髯，态度自若”〔2〕傲然站立在台上，被“示众”数分钟。“方志敏炯炯目光向台下扫视一遍，正欲讲话，吓得军政要员惊惶失措，赶紧将方志敏押回铁甲车，疾驰而去。”〔3〕

苏联《真理报》转载美国报纸的报道：当时“公园周围布满了警察、宪兵和军人的队伍。人行道上架上了机枪。无人敢从人行道上上桥。戴着铁镣的方志敏被装甲车运来。增派的看守把他示众给围观者。现场鸦雀无声。甚至包括来自蒋介石司令部的军官。在这种沉默当中，呈现出的是人们对站在平台上（抬着高昂头颅、带着无畏目光的）这个人的尊重与同情。他很快就被运走

〔1〕 1935年2月5日《中央日报》。

〔2〕 1935年2月8日《中央日报》。

〔3〕 俞百庆被江西省公安厅审讯时的供词。

了，亦或是人群的沉默让统治者感到了畏惧。装甲车刚刚开动，人群开始骚动起来了。但是对准了人们的头部和胸部的机关枪让人群的骚动平息下来……”〔1〕会议草草进行，最后喊了几句口号就收场了。

2月8日 下午，再次被驻赣绥靖公署军法处、参谋处及行营政训处官员钱协民等“会审”。

2月9日 南昌行营政训处处长贺衷寒电呈蒋介石，认为“川中剿匪军事未告结束之际”，若对方志敏、刘畴西等“不加杀戮”，必将瓦解中共士气，请示将方志敏等“于审讯后，暂予禁押而对外则称送院感化，俾资宣传”。〔2〕

2月10日 蒋介石就贺衷寒电，指示由驻赣绥靖主任顾祝同、省政府主席熊式辉“详加讨论具签候核”。

2月上旬 与刘畴西、王如痴、曹仰山四人同囚一室，属军法处看守所二等普通号。后来写道：“经过我们不客气地说话，军法处算是优待（?）了我们，开三餐饭，开水尽喝（普通囚犯一天只吃两餐饭，喝两次开水），并还送了几十元给我们零用。但我们比普通囚犯，却要带一副十斤重的铁镣，这恐怕是特别优待吧！”〔3〕

入狱之初，除失去自由的痛苦外，悔恨领导失误致使军事失败，决心“以一死以谢党”。认为很快就会被杀害，为此，曾与刘畴西等商量临刑时的口号。

2月中旬 写条子给军法处，称“要写一篇我从事革命斗争

〔1〕《方志敏——中国人民的英雄》，苏联《真理报》1935年9月12日。

〔2〕《贺衷寒致蒋中正电》，1935年2月9日。

〔3〕方志敏：《我从事革命斗争的略述》，《可爱的中国——方志敏狱中手稿》（叁）第306页。

的经过与赣东北苏区的详情，敌人乐得甚么似的，赶快令看守所供给桌椅笔墨和稿本。他们满望从此得到一点‘剿匪’（?）材料，以便更凶恶地来摧残苏区。”〔1〕

开始撰写《我从事革命斗争的略述》。其后，因没找到将文稿传送给党中央的途径，“停了十几天没有执笔，连前写好了万余字的稿子都撕毁了”〔2〕。

2月28日　在狱中接待国民党江西省党部执委王冠英及某报记者。

该报记者先采访了军法处钱副处长，询知方志敏入狱后已审讯两次，“然其思想种毒已深，犹无根本悔悟之心”，钱处长提及方志敏“在狱曾要求假以时间：俾写自传，但所成无多，且曾毁稿一次，故所谓自传，现犹无脱稿之望”〔3〕。

在看守所小院中接受记者采访，该记者写道：“方身躯高大，体格健强，目光灼灼。身为囚徒，倔强若昔。”“脚带铁镣，行路时手以布带提携铁镣行走”。当记者问及写作进展，方志敏说：“拟写数万言，唯以心绪不宁，迄未成就”，并谓“家庭感情极难忘怀”。

2月下旬　秘密传送纸条给同监狱的乔信明等，“我们几个负责人：方、刘、王、曹、周、李、张等，敌人一定要杀死我们。你们不一定要死，但是要准备坐牢。在监狱中要学习列宁同志在狱中同敌人进行不屈不挠斗争的精神，为党工作，坚持斗争，就是死了也是光荣的”〔4〕。乔信明等按照方志敏的指示，在狱中成

---

〔1〕　方志敏：《赣东北苏维埃创立的历史》，《可爱的中国——方志敏狱中手稿》（叁）第410页。

〔2〕　方志敏：《我从事革命斗争的略述》，《可爱的中国——方志敏狱中手稿》（叁）第307—308页。

〔3〕　《脚镣啷当倔强若昔——方志敏狱中访问记》，《世界日报》1935年3月4日。

〔4〕　乔信明：《回忆方志敏同志》，《解放军文艺》1958年第8期。

立中共秘密支部，坚持斗争，直到全民族抗日战争爆发获释出狱。

3月19日 晚，被军法处“提讯”。在审讯者钱协民提到自己妻子、孩子时，坦陈自己爱妻子、爱孩子，只是“我已到了这个地步，妻和儿子哪还能顾到”；对于钱协民“你们的主义，是不得成功的，就是要成功，恐怕也还得五百年”的论调，明白地告诉对方，不光自己的信仰坚定，就是“留在苏区的共产党员，都是经过共产党的长期训练，都是有深刻的主义的信仰的”。钱协民转而劝告方志敏到国民党方面来做事，这样做必定会有高官厚禄。方志敏回答：“朝三暮四，没有气节的人，我是不能做的。”“我不爱爵位也不爱金钱”。钱协民无奈以死威胁，方志敏回答：“我完全知道这个危险！但处在这事无两全的时候，我只有走死的一条路”。〔1〕

对于国民党当局的劝降，后来写道：“吃人的国民党，你想我投降，呸！你是什么东西，一伙强盗！一伙卖国贼！一伙屠杀工农的刽子手！我是共产党员，我与你是势不两立，我要消灭你，岂能降你？我既被俘，杀了就是，投降，只证明你们愚笨的幻想而已！”〔2〕

3月中下旬 在狱中通过与看守兵的接近和谈话，与几个看守兵已相处如朋友，其中与高家骏〔3〕关系最为密切。某日，从一个看守兵那里得到军法处“拟定要枪毙你们；但上面批了下来，却是‘缓办’两字”。由此，萌发了越狱的想法：“这次

---

〔1〕 方志敏：《死！——共产主义的殉道者的记述》，《可爱的中国——方志敏狱中手稿》（叁）第342、344、346—348页。

〔2〕 方志敏：《我从事革命斗争的略述》，《可爱的中国——方志敏狱中手稿》（叁）第311页。

〔3〕 高家骏，原名高易鹏，浙江绍兴人。学校毕业后到南昌参加军法处招聘考试，录用为上士文书。

若能越狱出去，当然要用比前加倍勤苦的精神去工作；一二年后，创造几十县的苏区，发动几百万的工农群众起来斗争，创立几千几万的红军，那都是完全可能做到的。”因此，“我不应该利用目前的一切可能与时机，去图谋越狱吗？我不应该对敌人施行一些不损害革命利益的欺骗和敷衍，以延缓死刑之执行吗？应该的，应该如此做去”。“就是这样决定吧——以必死的决心，图谋意外的获救！”〔1〕此后，改变斗争策略，“对国民党要人们来劝降，虽然知道他们是在放一大堆臭屁，但他〔2〕不大答话，不与他们争辩。对于下层人们，如看守兵和卫兵们，则不放弃一点时机，向他们做宣传工作，极力去争取他们，去取得他们的同情和帮助。”〔3〕

3月下旬　由普通号转入优待号。作为“一个重要的政治犯，官厅为着要迅速改变他原来的主义信仰，才将他从普通号搬到优待号来”〔4〕。

对“优待号”曾作过这样描述：“这间囚室，四壁都用白纸裱糊过，虽过时已久，裱纸变了黯黄色，有几处漏雨的地方，并起了大块的黑色斑点；但有日光照射进来，或是强光的电灯亮了，这室内仍显得洁白耀目。对天空开了两道玻璃窗，光线空气都不算坏。对准窗子，在室中靠石壁放着一张黑漆色长方书桌，桌上摆了几本厚书和墨盒茶盅。桌边放着一把锯短了脚的矮竹椅；接着竹椅背后，就是一张铁床；床上铺着灰色军毯，一床粗布棉被，折叠了三层，整齐的摆在床的里沿。”“骤然跑进这间房

〔1〕〔3〕　方志敏：《死！——共产主义的殉道者的记述》，《可爱的中国——方志敏狱中手稿》（叁）第350、353、356—357页。

〔2〕　指方志敏。

〔4〕　方志敏：《可爱的中国》，《可爱的中国——方志敏狱中手稿》（壹）第6页。

来，若不是看到那只刺目的很不雅观的白方木箱，以及坐在桌边那个钉着铁镣一望而知为囚人的祥松〔1〕，或者你会认为这不是一间囚室，而是一间书室了。”“他从同号的难友处借了不少的书来，他原是爱读书的人，一有足够的书给他读读看看，就是他脚上钉着的十斤重的铁镣也不觉得它怎样沉重压脚了。尤其在现在，书好像是医生手里止痛的吗啡针，他一看起书来，看到津津有味处，把他精神上的愁闷与肉体上的苦痛，都麻痹地忘却了。”〔2〕

△ 向看守所提出减轻脚镣的要求。在代理所长凌凤梧的斡旋下，看守所将方志敏十斤重的铁镣换成四斤重的。

△ 阅同狱难友偶然得到的报纸，“得悉我中央红军在黔北大胜利，消灭了王家烈匪军的全部及薛岳两师，红四方面军在川北，萧贺红军在湘南同样获得胜利，不禁狂喜！暗中告诉了在狱同志”。并默默嘱托：“亲爱的全国红军同志们！我在狱中热诚的庆祝你们的伟大胜利，并望你们在党中央的正确领导之下坚决战斗，全部消灭白军，创造苏维埃新中国！”〔3〕

△ 看报，得知国民党江西地方当局“正在筹备一个大规模的剿匪（?）阵亡将士追悼会〔4〕”，“就想到，就在追悼会的那天，他们一定会绑我们出去杀头，去做追悼大会的祭品。”“这样的死，也很痛快！”〔5〕

△ 自传《我从事革命斗争的略述》完稿。这是狱中文稿的

〔1〕 方志敏在文中的化名。

〔2〕 方志敏：《可爱的中国》，《可爱的中国——方志敏狱中手稿》（壹）第3—4、6—7页。

〔3〕〔5〕 方志敏：《我从事革命斗争的略述》，《可爱的中国——方志敏狱中手稿》（叁）第311—313页。

〔4〕 该大会于1935年4月6日在南昌召开，有关会议的筹备情况，1935年2月中旬至3月下旬，江西《民国日报》等报纸续有报道。

第一篇，也是最长的一篇，三十一节，六万余字。文稿记录了他从一个农民的儿子，成为一名共产党员、领导江西农民运动、创建闽浙赣革命根据地、率领红十军团执行党交予的战略任务、直至被俘入狱的战斗历程。这是方志敏从狱中送出的第一篇文稿。手稿在传送中曾“失踪”五年之久，一九四〇年被国民革命军第十八集团军驻重庆办事处（八路军驻重庆办事处）以重金购得。

3月25日　撰就《我们临死以前的话》，约二千字。面对随时可能降临的死亡威胁，坦然写道：“你法西斯匪徒们只能砍下我们的头颅，决不能丝毫动摇我们的信仰！我们的信仰是铁一般地坚硬的。”“我们临死前，对全党同志诚恳的希望，就是全党同志要一致团结在中央领导之下，发扬布尔塞维克最高的积极性、坚决性、创造性”，“在各地积极创造新苏区，来拥护和援助主力红军，使能很快击破敌人，造成全国的反攻形势，汇集全中国苏维埃运动的洪流，冲毁法西斯国民党血腥统治，达到独立自由的工农的苏维埃新中国的建立！”

4月20日　写成《在狱致全体同志书》，五千余字。在这封写给“赣东北、闽北、皖赣、皖南各负责同志并转全体同志”的信中，总结了闽浙赣根据地革命斗争的经验教训。

（一）“赣东北苏区的发展与红军的胜利，所以落后于中央苏区和川陕苏区的原因，实不能不归咎于右倾保守主义”，“错失了许多有利发展的机会”，这也是红十军团兵败怀玉山的“远因”〔1〕。“希望同志们谨记取过去血的经验及教训，时时注意加紧反右倾保守

---

〔1〕　远因，指间接的原因，相对近因而言。方志敏在狱中所写文章中多次指出，红10军团失败的直接原因（近因）是指军事指挥失误；“但是进一步追问，则保守主义且是这次失败的远因”，指未能及时开展党在皖南的工作，使红10军团始终处于孤立无援状态。这是导致失败的间接原因，亦即远因。

主义的斗争，积极向外发展，积极扩大和加强红军，积极扩大进行游击战争，用尽一切力量创造起新苏区。”

（二）红军工作，过去赣东北的党注意不够。希望“以后要分配最好的力量去作红军工作；在国内战争中，党的中心任务是组织锻炼铁的红军，取得战争胜利!”

（三）赣东北群众工作，在全国苏区中“许多地方可为模范，可为其他苏区取效的”。“这并不是赣东北群众有什么特殊性，主要的是由于党的群众工作之深入和刻苦。这种群众工作作风，应予以不断地发扬和发展。”

（四）肃反工作中有不少“严重的错误”，“犯了肃反中心论，肃反扩大论的简单化”的错误。

（五）“赣东北白军士兵运动的成绩是极端不够的”，“过低估计了白军士兵革命的积极性，与过分估计白军组织中的白色恐怖，结果只能在外面宣传，而很少派得力同志到内部活动”。“要训练一批得力同志到白军内当兵”；“组织白军驻地能接近白军的群众，使其进行兵运”；“对于白军俘虏以后，还要十分优待”。

（六）城市工作无成绩是“赣东北党最显著的弱点”。希望“火速训练一批城市工作人员出来。选择一部分斗争较久、有工作能力的干部，给以充分训练，派去城市工作，并经常予以指导和检查，必能获效。严格与忽视城市工作的倾向作斗争!”

（七）赣东北所办的党校，“成绩较小”。主要原因是“理论与实际之不相联系的教授方法”。现在“训练干部的工作，是更加重要”。要“将目前发生各种实际问题拿来与党的理论、党的决议联系起来说明和解释，这样来提高同志的能力”。要“十分努力训练出一千个新的工农干部，以填补我们这次失利的损失”。

（八）在敌人造碉堡推进苏区和红十军团失利的环境下，“斗争条件将更加艰苦”，“大家都要咬紧牙关，不怕困难，不怕危险，不怕劳苦，发扬布尔塞维克最高的积极性、顽强性、坚持性，务要完全消灭敌人，为被日寇和法西斯‘刮’民党屠杀的同志们复仇，为争得全中国人民的民族解放和社会解放而奋斗。”

信末写道：“我不能完成的工作责任，只有加重到同志们的肩头上了！……我能丢弃一切，惟革命事业，却耿耿在怀，不能丢却！同志们：十分亲爱的同志们！请你们经常记起你们多年在一起奋斗的战友们之惨死，提起奋勇的精神，将死敌的日本帝国主义赶快赶走吧，将万恶的国民党统治赶快推翻吧！”

4月上旬　与胡逸民〔1〕接触渐多，两人成为狱中挚友。鉴于胡的特殊背景，狱方对其监管宽松，行动自由。此前，胡听说共产党的“三省主席”被俘入狱，出于好奇，曾由其同乡、看守所代理所长凌凤梧陪同，到普通号去探望方志敏。初次见面，方志敏试探性地向他借书，胡逸民一口答应。先借来一本《现代百科文选》，从此有了交往。方志敏移入优待号后，胡逸民与囚禁在另一优待号的国民党航空署原署长徐某，都被当局授意劝说方志敏自首。徐某是真劝降，多次遭到方志敏的斥责，而胡逸民以劝降为由，公开与方志敏交往。他把这些都告诉了方志敏。方志敏撰写文稿，为避人耳目，往往在夜深人静或在被争取的卫兵当班时，但极少回避胡逸民，甚至把《可爱的中国》《清贫》等手稿给胡逸民看。方志敏原来担心写下的文稿送不出去，落到国民党当局手中，胡逸民表示“这件事我可以替你出力”。得到这个承诺，坚定了写下去的信心。

4月　为争取越狱，继续努力做看守兵的工作。写道：监狱里的“士兵亦极易接近。如我虽是一个重囚，找他们谈话时，他

---

〔1〕胡逸民（1890—1986），又名胡罟人，浙江永康人。早年参加过同盟会，追随孙中山革命，官至国民党南京中央军人监狱监狱长。因官场倾轧，当时被蒋介石囚禁在驻赣绥靖公署军法处看守所优待号。

们都很和蔼可亲地来和我谈，自生活问题谈到革命问题。他们之中很多被红军俘虏过，到过苏区，都众口同辞地说，苏区好，红军好，很容易结成朋友”〔1〕。但方志敏也清醒地认识到“越狱恐难可能（主要的是无外援），那时只有慷慨地就死了！”〔2〕

5月2日 撰就《可爱的中国》。全文一万五千余字。文后附言：“这篇像小说又不像小说的东西，乃是在看管我们的官人们监视之下写的。所以只能比较含糊其辞地写。”撰此文，是要回答“一个比较紧要的问题，即是关于爱护中国，拯救中国的问题”，更重要的是“我要打倒帝国主义为中国民族解放之心还是火一般的炽烈。不过，现在我是一个待决之囚呀！我没有机会为中国民族尽力了！我今日写这封信，是我为民族热情所感，用文字来作一次为垂危的中国的呼喊”。

文中把中国比作母亲，“美丽的母亲，可爱的母亲，只因你受着人家的压榨和剥削，弄成贫穷已极”，“一个天生的丽人，现在却变成叫化的婆子！”而帝国主义恶魔，正搂住中国母亲，吃她的肉，吸她的血，还拿屠刀砍下“母亲的左臂，连着耳朵到颈，直到胸膛，都被砍下来了！”“那是什么人？他们也是中国人，也是母亲的孩子？那么为什么去帮助恶魔来杀害自己的母亲呢？”形象揭露了西方列强对中国的任意宰割，以及它们在中国代理人的卖国行径。

文中以深挚的感情说：“朋友！中国是生育我们的母亲。你们觉得这位母亲可爱吗？我想你们是和我一样的见解，都觉得这位母亲是蛮可爱蛮可爱的。以言气候，中国处于温带，不十分热，也不十分冷，好像我们母亲的体温，不高不低，最适宜于孩儿们的偎依。以言国土，中国土地广大，纵横万数千里，好像我

---

〔1〕〔2〕 方志敏：《在狱致全体同志书》，《方志敏全集》第112、115页。

们的母亲是一个身体魁大、胸宽背阔的妇人，不像日本姑娘那样苗条瘦小。中国许多有名的崇山大岭，长江巨河，以及大小湖泊，岂不象征着我们母亲丰满坚实的肥肤上之健美的肉纹和肉窝？中国土地的生产力是无限的；地底蕴藏着未开发的宝藏也是无限的；废置而未曾利用起来的天然力，更是无限的，这又岂不象征着我们的母亲，保有着无穷的乳汁，无穷的力量，以养育她四万万的孩儿？我想世界上再没有比她养得更多的孩子的母亲吧。至于说到中国天然风景的美丽，我可以说，不但是雄巍的峨嵋，妩媚的西湖，幽雅的雁荡，与夫'秀丽甲天下'的桂林山水，可以傲睨一世，令人称羡；其实中国是无地不美，到处皆景，自城市以至乡村，一山一水，一丘一壑，只要稍加修饰和培植，都可以成流连难舍的胜景”。

文中说："不错，目前的中国，固然是江山破碎，国弊民穷，但谁能断言，中国没有一个光明的前途呢？不，决不会的，我们相信，中国一定有个可赞美的光明前途。""朋友，我相信，到那时，到处都是活跃跃的创造，到处都是日新月异的进步，欢歌将代替了悲叹，笑脸将代替了哭脸，富裕将代替了贫穷，康健将代替了疾苦，智慧将代替了愚昧，友爱将代替了仇杀，生之快乐将代替了死之悲哀，明媚的花园将代替了凄凉的荒地！这时，我们民族就可以无愧色的立在人类的面前，而生育我们的母亲，也会最美丽的装饰起来，与世界上各位母亲平等的携手了。"

文章最后说："假若我还能生存，那我生存一天就要为中国呼喊一天；假若我不能生存——死了，我流血的地方，或者我瘗骨的地方，或许会长出一朵可爱的花来，这朵花你们就看作是我的精诚的寄托吧！在微风的吹拂中，如果那朵花是上下点头，那就可视为我对于为中国民族解放奋斗的爱国志士们在致以热诚的敬礼；如果那朵花是左右摇摆，那就可视为我在提劲儿唱着革命之歌，鼓励战士们前进啦!”

后来在《给党中央的信》中，说写此文还有一个目的，是“为敷衍敌人们写的，因那时正谋越狱，写这一篇小说，以延缓死刑的执行”。

5月25日 撰就《死》。全文约一万二千字，分上下篇。上篇以诗明志：

敌人只能砍下我们的头颅，
决不能动摇我们的信仰!
因为我们信仰的主义，
乃是宇宙的真理!
为着共产主义牺牲，为着苏维埃流血，
那是我们十分情愿的啊!

下篇以《死！——共产主义的殉道者的记述》为题，在文中回顾了近四个月来监狱中的生活和斗争，揭露了国民党监狱的黑暗和敌人的凶残、伪善，记录了革命志士的顽强抗争。对于越狱，表示要“以必死的决心，图谋意外的收获”，并“天天在暗中努力着”。“为着阶级和民族的解放，为着党的事业的成功，我毫不希罕那华丽的大厦，却宁愿居住在卑陋潮湿的茅棚；不希罕美味的西餐大菜，宁愿吞嚼刺口的苞粟和菜根；不希罕舒服柔软的钢丝床，宁愿睡在猪栏狗窠式的住所！不希罕闲逸，宁愿一天做十六点钟工的劳苦！不希罕富裕，宁愿困穷！不怕饥饿，不怕寒冷，不怕危险，不怕困难。屈辱、痛苦，一切难于忍受的生活，我都能忍受下去！这些都不能丝毫动摇我的决心，相反的，是更加磨炼我的意志！我能舍弃一切，但是不能舍弃党，舍弃阶级，舍弃革命事业。我有一天生命，我就应该为它们工作一天!”“一个共产党员，应该努力到死！奋斗到死!”

5月26日 写成《清贫》。以“我被俘的那一天——一个最不幸的日子”，国民党军两个士兵搜其身而一无所获的经历，告白“我从事革命斗争，已经十余年了，在这长期的奋斗中，我一向是过着朴素的生活，从没有奢侈过。经手的款项，总在数百万元；但为革命而筹集的金钱，是一点一滴地用之于革命事业”。阐明“矜持不苟，舍己为公，却是每个共产党员具备的美德”。并说：“清贫，洁白朴素的生活，正是我们革命者能够战胜许多困难的地方！”

5月　写成《给某夫妇的信》，约千字。在这封未写收信人姓名的信中，鼓励“某夫妇”利用各方面的关系为中国共产党和红军做事，从而“从反革命营垒，跳入革命的营垒；从罪恶跳入正义；从黑暗跳入光明”，还“希望你们在我死后做到允许我的诺言，切不可因为困难或虚惊而抛弃信约”。从信中内容可以看出，“某夫妇”就是胡逸民和他的夫人向影心，他们是方志敏在狱中唯一结识的一对夫妇。

△　写成《新生活运动的训话》，只存篇目，原文佚。

6月5日　与刘畴西、王如痴、曹仰山在狱中普通号会餐过端午节。“藉此与他们当面畅谈一次。自从敌人强迫地将我移入这阔人们居住的优待号后，我就失掉了与他们经常面谈的机会，感着十分寂寞”[1]。此次会面，是经胡逸民游说，方志敏“商得看守所长的同意”，菜是胡逸民送的。经刘畴西提议，又请来同囚普通号曾经担任江西省苏维埃政治保卫局局长的娄梦侠。吃饭时，对娄梦侠“发生了一种深沉的伤感”，将一块鸡翅送到他的碗里，“我知道，敌人对于我们做保卫局工作的同志，是杀无赦的。经我手送给他的一块鸡，怕算是最后的一次了”。[2]原打算

〔1〕〔2〕　方志敏：《记胡海、娄梦侠、谢名仁三同志的死》，《可爱的中国——方志敏狱中手稿》（叁）第424—425页。

邀请胡海[1]，但胡海已用过餐且身体不好没有过来。用餐后，方志敏隔着牢门与他谈了十几句话，胡海表示愿意坚决就死。由于当值的看守班长已是朋友，娄梦侠先行离去后，方志敏与刘畴西、王如痴、曹仰山一直谈到晚上十点才返回优待号。

6月9日 晚十二时，完稿《狱中纪实》，约一万一千字。文中通过身陷囹圄后的痛苦体验和观察，控诉了敌人对共产党人和革命志士的血腥与残暴，“监狱是苦痛的堆场，是病菌的酵室，是黑暗的深渊，是‘死之家’，是‘石造的柩’，它是建筑在被统治阶级的赤血与白骨之上的”。文中还从小监狱引申至国民党的“大监狱”——“法律条规，全是杀人武器，专制黑暗，更甚于清朝皇帝”。文章最后说：“百万囚人就都一天天地死亡在这地狱之中。我们应该怎样呢？我们不能希望敌人的良心发现，不能希望敌人的仁慈、怜悯和改良，我们自己是有力量的，我们要用拼命战斗的精神，拿起枪炮去消灭卖国国民党的黑暗统治，以便连同消灭他的黑暗监狱！”

6月上中旬 监狱方传达国民党当局的“旨意”，所写“自传”限定八月三十一日前交稿。顾祝同在方志敏牺牲后，致电蒋介石，此前未杀方志敏，因其“自愿笔述匪方各情，拟俟其脱稿再办”[2]。

6月11日 上午，完成《给党中央的信》，此信为密写，全文一千六百余字。信中向党中央简要报告了被俘后的情况，分析了国民党当局不急于杀害的原因：一是进行政治欺骗，以示“宽大为怀”；二是威逼利诱，进行劝降；三是便于散布谣言，动摇

---

[1] 胡海（1901—1935），江西吉安人。入狱前任中华苏维埃共和国执委会委员、中华苏维埃临时中央政府土地人民委员部副部长（代理部长）。

[2] 《顾祝同致蒋中正电》，1935年8月9日。

红军和群众的斗争决心。“我们就利用这个时机进行越狱的准备”，“我们认为越狱，是有极大可能，若得外援，可望成功。但四个月来，都找不到一人来，而中央也不能知道我们的情形，这是我们最感苦闷的事情”。又说：“我在狱并未一刻放弃宣传工作，以致看守所的官吏们严格禁止看守兵、卫兵到我房来，怕接近我而受到我的煽动。”“在此‘以必死的决心，图谋意外的获救’的当中，我写了几篇文稿：一、我参加革命斗争的略述（请中央看过，有哪些地方错误的，即予修改）。二、我们临死以前的话（等于一篇绝命书）。三、给闽浙赣同志们的一封信。四、给我妻缪敏同志一封信。五、狱中纪实。六、死（也是纪实，以小说形式写的）。七、可爱的中国和新生活文化运动的训话。”〔1〕“这些文稿，都寄存在胡罟人〔2〕君处保藏着，胡答应在他出狱后，送交中央。”并对胡罟人的情况作了介绍。信中还报告：“现我们所囚押的狱中，共押同志和红军战士五百余人，他们都苦极无告！请中央通知互济会，设法救济他们。同时，请中央派得力同志来组织和领导这些同志进行狱中暴动，是有十分可能的。”

6月18日　中央红军翻越夹金山之后，抵达四川省懋功，与红四方面军胜利会师。六月二十六日，中共中央召开两河口会议，确定继续北上建立川陕甘根据地的战略方针。十月十九日，红军陕甘支队抵达陕北吴起镇。至此，红一方面军长征胜利结束。

6月19日　写就《赣东北苏维埃创立的历史——序言》，五千余字。着重阐述了两个问题：一是为什么要创立苏维埃政权，

---

〔1〕方志敏：《给党中央的信》。信中所列文稿题目，部分与收入《方志敏全集》中的文章略有不同。

〔2〕胡罟人，即胡逸民。

揭露了国民党及其政权的黑暗，论证了中国共产党领导人民群众创立革命根据地——苏维埃区域的历史必然性。二是撰写《赣东北苏维埃创立的历史》的动机，即揭露国民党对苏区的造谣、诬蔑，陈述赣东北苏维埃政权创造的经验与功绩："毛泽东主席在第二次全国苏维埃大会上报告，曾称赣东北为苏维埃模范省。我们从困难中甚至从许多错误中做出来的工作成绩，虽不能自满，却应写出来告诉全国各苏维埃区域的工作同志，以供他们的参考。我们做错了的，他们不再做；做对了的，他们可效法做"。同时，也为了把"我至死都不能忘却"的赣东北同志们"可敬的活动和努力，记录下来，以作我对于他们的纪念，并鼓励他们前进"。

《序言》中写道："我在这炎暑天气下，汗流如雨，手执着笔，一面构思在写，一面却要防备敌人进房来。我下了决心，要在一个月内，写好这篇文字。"还说："这篇文稿，是决不让敌人看到的。敌人是限定我八月三十一日交稿的，到了那天，我会留个字条告诉他们，我写的稿子，已经撕成碎片，丢到马桶里去了。我希望这篇稿子，能借友人之力，送到党的中央。"

6月中旬—7月　写了一封既无收信人，又无日期的短信〔1〕，此信是写给囚友胡逸民的。方志敏在《给党中央的信》中叙述了胡逸民的情况，因此这封短信也是胡送稿时的介绍信。为使胡逸民了解这一情况，在此信中写道："为防备敌人突然提我出去枪毙，故我将你的介绍信写好了。是写给我党的中央。"信中再次嘱托："请你记住你对我的诺言，无论如何，你要将我的文稿送去。万不能听人打破嘴〔2〕而毁约!""大丈夫做事，应

〔1〕此信以《遗信》为题，收入《方志敏全集》。

〔2〕打破嘴，弋阳方言，意为挑唆、劝阻。

有最大的决心，见义勇为，见危不惧”。

在囚室晤见信后来访的胡逸民，对他说：“我们的许多谈话，不要外传，放在脑子里好好想想。我未能完成自己的宏愿，而你今后的路还长，望自重，要谨慎。”〔1〕这番话，使胡逸民不禁哽咽泪下。话别之后，胡逸民把妥帖包好的文稿牢牢绑在自己的床板底下。

当年秋后，胡逸民经保释出狱。离开监狱时，把方志敏的部分文稿暗藏在行装中带出。一九三六年十一月，文稿被带到上海，几经周折，交给了胡子婴。“完成囚友之托后，心里感到无比的宽慰和踏实。”〔2〕后胡子婴将文稿交给了宋庆龄。宋庆龄回忆，她收到文稿后，转交给了从延安来的冯雪峰。冯雪峰遵中共中央驻上海办事处负责人潘汉年之嘱，委托谢澹如保存。

6月23日 写就《记胡海、娄梦侠、谢名仁三同志的死》，近二千字。文中回顾了端午节那天，和娄梦侠等聚餐共叙以及隔着牢门与胡海交谈的情形。娄梦侠、胡海和曾经担任中共兴国县委书记的谢名仁不久先后被害。文中赞扬“他们临难不屈，悲壮就死，不愧为无产阶级的先锋队”。

6月28日 写就《赣东北苏维埃创立的历史——第二章》，七千余字。这是继《序言》之后撰写的正文，是现存狱中文稿的最后一篇。文章把赣东北苏区创立的每一历史阶段作为每节的标题，分八小节，概述了赣东北地区苏区组织从农民革命运动的风暴中诞生，在与国民党军队的“围剿”和党内“左”倾冒险主义等错误倾向的斗争中发展壮大，创建了红十军、赣东北和闽浙赣苏区的过程。虽然在第五次反“围剿”斗争中，创造了皖赣边和

〔1〕 胡逸民：《囚友之交——回忆方志敏在狱中》，《星火月刊》1986年第6期。
〔2〕 胡逸民：《囚友之交——回忆方志敏在狱中》。

皖南两块新苏区，但整个斗争形势严峻，赣东北苏区被敌人的五六千个碉堡占据了，相信久经战斗的赣东北党，会领导苏区军民，将敌人全部消灭，将碉堡全部拆毁，恢复原有的苏区。

6月29日 密写《我们临死以前的话》。

7月7日 妻子缪敏在德兴县大坞山被国民党军第二十一师某部俘获。这个曾被人们视为充满传奇色彩的巾帼英雄，其实并没有从事过军事工作。被俘前她曾在山上分娩，婴儿产下不久即夭亡。

缪敏与其夫一样信仰坚定。被俘之初"闭口不开"。后嫌问得啰唆，便写下自己的简历：

> 缪敏，弋阳人，年二十六岁，在一九二七年入南昌妇女职业学校。曾参加过共产党。后在闽浙赣的时候，曾任过省文化运动科长、反帝拥苏同盟主任、省财政部秘书、妇女职业学校校长、女生指导员，我求学的历史很短，在初小毕业入高小，读了半年，中学读了半年，自从与方志敏结婚后，共生男女四人，我大概的情形，就是这样。
>
> 一九三五年七月十九日下午一时 缪敏〔1〕

7月上旬 为把文稿送出监狱，让高家骏写信，请其女友程全昭从杭州赶来，住在南昌迎宾旅馆。两三天后，高家骏将方志敏分别写给宋庆龄、鲁迅、邹韬奋、李公朴等支持或同情中国共产党的社会知名人士的信和部分文稿〔2〕，交给程全昭。信是用米汤写在笺纸上的，用碘酒涂抹后才能显影，内容是嘱托将收到的文稿转送中共组织。程全昭用小皮箱藏好文稿和信，随即离开

〔1〕 1935年8月3日《江西民报》。

〔2〕 文稿为《在狱致全体同志书》《我们临死以前的话》。

南昌，经九江转乘轮船到上海。

程全昭到上海后，用方志敏起的化名李贞，将给邹韬奋的信[1]送到生活书店，并请对方派人到宝隆医院门口取文稿。当时，胡愈之和生活书店负责人毕云程等在场。鉴于国民党特务活动猖獗，胡、毕等人不便前往，决定让当时在书店的胡子婴女士赴约。当晚，胡子婴打扮成阔太太模样来到宝隆医院，从程全昭手中接过“一包白纸”，即方志敏在狱中密写的书信与文稿。胡回书店后，将信和文稿交给毕云程。

毕云程把收到的方志敏狱中文稿，交给中共上海特科负责人王世英。由王组织人员将密写文稿显影，抄件转到莫斯科共产国际东方部。一九三五年十二月十四日，由中共驻共产国际代表团主办并在巴黎出版的《救国时报》第二期，发表《抗日烈士方志敏之遗书——我们临死以前的话》，这是方志敏狱中文稿首次以中文原文形式公开发表。

△ 儿子方荣竹和胞姐方荣奸被捕，被押解到横峰县城监狱。母亲金香莲、岳母胡珍莲、儿子方荣柏后也被关押在弋阳县监狱。

7月29日 缪敏从上饶转囚江西省第一监狱[2]。押解途中，缪敏被告知：方志敏现押于南昌军法处，政府很优待他，不致有危险，叫他悔过自新哩！现在他什么话都说了，你也应该好好地说，将来你们还会团圆！缪敏后来回忆：“他们用这样的话来欺骗我，但我深知志敏同志的意志是钢铁一般的坚强，绝不会向敌人屈服的。而我呢，一想到他的坚强意志，自己便百倍地勇

〔1〕 一说方志敏给宋庆龄、鲁迅等人的信是一起送给生活书店的。
〔2〕 1935年8月3日《申报》。

敢起来。敌人的阴谋鬼计，终为我们所粉碎。”〔1〕

缪敏曾被押至驻赣绥靖公署军法处审问，凌凤梧、高家骏等分别告诉了方志敏。方志敏说：她被俘我知道了。她怀孕产婴，一定影响身体健康。她临难不苟且，一股巾帼气，我为她自豪。〔2〕

缪敏在狱中不久便“得知志敏被害的消息，如万箭穿心”〔3〕。后来，她被国民党当局判处无期徒刑。抗日战争全面爆发后，经中共苏区中央分局书记项英与国民党江西省政府谈判，缪敏在一九三七年九月底获释。次年六月，带着儿子方荣柏、方荣竹去了延安。

8月1日 预感国民党当局将对自己下毒手。为送出文稿和有关信件，争取外援，伺机越狱，高家骏受方志敏之托，向军法处请长假，离开南昌去上海。八月三日到上海后〔4〕，先后去宋庆龄寓所和鲁迅常去的内山书店联系，均无着落。一天中午，突然接到一电话，说不必再找鲁迅和其他人，赶快离开上海，也不要回南昌。于是高家骏离开上海返回绍兴老家。

△ 中共驻共产国际代表团以中华苏维埃共和国中央政府、中共中央名义，发表《为抗日救国告全国同胞书》（即《八一宣言》），呼吁全国各党派、各阶层、各军队团结起来，停止内战，一致抗日，组织全中国统一的国防政府和抗日联军。文中提到：“红军北上抗日先遣队艰苦奋斗……罗登贤、徐名鸿、吉鸿昌、邓铁梅、伯阳、童长荣、潘洪生、史灿堂、瞿秋白、孙永勤、方志敏等民族英雄为救国而捐躯。”〔5〕

---

〔1〕〔3〕 李祥贞（缪敏）：《纪念方志敏同志逝世十周年》。

〔2〕 凌凤梧提供给江西省公安局的证词。

〔4〕 1957年高家骏“审干”档案。一说高家骏到上海的日期是1935年7月30日，见高易鹏（高家骏）：《给革命历史博物馆负责人的信》，1977年7月25日。

〔5〕 当时中共驻共产国际代表团代表误以为方志敏已被杀害。

8月初 入狱以来，作为红军北上抗日先遣队领导人，被各地报纸多次报道，引起广泛的社会同情，一些进步人士及美国纽约、旧金山等地的海外侨胞，也通过各种形式，呼吁南京国民政府释放方志敏。顾祝同等原打算等方志敏交稿后，执行蒋介石此前的处决令，但在国内和国际舆论的压力下，决定提前行刑。

8月6日 晨，在南昌下沙窝就义，时年三十六岁。

永远的纪念

1935 年

8 月 中国共产党驻共产国际代表团得知方志敏殉难的消息后，其代表在共产国际第七次代表大会上发言："中国红军北上抗日先遣队的总司令方志敏同志中计被俘以后，在几个月的时间内，受尽了虐待和凌辱……表现出至死不屈的节操和为国尽忠的义气。方志敏同志的肉体虽被摧残了，但方志敏同志的抗日救国精神，将如日月经天，江河亘地而永垂不朽。"同年十二月，共产国际文件中还把方志敏和毛泽东、朱德并列一起，评价为"中国人民的英雄"，是"中华苏维埃和中国红军的领导者"。

9 月 12 日 苏联《真理报》发表署名文章《方志敏——中国人民的英雄》〔1〕。

12 月 11 日 遗著《我们临死以前的话》，被译成俄文，以《中国人民英雄方志敏的遗嘱》为题，在苏联《真理报》头版刊登，此系该文首次面世。

12 月 14 日 遗著《我们临死以前的话》，在中国共产党在巴黎出版的《救国时报》第二期上发表，并以《抗日烈士方志敏之遗书》为题加了编者按。这是方志敏狱中文稿首次以中文原文形式公开发表。

---

〔1〕 作者亚立山大·哈马丹，本名亚历山大·法因，时任苏联《真理报》国际部副部长。

1936 年

1 月 29 日 《救国时报》第九、十期合刊，辟“纪念方志敏烈士被捕一周年”专版，把《我们临死以前的话》以《方志敏烈士遗嘱》为题再次刊载。同时发表《方志敏同志等被俘一周年纪念》《民族英雄方志敏传》《红军抗日先遣队在闽浙皖边的艰苦斗争》等纪念文章，配以方志敏被俘时的照片。该期《救国时报》还追加报道方志敏被囚期间美国纽约、旧金山等地及古巴等国的中华各界侨胞，中国人民之友社等西方团体，纷纷致电国民党南京政府，强烈要求释放方志敏和方志敏被害后各地强烈抗议、国外侨胞举行追悼会的消息，“可见华侨抗日之切及方烈士等感人之深”。

2 月 《我们临死以前的话》和传记《方志敏——中国人民英雄》收入《共产国际——中国特刊》(英文版)。

本年 遗稿《方烈士在狱致全体同志书》[1] 和《方烈士狱中遗嘱》[2] 与其他纪念文章合集为《民族英雄方志敏》(中文版)，由苏联外国工人出版社出版。

△ 毛泽东、朱德、方志敏的传记以书名《中国人民的领袖和英雄》(俄文版) 出版。这是苏联时期介绍中国革命领袖生平事迹的第一本传记类书籍。

△ 《布尔什维克》(俄文版) 第二期发表纪念文章《勇敢的布尔什维克——中国民族英雄方志敏》。

△ 方志敏与李大钊、瞿秋白、彭湃、向警予、苏兆征、恽代英、蔡和森等烈士的传略，被编入《烈士传》第一集，作为“中国共产党成立十五周年纪念丛书”出版。

---

〔1〕《方烈士在狱致全体同志书》，即《在狱致全体同志书》。

〔2〕《方烈士狱中遗嘱》，即《我们临死以前的话》。

1937 年

1 月 24 日 中共中央机关刊物《斗争》第一二二期，编为《纪念民族英雄方志敏专号》在延安出版，收入《方烈士在狱致全体同志书》和《我们临死以前的话》两篇方志敏遗作，及《纪念我们的领袖民族英雄方志敏同志》等三篇纪念文章。

9 月 18 日 《救国时报》出版九一八事变六周年纪念特刊，刊登方志敏、吉鸿昌等六位烈士遗像，提出“以争取抗战的胜利，来纪念民族诸先烈”。

9 月底 经中共苏区中央分局书记项英与国民党江西省政府谈判，方志敏夫人缪敏于一九三七年九月底获释。次年夏，携子方英、方明到了延安。不久，母子受到毛泽东的接见。一九三九年，毛泽东在延安为李祥贞（缪敏）题词：“没有什么困难可以阻碍人的前进，只要奋斗，加以坚持，困难就赶跑了。”

1939 年

遗著《可爱的中国》《清贫》由上海霞社以《方志敏自传》为书名出版。

1940 年

8 月 遗著《我从事革命斗争的略述》在传送中“失踪”五年后，被国民革命军第十八集团军驻重庆办事处（八路军驻重庆办事处）以重金购得。中共长江局委员、南方局常委叶剑英读后，在方志敏遗照上题诗：

血战东南半壁红，忍将奇迹作奇功。

文山去后南朝月，又照秦淮一叶枫。

一九七九年，应粟裕大将请求，叶剑英元帅重书此诗赠粟裕。首句原为“血战东南半壁红”，录写时为“血染东南半壁红”，并加标题《读方志敏同志狱中手书有感》。

9月19日 郭沫若读方志敏《我从事革命斗争的略述》后，步叶剑英题方志敏遗照诗之韵，和诗一首：

读方志敏自传（次叶剑英韵）

千秋青史永留红，百代难忘正学功，

纵使血痕终化碧，弋阳依旧万株枫。

本年 遗著《可爱的中国》《清贫》《在狱致全体同志书》《我们临死以前的话》和有关纪念文章结集的《民族解放先驱方志敏》[1]，由上海史社再版。

1945年

3月 邵式平、汪金祥、胡德兰、缪敏等十余位同志在延安集体座谈，并整理完成《闽浙皖赣（赣东北）党史》。

7月22日 李祥贞（缪敏）在延安《解放日报》发表《纪念方志敏同志逝世十周年》。

1949年

8月6日 江西党政军民各界代表近千人，在南昌市举行“纪念先烈方志敏殉难十四周年”纪念大会。

1951年

8月11日 中央人民政府南方老根据地访问团到南昌，总团团长谢觉哉看望方志敏母亲金香莲，并代表中央人民政府给其

〔1〕在苏联1936年出版的《民族英雄方志敏》基础上，史社出版的《民族解放先驱方志敏》一书，内容增加了霞社《方志敏自传》（即《可爱的中国》《清贫》）。

授烈士亲属纪念章。

10 月 遗著《清贫》《可爱的中国》和《遗信》由上海出版公司影印出版，书名为《可爱的中国》。这是新中国成立后出版的第一本方志敏遗著。此后，方志敏的狱中遗著被译为多种语言出版：朝鲜文版、维吾尔文版、蒙古文版、藏文版、俄文版、日文版、英文版等，还多次发行了盲文版。

本年 《方志敏——中国人民的英雄》（捷克语版）在捷克斯洛伐克社会主义共和国出版。

1955 年

中共中央作出寻找方志敏遗骨的决定。在全国人大常委会委员长刘少奇指示下，中共江西省委、省政府成立由方志纯等组成的方志敏遗骨调查小组。

一九五七年，在南昌下沙窝发现一堆已被风化的骨殖。一九五八年五月二十六日，经国家司法部法医研究所鉴定，确定其中九块为方志敏烈士遗骨。

1956 年

话剧《方志敏》由江西省话剧团在南昌公演。该剧获全国第一届话剧观摩演出二等奖。

1957 年

12 月 遗著《死》《狱中纪实》《赣东北苏维埃创立的历史——序言》《记胡海、娄梦侠、谢名仁三同志的死》《我们临时以前的话》《给某夫妇的信》，由工人出版社以《狱中纪实》为书名出版。

毛泽东在读《新唐书·徐有功传》时，曾在空白处批语："岳飞、文天祥、曾靖[1]、戴名世、瞿秋白、方志敏、邓演达、杨虎城、闻一多诸辈，以身殉志，不亦伟乎？"

6月5日 遗著《狱中纪实》《死》收入日本平凡社出版的《中国现代文学选集》第十七卷《革命回想录》（日文版）。

1964年

11月 毛泽东为即将落成的方志敏墓题字："方志敏烈士之墓"。并在江西省人民政府相关请示上批示："已写一张，请汪东兴转去，不知可用否？毛泽东"。次年，占地一百三十六亩的方志敏烈士墓（方志敏烈士陵园）正式落成。

1977年

8月6日 方志敏殉难四十二年之际，中共江西省委在南昌梅岭方志敏烈士陵园，隆重举行方志敏烈士遗骨安葬仪式。中国共产党中央委员会、中央主要领导人献了花圈。中共江西省委和省革命委员会、福建省委和省革命委员会、浙江省委和省革命委员会，以及中国人民解放军各大军区和有关方面也敬献了花圈。

1981年

7月 遗著《我从事革命斗争的略述》，由人民出版社出版。

1984年

6月15日 邓小平为《方志敏文集》题写书名。该书由中共江西省委党史资料征集委员会编，人民出版社一九八五年十月

[1] 即曾静。

出版。《方志敏文集》收录包括狱中文稿在内的各类著作四十四篇，二十八万余字，是一部反映方志敏生平、革命业绩和崇高品格的重要文献。一九九九年八月，为纪念方志敏诞辰一百周年，《方志敏文集》由江西人民出版社再版。

1985 年

8 月 5 日 中共江西省委宣传部、省委党史资料征集委员会，江西省民政厅、省社联在南昌联合举办纪念会，隆重纪念方志敏就义五十周年，江西省委有关领导和方志敏亲属等出席大会。弋阳县也隆重集会纪念。

1990 年

8 月 28 日 在方志敏烈士就义五十五周年之际，由华艺出版社再版的《可爱的中国》在人民大会堂举行发行仪式。时任中共中央顾问委员会常务委员杨得志、全国人大常委会副委员长彭冲、陈慕华、全国政协副主席洪学智等，总政治部、共青团中央的负责同志以及方志敏同志的子女方明、方梅出席。

1991 年

5 月 20 日 在庆祝建党七十周年之际，中共江西省委召开纪念早期江西党团组织主要创建人赵醒侬、袁玉冰、方志敏座谈会。

1994 年

8 月 经中央军委确定，黄公略、方志敏、刘志丹三人被冠以“军事家”的评语，载入《中国军事百科全书·军事历史》。

1997 年

1 月 29 日 江泽民在中央纪律检查委员会第八次全会上发表讲话："老一辈无产阶级革命家，千千万万革命先烈，都是艰苦奋斗的光辉典范。方志敏同志在敌人牢狱里面写下的《死！——共产主义的殉道者的记述》中有这么一段话：'为着阶级和民族的解放，为着党的事业的成功，我毫不希罕那华丽的大厦，却宁愿居住在卑陋潮湿的茅棚；不希罕美味的西餐大菜，宁愿吞嚼刺口的苞粟和菜根；不希罕舒服柔软的钢丝床，宁愿睡在猪栏狗窠似的住所！……一切难于忍受的生活，我都能忍受下去，这些都不能丝毫动摇我的决心，相反的，是更加磨炼我的意志！我能舍弃一切，但是不能舍弃党，舍弃阶级，舍弃革命事业。'这是何等坚定的革命信念！何等高尚的精神情操！我讲这一段话，绝不是说要大家去过方志敏所说的那样一种生活，而是说我们每个同志都要有这样一种精神，这样一种浩然正气。"〔1〕

12 月 10 日 十二集电视剧《方志敏》在北京人民大会堂江西厅举行首映式。时任国家军委副主席张震，全国人大常委会副委员长王光英、王汉斌、铁木尔·达瓦买提，中共中央原副主席汪东兴，济南军区原司令员饶守坤及方志敏亲属和首都各界人士出席。

1999 年

8 月 20 日 "纪念方志敏同志诞辰一百周年座谈会"在北京人民大会堂隆重举行。座谈会由中共中央党史研究室、解放军总政治部联合举办。中共中央政治局常委、国家副主席胡锦涛代表党中央作重要讲话。他说："方志敏同志是伟大的无产阶级革

〔1〕 江泽民：《大力发扬艰苦奋斗精神》，《江泽民文选》第 1 卷，人民出版社 2006 年版，第 620 页。

命家、军事家、杰出的农民运动领袖，土地革命战争时期赣东北和闽浙赣革命根据地的创建人。方志敏同志的一生，是为民族的解放、人民的幸福，为共产主义事业英勇奋斗的一生。”“方志敏同志的一生是短暂的，但是，他的光辉业绩和崇高品德，将永垂青史，他对革命事业的耿耿忠心，党和人民永远也不会忘记。党中央对方志敏同志给予了高度评价。”“方志敏同志是我们党的骄傲，人民的骄傲。在他身上体现的崇高品格和浩然正气，是我们党的宝贵精神财富，必将激励一代又一代人，为党和人民的事业不懈奋斗。”〔1〕

8 月 中共江西省委、上饶地委和弋阳县委分别举行纪念方志敏诞辰一百周年大会和座谈会。

△ 国家邮政总局发行“方志敏同志诞生一百周年纪念”邮票。

2001 年

8 月 1 日 江西省上饶市方志敏研究会成立。

8 月 方志敏烈士事迹陈列室在方志敏烈士陵园内落成。

2002 年

弋阳革命烈士纪念馆改名为方志敏纪念馆，并被中共中央宣传部授予“全国爱国主义教育示范基地”称号。次年，方志敏纪念馆新馆在原址落成。

2004 年

10 月 上饶方志敏纪念馆·闽浙皖赣革命旧址管理委员会

---

〔1〕 胡锦涛：《在纪念方志敏同志诞辰 100 周年座谈会上的讲话》，《人民日报》1999 年 8 月 21 日。

成立。二〇二一年更名为上饶市方志敏革命旧址管理中心。

2005年

4月27日 习近平在《一个党员就是“一面旗”》一文中高度评价：“从李大钊、方志敏等革命先驱和革命先烈到社会主义建设和改革时期涌现出来的无数英雄模范人物，都堪称广大党员和群众心目中的‘一面旗’。”〔1〕

8月5日 江西省方志敏研究会成立。

8月25日 “清贫碑”在江西省玉山县怀玉山乡落成。

2008年

8月6日 方志敏广场在方志敏殉难地（南昌市东湖区下沙窝）建成开放。

2009年

8月14日 中共江西省委党史研究室、江西省社会科学界联合会、中共上饶市委、江西省方志敏研究会联合举办“纪念方志敏同志诞辰一百一十周年座谈会暨学术研讨会”。

8月15日 中共玉山县委、玉山县政府在怀玉山举行“中国工农红军北上抗日先遣队纪念碑”揭碑和“全国爱国主义教育示范基地”授牌仪式。

8月20日 由上海电影集团公司、九江电视台出品的方志敏题材电影《可爱的中国》在全国首映。该片获中宣部第十二届精神文明建设“五个一工程”奖。

8月21日 由上海市文物管理委员会、中央文献出版社、中共江西省委党史研究室、中共上饶市委、江西省方志敏研究会

---

〔1〕 习近平：《之江新语》，浙江人民出版社2007年版，第136页。

1958 年

1 月 缪敏著《方志敏战斗一生》由工人出版社出版，其后多次重版，先后发行近百万册，并由中国外文出版社出版俄文版、法文版和英文版。该书还被收入日本平凡社《中国现代文学选集》第十七卷《革命回想录》(日文版)。

1959 年

1 月 苏联国家政治书籍出版社出版《狱中纪实》(俄文版)。

1962 年

经中共中央批准，中共江西省委、江西省人民政府在南昌市北郊梅岭山麓，开始修建方志敏烈士的墓茔（后扩建为陵园)。

1963 年

5 月 毛泽东乘火车路过赣东北时，对身边的汪东兴说："你们赣东北出了一个方志敏，真是了不起。我和方志敏见面不多，可能只有一、二次，还有复过一次电报，但思想是相通的，对当时形势的分析和革命斗争的策略是不谋而合的。"〔1〕以后毛泽东又在不同场合多次谈起方志敏，"方志敏在狱中的遗作，是一部赣东北地区人民革命的斗争历史，是一个共产党员革命意志、情操和高尚人格的写照，是不朽之作。""你们弋阳出了一个人民英雄方志敏"，"他是一位很有理想，很有气魄的革命家。""他是一个大智大勇很有才华的共产党员，他死的伟大，我很怀念他。"

---

〔1〕 汪东兴亲笔回忆函件，2005 年 8 月 4 日。汪东兴（1916—2015)，江西弋阳人。原中共中央副主席、中央顾问委员会委员，1955 年被授予少将军衔，曾长期兼任中央警卫局局长。

联合举办的“可爱的中国——方志敏诞辰一百一十周年纪念展”暨《方志敏年谱》出版座谈会在上海鲁迅纪念馆举行。

9月10日 在经中共中央批准，由中央宣传部、中央组织部、中央统战部等十一个部门联合组织的评选活动中，方志敏被推选为“一百位为新中国成立作出突出贡献的英雄模范人物”之一，并被评选为全国“双百”人物。

2010年

9月1日 习近平在中央党校二〇一〇年秋季学期开学典礼上发表讲话：“我多次读方志敏烈士在狱中写下的《清贫》。那里面表达了老一辈共产党人的爱和憎，回答了什么是真正的穷和富，什么是人生最大的快乐，什么是革命者的伟大信仰，人到底怎样活着才有价值，每次读都受到启示、受到教育、受到鼓舞。”〔1〕

2011年

11月29日 江西省方志敏研究会和中共横峰县委、县政府联合举办“方志敏精神与执政党的建设”全国学术研讨会。

2012年

6月 中共江西省委党史研究室、江西省方志敏研究会所编《方志敏全集》被列入“中国共产党领袖先驱文库”丛书，由人民出版社出版。《方志敏全集》共收入方志敏文稿六十七篇，约四十万字，较《方志敏文集》新增篇目二十三篇，增加五万余字。

---

〔1〕 习近平：《领导干部要树立正确的世界观权力观事业观》，《学习时报》2010年9月6日。

2014 年

10 月 15 日 中共中央总书记习近平在文艺工作座谈会上发表讲话，指出："爱国主义是常写常新的主题。拥有家国情怀的作品，最能感召中华儿女团结奋斗。范仲淹的'先天下之忧而忧，后天下之乐而乐'，陆游的'王师北定中原日，家祭无忘告乃翁'、'位卑未敢忘忧国'、"夜阑卧听风吹雨，铁马冰河入梦来'，文天祥的'人生自古谁无死，留取丹心照汗青'，林则徐的'苟利国家生死以，岂因祸福避趋之'，岳飞的《满江红》，方志敏的《可爱的中国》，等等，都以全部热情为祖国放歌抒怀。"〔1〕

2015 年

8 月 31 日 《可爱的中国》中、英文版首发暨《方志敏全集》等系列多语种图书出版启动仪式在北京国际书展举行。《可爱的中国》中、英文版由外文出版社出版。

12 月 24 日 歌剧《方志敏》在国家大剧院歌剧院首演。同时，国家大剧院、中共江西省委党史研究室、江西省方志敏研究会联合举办的"可爱的中国——方志敏纪念展"在国家大剧院展出。

12 月 25 日 中共江西省委宣传部、江西省委党史研究室、江西省方志敏研究会在北京联合举办《可爱的中国——方志敏狱中手稿》出版首发仪式。

《可爱的中国——方志敏狱中手稿》由江西省方志敏研究会编，人民出版社、江西教育出版社出版。该书收入目前所知全部方志敏狱中手稿，包括《清贫》《可爱的中国》《狱中纪实》《给党中央的信》等，共十三万余字，影印出版，线装成册。

〔1〕 习近平：《在文艺工作座谈会上的讲话》，人民出版社 2015 年版，第 24 页。

2016 年

7 月 1 日 中共中央总书记习近平在庆祝中国共产党成立九十五周年大会上发表讲话，引用了革命烈士夏明翰、方志敏的名言：“九十五年来，共产主义远大理想激励了一代又一代共产党人英勇奋斗，成千上万的烈士为了这个理想献出了宝贵生命。‘砍头不要紧，只要主义真’，‘敌人只能砍下我们的头颅，决不能动摇我们的信仰’[1]，这些视死如归、大义凛然的誓言，生动表达了共产党人对远大理想的坚贞。”

2017 年

1 月 9 日 电视文献纪录片《方志敏》在中央电视台科教频道播出。

2018 年

6 月 20 日 以方志敏为题材的历史电影《信仰者》，在第二十一届上海国际电影节展映。该片获中宣部第十五届精神文明建设“五个一工程”优秀奖。

10 月 14 日 中共上饶市委及弋阳县委、县政府建立的“方志敏干部学院”举行揭牌仪式。

2019 年

5 月 22 日 中共中央总书记习近平在江西考察工作结束时发表讲话，指出：“革命理想高于天。江西到处传颂着革命先烈可歌可泣的英雄故事。‘敌人只能砍下我们的头颅，决不能动摇

〔1〕“敌人只能砍下我们的头颅，决不能动摇我们的信仰”，见方志敏：《死》。

我们的信仰’，这是方志敏同志牺牲前留下的铮铮誓言。”“革命先烈为了理想和信念慷慨赴死，靠的是信仰。今天，像战争年代那种血与火的生死考验少了，但具有新的历史特点的伟大斗争仍然在继续，我们正面临着一系列重大挑战、重大风险、重大阻力、重大矛盾的艰巨考验。没有坚定的理想信念，就会在乱云飞渡的复杂环境中迷失方向、在泰山压顶的巨大压力下退缩逃避、在糖衣炮弹的轮番轰炸下缴械投降。我们要从红色基因中汲取强大的信仰力量，增强‘四个意识’，坚定‘四个自信’，做到‘两个维护’，自觉做共产主义远大理想和中国特色社会主义共同理想的坚定信仰者和忠实实践者，真正成为百折不挠、终生不悔的马克思主义战士。”〔1〕

7 月 4 日 电视连续剧《可爱的中国》在中央电视台综合频道播出。该剧获中宣部第十五届精神文明建设“五个一工程”特别奖。

8 月 20 日 中共江西省委宣传部、江西省委党史研究室、上饶市委、上饶市政府主办的“纪念方志敏同志诞辰一百二十周年座谈会”在弋阳举行。

8 月 23 日 中共江西省委党史研究室、江西省社科联、江西省方志敏研究会、中共上饶市委宣传部、上饶师范学院联合主办“纪念方志敏诞辰一百二十周年全国理论研讨会”。

本年 江西省方志敏研究会主办的“可爱的中国——方志敏诞辰一百二十周年纪念展”在延安革命纪念馆、武汉辛亥革命起义纪念馆、三亚红色娘子军演艺公园、毛泽东同志主办农民运动讲习所旧址纪念馆（广州农讲所）、南昌八一起义纪念馆、武汉

〔1〕 习近平：《总结党的历史经验 加强党的政治建设》，《求是》2021 年第 16 期。

革命博物馆、平津战役纪念馆展出。

2020 年

8 月 6 日 方志敏烈士墓（方志敏烈士陵园）更名为方志敏烈士纪念园。

2021 年

4 月 27 日—29 日 由中共江西省委党史研究室、上饶市委主办的“学习弘扬方志敏精神专题座谈会”在方志敏干部学院召开。

本年 《可爱的中国》中、英文版由世界出版社再版。

△ 自一九五〇年起迄本年，《可爱的中国》《清贫》及反映方志敏事迹的文章，不断被收入人教版及各省市小学、初中、高中的语文、历史、政治及德育教材。

后　　记

《方志敏年谱》自2009年问世以来，得到了读者和学术界的广泛好评。然而，随着时间的推移和方志敏研究的深入，新的史料不断被挖掘出来，加之年谱在内容上存在一些疏漏和不足，于是，江西省方志敏研究会启动年谱修订工作，以推动方志敏研究继续深化。经本会同仁及有关专家、学者共同努力，历经三年，《方志敏年谱（1899—1935）（修订本）》得以完稿。

修订本在编写过程中，主要做了三个方面的重要调整。

一是增补大量新材料。通过翻检方志敏同时代人的年谱、日记、传记，有关档案馆的相关档案，1920—1930年代出版的报纸，在海量的资料中，爬梳剔抉，沙里淘金，从中发现了较多有价值的有关方志敏的新史料，为年谱的修订、重编奠定了坚实的资料基础，使谱文在内容的深度和广度上，得到拓展。

二是纠正众多差错。修订本在编写时，对原谱内容逐条进行审慎、认真的考辨、甄别，并对疑惑之处进行深入的研究、考证，从而纠正了原谱的一些史实错误。对原谱表述不够准确、完善的，重新进行表述，着力提升修订本史料价值。

三是调整表述视角。以谱主方志敏为叙述视角，调整内容。年谱是按编年形式记述个人生平事迹的专书。本次修订，对原谱文中与方志敏没有直接关系的属于革命根据地史、红军史的内容，以及一般的历史背景资料，均予剔除。并对部分条目，以谱主为叙述主体，作了改写。从而，使谱文在符合人物年谱的体例结构上，有所进步。

修订本的编写工作，由江西省方志敏研究会副会长方丽娜统筹和主持，并撰写了全部初稿。缪君奇研究员负责全书的内容考订，文字修改和最后的统稿。江西师范大学黎志辉副研究员就方志敏早期革命活动，对谱文作了补充。修订本在编写过程中，先后参与的人员有陈家鹦、陈安、曾志巩、方小勇、程小波、左玮、朱星宇等，有关英文、俄文档案资料收集、翻译，由徐思阳完成。

修订本是在原《方志敏年谱》的基础上，经充实提高而成的，原谱执笔杨子耀作出了开创性贡献。

原谱审定者之一原中央文献研究室研究员吴殿尧，以古稀之年再度担纲修订本的审定工作，体现出独到的史识和认真负责的精神。

本书在编写过程中，得到中央档案馆、中国人民解放军军事科学院、中央军委办公厅档案局、中国第二历史档案馆、江西省档案馆、中共江西省委党史研究室、中共上饶市委党史办、毛泽东同志主办农民运动讲习所旧址纪念馆（广州农讲所）、武汉革命博物馆、南昌市方志敏烈士纪念园、横峰县博物馆等单位的大力协助。中国台湾国民党党史馆、俄罗斯国家社会政治历史档案馆，以及上海建桥学院马克思主义学院教授唐洪森，也为本书提供了宝贵的资料。在此，谨向所有关心、支持、帮助过本书的单位和个人，表示诚挚的感谢！

由于编者水平有限，书中疏漏不当之处，在所难免，敬请读者和学术界予以批评指正。

江西省方志敏研究会

2021 年 8 月

图书在版编目（CIP）数据

方志敏年谱：1899—1935 / 江西省方志敏研究会编. 修订本. -- 北京：中央文献出版社, 2025. 2. -- ISBN 978-7-5073-5045-6

Ⅰ. K827=6

中国国家版本馆CIP数据核字第2024EW2820号

方志敏年谱（1899—1935）（修订本）

编　　者/江西省方志敏研究会
责任编辑/颜晓晴
封面设计/嘉盛时代 & 尽心斋

出版发行/中央文献出版社
地　　址/北京西四北大街前毛家湾1号
邮　　编/100017
网　　址/www.zywxpress.com
电子邮箱/zywx5073@126.com
销售热线/010–83072503 / 83072509 / 83089404 / 83089317 / 83072511
经　　销/新华书店
排　　版/北京华艺世纪缘科技发展有限公司
印　　刷/北京中科印刷有限公司

710毫米×1000毫米　16开　21.5 印张　285 千字
2025 年 2 月 第 1 版　2025 年 2 月 第 1 次 印 刷

ISBN 978–7–5073–5045–6　定价：70.00 元